Het begin van alles

Tracy Ross

HET BEGIN VAN ALLES

the house of books

NB: Namen en beschrijvingen van sommige personen in het boek zijn veranderd.

Oorspronkelijke titel
The Source of All Things
Uitgave
Free Press, a division of Simon & Schuster, Inc., New York
Copyright © 2011 by Tracy Ross
Copyright voor het Nederlandse taalgebied © 2012 by The House of Books,
Vianen/Antwerpen

Vertaling
Jan Smit
Omslagontwerp
Nanja Toebak
Omslagdia
Trevillion/Irene Lamprakou
Foto auteur
Julia Vandenoever
Opmaak binnenwerk
ZetSpiegel, Best

ISBN 978 90 443 3302 2
D/2012/8899/25
NUR 320

www.thehouseofbooks.com
www.thesourceofallthings.com

Inhoud

Voor Scout, Hatcher, en alle kinderen die, hoe dan ook,
gezien, gehoord en geloofd dienen te worden.

Voorbij alle denkbeelden over goed en kwaad
ligt ergens een veld. Daar zal ik je ontmoeten.

–Mowlana Jalaluddin Rumi

Proloog

Redfish Lake, Idaho, juli 2007

Het enige wat mijn vader hoeft te doen is antwoord te geven op mijn vragen.

Dat is alles. Vier simpele vragen. Alleen zijn ze niet zo simpel, want dat zijn zulke vragen nooit. We zijn bijna bij The Temple, drie dagen diep in de grillige muil van de Sawtooth Mountains in Idaho, en hij heeft geen idee dat die vragen gaan komen. Maar ik heb ze geladen, scherp en explosief, als de kogels van een .30-30.

Het is juli en bloedheet op de met alsem begroeide hellingen, waar tegen het einde van de zomer meer dan 65.000 hectare bos door brand zal zijn verkoold. Maar wij klimmen steeds hoger, op weg naar de drieduizend meter, en mijn vader, die eigenlijk mijn stiefvader is, zegt dat deze warmte koeler aanvoelt dan de hitte van Las Vegas, waar hij woont. Vier dagen geleden zijn hij en mijn moeder naar me toe gekomen in Twin Falls, een stadje op 225 kilometer ten zuiden van hier, waar ik ben opgegroeid. Ze zijn naar het noorden gereden, door heel

Nevada, langs andere bosbranden, waaronder een brand op de grens met Idaho. Toen ik mijn moeder zag, in het huis van een vriendin waar zij zou wachten terwijl papa en ik op trektocht gingen, leek ze nog kleiner dan haar lengte van krap anderhalve meter. Haar joggingbroek – een uitverkoopje bij een Abercrombie & Fitch in Las Vegas – hing slap als vier weken oude sla om haar billen. In de rimpels rond haar mond zat iets wits, het bewijs dat ze weer antidepressiva slikte. Officieel hield ze vol dat ze blij was dat papa en ik wilden teruggaan naar de plek waar onze problemen waren begonnen, achtentwintig jaar geleden, bijna op de dag af. Maar toen ik haar gedag kuste en op de oprit van onze vriendin liet staan, vroeg ik me af: welke kant waait de wind nu op?

Het was al laat toen we die nacht uit Twin Falls vertrokken, te laat om het begin van de route naar The Temple nog te bereiken. Dus sliepen papa en ik in een veld van alsemstruiken boven het stadje Stanley. Vanwege een knagend gevoel in mijn maag had ik geen trek in onze zwarte bonen met tortilla's, maar de geur van de alsem hielp de angst te verzachten die ik onder mijn ribben voelde. De volgende morgen parkeerde papa zijn rode Ford pick-up bij Redfish Lake Lodge en namen we een boot over het water. Op de andere oever vonden we het begin van de route naar ons reisdoel, en inmiddels zijn we al twee dagen onderweg.

Vanochtend bij zonsopgang lieten we ons uit onze slaapzakken glijden, maakten ontbijt en vingen wat vis. Toen we eindelijk weer op weg gingen, klommen we van het ene bekken naar het andere, langs haarspeldbochten met losse steenslag, glibberig van het mos. Vanaf de rand van een uitkijkpunt zagen we aan de horizon rook omhoog kringelen van een brand hoog in de bossen. Toen we bij het meer aankwamen, waar tientallen zwarte kikkers over het water kwaakten, doopten we het 'Holy Water Lake', omdat het zondag was en we ons wat dichter bij God voelden.

De wildernis lijkt hier spookachtig en donker. De lucht is ijl, het terrein ruig, en mijn vader – vierenzestig jaar oud, met kromme benen en zeven kilo te zwaar – maakt een logge, vermoeide indruk. De laatste achthonderd meter vallen hem niet mee. Om de paar meter blijft hij staan om op adem te komen, zijn rugzak te verschikken en aan de grote natte plekken onder zijn oksels te plukken. Zijn T-shirt draagt de tekst TOOT MY HORN. Ik negeer zijn kledingkeuze en probeer me de vader te herinneren die mij voor het eerst naar deze bergen meenam. Die man was mager, met een lichtbruin snorretje en haar dat vanaf zijn jukbeenderen prachtig blond uitwaaierde. In een Woolrichshirt en op jagersschoenen beklom hij energiek de paden, op weg naar heuvelruggen met uitzicht over uitgestrekte groene dalen. Als ik begon te zeuren over de hitte of de honger, tilde hij me op zijn schouders, zo moeiteloos dat ik wel een veertje leek.

Ik weet dat mijn vader het moeilijk heeft, net als ik – en niet alleen vanwege de pijn in benen, longen en voetzolen. We hebben nauwelijks een woord gewisseld sinds we uit de boot stapten bij de steiger van Redfish Lake. 'Wáár gaan jullie heen?' vroegen de Texanen nog bezorgd. We zullen wel een vreemd stel hebben geleken, die oude man en zijn – wat was ik… dochter, minnares, vriendin? Toen we aan land stapten zou ik het liefst zijn teruggegaan om deze hele zieke toestand te vergeten. Maar The Temple, een plek op de kaart waaraan ik me had vastgeklampt en die ik niet meer los kon laten, moest hier ergens liggen. Bovendien had ik nog niet besloten of ik hem gewoon zou vermoorden of hem van uitputting zou laten bezwijken.

We zijn hier om redenen waarover ik nog niet wil nadenken, dus concentreer ik me op het verhaal van de blauwrugzalm die vroeger bijna vijftienhonderd kilometer van de Stille Oceaan naar Redfish Lake zwom om daar eieren af te zetten en te sterven. Dat was in de tijd voordat de genietroepen van het leger daar dammen bouwden die de vis tegenhielden. Al tientallen jaren kan de zalm niet meer terug naar zijn oorspronkelijke paaigronden aan de voet van de Sawtooth Mountains. Maar toen ik jong was zwommen er nog hele scholen het meer binnen, als helderrode golven. Gefascineerd knielde ik op de oever van Fishhook Creek en strekte mijn vingers uit naar hun vinnen, glinsterend als aluminiumfolie. Mijn vader vertelde me dat de vissen op weg waren naar huis om de soort in stand te houden. Ze hadden in maanden niet gegeten, zei hij, en leefden volledig op hun reserves. In de loop van de jaren heb ik met liefde en angst aan die zalmen teruggedacht. Graag zou ik, net als zij, boven de bron van mijn verdriet blijven drijven om daarin een nieuw en schoon begin te vinden.

Tijdens de klim fantaseer ik regelmatig dat ik de ideale, vuistgrote steen zal vinden om mijn vader de hersens mee in te slaan. In gedachten zie ik hem wankelen en tegen de aarde storten. Ik zie hoe ik naast hem kniel en weiger hem te helpen als hij ligt te bloeden. Maar zelfs in mijn fantasie weet ik dat ik dat niet zal doen, omdat ik het me niet kan veroorloven mijn vader kwijt te raken – nog niet. Achtentwintig jaar heeft hij mijn herinneringen gegijzeld. Zonder hem zal ik nooit weten wat hij met me heeft gedaan toen ik een kind was.

We klimmen nog een uur verder totdat we, enkele tientallen meters vanaf de pas, het pad verlaten. Voor ons uit verheft zich een cirkel van granieten torens, scherp en gegroefd, als de torens van het mormoonse tabernakel. Losse stenen ratelen door verticale schachten en kletteren tegen de grond. Snel maar behoedzaam klimmen mijn vader en ik zijwaarts over de berg stenen, door smalle openingen, biddend dat we niet te zwaar zullen zijn, zodat de berg gaat schuiven en we onze benen breken.

We houden pas halt als we het brede rotsplateau hebben bereikt dat op een altaar lijkt. Mijn vader laat zich op de grond zakken, drinkt wat water en neemt een paar happen eten. Zijn chocoladebruine ogen worden zacht en zijn mondhoeken trillen, alsof hij een frons onderdrukt.

Ik hurk naast hem op de plaat graniet en tuur in zijn roodbruine gezicht. Hij is voor één zestiende Cherokee. In mijn rugzak zoek ik naar mijn kleine taperecorder, die ik vlak bij mijn vaders mond houd, zodat de wind zijn antwoorden niet onverstaanbaar kan maken. En eindelijk begin ik met het kruisverhoor waarnaar ik bijna mijn hele leven heb uitgezien.

'Oké, pap,' zeg ik. 'Ik ben er klaar voor. Vertel het maar. Hoe is het ooit begonnen?'

I

Een ontijdige dood

Hoelang zoek ik al naar een vader? Bijna zo lang als ik kan ademhalen.

Ik was zeven maanden oud op de dag dat mijn echte vader in de Sierra Nevada Mountains op trektocht ging en een hersenbloeding kreeg. Hij had de leiding over een groep scouts, die hij leerde een zwarte beer te volgen, forel te vangen en vuur te maken met maar één lucifer. Hij zakte in elkaar op een veld van steenslag en sneed zijn wangen open aan de miljoenen jaren oude rotssplinters. Zijn vrienden droegen hem terug naar het begin van de route, omdat zijn zicht werd beperkt door het bloed uit de ader. Ze brachten hem naar huis en legden hem op de bank, waar mijn moeder hem onder een wollen deken aantrof, bibberend van de kou, hoewel het bijna dertig graden was.

Wij woonden toen op de marinebasis Lemoore in Californië, waar mijn vader als wapentechnicus werkte. Hij voer op de USS Kitty Hawk en moest ervoor zorgen dat de bommen die de vliegtuigen bij zich hadden niet per ongeluk explodeerden.

Toen mama ons rijtjeshuis op de basis binnenkwam, wist ze meteen dat er iets mis was. De legerkistjes van mijn vader, die altijd in de houding stonden (of hij ze nu droeg of niet), lagen slordig tegen de muur van de huiskamer. Toen ze hoorde dat hij in de bergen in elkaar was gezakt, liet ze mijn vierjarige broertje Chris en mij bij de buren achter en bracht mijn vader zo snel mogelijk met de auto naar het ziekenhuis, waar ze te horen kreeg dat ze de volgende dinsdag maar terug moest komen omdat dit het vrije weekend van 4 juli was en alle goede artsen op de golfbaan stonden.

Mijn vader bracht de zondag en maandag in bed door. Hij klaagde dat zijn hoofd aanvoelde als een hogedrukpan die zijn stoom niet kwijt kon. Op dinsdag probeerde hij zijn uniform aan te trekken, maar hij stond te wankelen en te zweten. Toen moest hij overgeven. Mijn moeder zag dat als een teken dat het slechter met hem ging. Ze gooide een kussen op de bestuurdersstoel van onze stationcar en reed snikkend terug naar het kleine marinehospitaal, terwijl ze met de ene hand stuurde en met de andere mij op haar schoot hield.

De artsen vonden bloed in het ruggenmergvocht van mijn vader en besloten hem te opereren. Maar de avond voor de operatie wisten mijn ouders allebei dat hij het niet zou overleven. 'Ik ben bang,' zei hij tegen haar, hoewel hij haar geen angst wilde aanjagen. Hij was Peter Lewellyn Ross, negenentwintig jaar, het jongste diensthoofd bij de marine in die tijd. Zij was Doris Mary, een Canadese van zevenentwintig, die acht jaar nadat ze naar Amerika was gekomen nog altijd *srimp* zei in plaats van *shrimp*. Ze klampten zich aan elkaar vast op zijn ziekenhuisbed, terwijl mijn moeder zijn verband kuste en ijsblokjes tegen zijn lippen drukte.

Een paar weken later begroeven we hem op een begraafplaats

in Twin Falls, Idaho. Maar mijn moeder zweert nog altijd dat hij na de begrafenis naar ons terugkwam. Zij en ik sliepen in zijn kinderkamer in het huis van oma Ross toen hij terugkeerde. Buiten was het fris, het raam stond open en hij klom gewoon naar binnen, zei mijn moeder. Ze weet nog precies wat hij droeg: een blauw-zwart geruite golfbroek en een babyblauw polohemd. Hij hield een lijstje in zijn hand, zoals hij bij leven ook altijd had, en lachte tegen haar – die vrolijke, mooie lach die ik volgens haar van hem heb geërfd, net als zijn zeegroene ogen. Hij boog zich over mijn wieg, trok mijn dekentje recht en legde zijn hand over mijn fontanel.

Toen ze hem zag, schoot mijn moeder overeind, zelf nog maar een kind in haar katoenen nachthemd. 'Hoe kom je hier?' vroeg ze. 'En waar ben je geweest?'

Hij keek haar aan.

'Kan ik bij je op bezoek komen? Ik mis je. Ik heb je nodig,' huilde zijn jonge vrouw.

Mijn vader kwam op de rand van haar bed zitten. 'Ga maar weer slapen, Doris Wakeham,' zei hij tegen haar. 'Ik heb nog werk te doen. Voorlopig ga ik niet weg.'

Zes maanden later pakte mam onze koffers, incasseerde haar legerpensioen en verhuisde samen met ons naar een splitlevel-bungalow in Twin Falls, Richmond Drive nummer 1537.

Dat deed ze omdat ze vond dat Chris en ik in de buurt van onze grootouders moesten wonen, die net als mijn vader graag op forel visten, met zelfgebonden kokerjuffers, die ze in hun eigen werkplaats maakten. Opa en oma Ross waren een apart stel, niet onbemiddeld en dol op het buitenleven. Ze waren begin vijftig toen wij naar Idaho verhuisden en zagen er goed uit. Oma Liz was een statige vrouw van één meter vijfenzestig, met een volle bos vlammend rood haar. Ze kwam uit Beverly Hills en had als tiener nog baantjes gezwommen met Johnny Weismuller, de oorspronkelijke Tarzan. Mijn grootvader, die zijn grijze haar had gemillimeterd, was opgegroeid in Contact, Nevada, tijdens de Depressie. Maar hij was geen zwerver geweest die van aalmoezen leefde, zoals de figuren uit Wallace Stegners *Big Rock Candy Mountain*. Hij studeerde en kreeg een techniekbeurs voor de universiteit van Californië in Los Angeles.

Howard Ross werkte als pompbediende om zijn studie te bekostigen, en op een dag stopte mijn grootmoeder bij zijn benzinestation in een van haar twee Chrysler cabrio's. Door met hem te trouwen gaf oma Liz een aanzienlijke erfenis op. Maar toen zij en Howard naar Idaho verhuisden, vond ze een nieuw soort rijkdom. Ze haalden allebei hun vliegbrevet in een Cessna en maakten trips naar Canada, Californië en Mexico. Ze gingen vissen, jagen en kamperen in de woestijn. En ze gaven de beste etentjes in heel Twin Falls County. Dat weet ik, omdat het de levendigste herinneringen uit mijn jeugd zijn. Stel je een groepje dames voor die, met een whiskyglas aan hun roodgestifte lippen, de beste manier bespreken om een waaierhoen klaar te maken – dan heb je ongeveer het juiste beeld. Ik weet nog goed hoe ik, drie jaar oud, onder de eettafel zat verscholen tijdens een van de feestjes van oma Liz. Haar Duitse staander Josephine lag kwispelend naast me. Gekleed in een denim overall zocht ik op de tast mijn weg langs vijf of zes paar in tweedbroeken of nylons gestoken benen. Zo nu en dan keek iemand omlaag om te zien welke vingers er aan zijn of haar knieën kietelden, maar het grootste deel van de tijd werd ik met rust gelaten en luisterde ik blij naar al die lachende stemmen en het geluid van zoveel verhalen om me heen.

Mijn moeder houdt vol dat haar beslissing om zo dicht bij onze grootouders te gaan wonen – achtduizend kilometer bij haar vissenkoppen vretende en whisky zuipende neven vandaan – haar enige echte heldendaad is geweest. De waarheid is dat ze geen enkele reden had om naar Canada terug te gaan. Afgezien van haar zuster Marjorie waren mijn grootouders onze enige familie in Amerika. De rest van mama's familie, een bont maar muzikaal begaafd gezelschap van Schots-Ierse katholieken, woonde in Newfoundland, waar zij was opgegroeid. Haar eigen moeder was gestorven aan tbc toen mama twee was, en haar vader – een diepzeevisser – had haar uitbesteed aan zijn moeder, die aan kanker leed. Als meisje van vijf stroopte mijn moeder de kusten van Conception Bay af om naar stukken steenkool te zoeken voor het fornuis van haar oma. Op haar zeventiende deelde ze nog steeds het bed met mijn overgrootmoeder Wakeham. Toen mama als meisje van twintig uit Petit Forte vertrok, de dag dat John F. Kennedy werd vermoord, zwoer ze dat ze nooit meer terug zou komen. Maar niets had haar kunnen voorbereiden op de eenzaamheid van Twin Falls, aan de rand van de Snake River Canyon, een spleet in de aarde die op sommige plaatsen driehonderd meter dieper is dan de Grand Canyon.

Twin Falls. De enige reden waarom iemand er ooit van heeft gehoord is dat Evel Knievel daar in 1974 over de Snake River Canyon probeerde te springen. Mijn moeder, mijn grootouders, Chris en ik zaten op het dak van ons huis om zijn poging te volgen. *Wide World of Sports* kwam zelfs helemaal uit Californië om het spektakel te filmen. Knievel slaagde bijna in de sprong van vierhonderd meter lengte, maar de wind sloeg onder zijn parachute en sleurde zijn raketaangedreven motorfiets het ravijn in. Tegen de tijd dat hij landde, bewusteloos en op zijn motor vastgebonden met de riemen van zijn jumpsuit (in de kleuren van de Amerikaanse vlag), bevond hij zich nog maar enkele meters van het zwarte, grillige water van de Snake River. Een paar knopen verder naar het westen en hij zou erin zijn gevallen en verdronken.

'Twin' ligt hoog boven de rivier, op een plateau van doornstruiken en alsem. In mijn jeugd was het niets anders dan een afgelegen nederzetting van gemetselde schooltjes, verlaten kerken en sombere, lage winkels. Maar aan de rand van het stadje stort de Snake River zich abrupt omlaag in twee enorme watervallen. Met zijn 65 meter hoogte overtreft Shoshone Falls zelfs Niagara Falls, maar het is minder breed. De Twin Falls, 38 meter diep, is korter maar net zo mooi. Samen verleenden die nevelige watervallen mijn saaie, grotendeels mormoonse stadje zijn eenzame dramatiek en distinctie. Maar zo lang als ik me kan herinneren lijken de straten van Twin Falls verlaten en de winkels altijd op het punt failliet te gaan. Hoe ze het redden, is me een raadsel, want de machtige Snake scheidde ons volledig van de mooiere, weelderiger streken van Idaho. De Perrine Bridge, die zich honderdtwintig meter boven de rivier verhief, was de enige route naar Sun Valley, waar naar mijn idee de rest van de beschaving te vinden was.

Het is dan ook geen wonder dat mijn moeder nooit echt kon aarden in Twin Falls. Ondanks de ontberingen van haar jeugd verlangde ze terug naar Newfoundland. Als klein meisje in Petit Forte had ze vanuit haar huis uitzicht gehad op glooiende groene heuvels, spectaculaire landtongen en peilloos diepe wateren, waar ze ooit met haar eigen sloep over een baai had gevaren waar het wemelde van de walvissen. Als ze vanuit haar huis in Twin Falls naar buiten keek zag ze alleen alsem en bergen gestolde lava, de restanten van de laatste eruptie van de Caldera in Yellowstone, 640.000 jaar geleden. In plaats van de zilte zee en de lucht van pruttelende kool op het fornuis rook ze nu de stank van koeienmest, vermengd met bestrijdingsmiddelen. Ze klaagde nooit, voor zover Chris en ik ons kunnen herinneren, maar evenmin heeft ze ooit het noodlot vergeven dat haar van haar man beroofde en haar, nog versuft door die klap, naar het droge, gebarsten stroombed van de Snake River stuurde, te midden van de grootste concentratie melkveebedrijven in de Verenigde Staten, in het gezelschap van schaapherders en mormonen.

Niet dat Chris en ik het vervelend vonden om zo dicht bij onze grootouders te wonen, want ze behandelden ons als hun eigen kinderen. Ik ging bij hen langs en hing bij mijn opa rond terwijl hij in zijn werkplaats in de achtertuin zijn gepatenteerde Ross Bait Baffler viskoffers in elkaar zette. Tegen lunchtijd aten we chips, besmeerd met Adams-pindakaas, en luisterden naar Paul Harvey op de radio. Na de lunch ging opa weer verder met zijn werk, terwijl ik op zoek ging naar Jo's hondendrollen. Voor elke gevonden drol betaalde hij me een penny. Ik was dol op de geur van opa's gesteven ruitjeshemden met korte mouwen en op het geluid van zijn L.L. Bean-werkschoenen over het gespikkelde linoleum van de keukenvloer. Ik weet zeker dat ik deels mijn eigen vader in hem zag. Als ik op zijn schoot zat en mijn armen om hem heen sloeg, moet ik contact hebben gehad met papa.

Omdat we zo dicht bij Liz en Howard woonden, werden Chris en ik al heel jong geïndoctrineerd met de wonderen van de natuur. Ik kan de keren niet meer tellen dat we op een zomerochtend in hun witte Ford pick-up stapten en naar het Magic Reservoir reden, een van hun geliefde vistekken. Terwijl zij, zittend in hun *float tubes*, whisky dronken, dronken mijn

roodharige, sproetige broer en ik water uit het meer uit gebloemde theekopjes en knabbelden op korrelige zandtaartjes.
We kampeerden in de Airstream-trailer van onze grootouders
en vingen dikkopjes in papieren bekertjes. Soms hielden we
kleine kikkertjes in zo'n kartonnen gevangenis totdat al het
water was verdampt. Maar we – of in elk geval ik – betaalden
ook een prijs. Tegen de tijd dat ik naar de kleuterschool ging,
permanent verbrand door de weerkaatsing van de felle zon in
het water, was ik al twee keer behoorlijk ziek geworden van
het water en zand uit het meer.

In de loop van de tijd kregen mijn avonturen in het open
veld een legendarisch karakter. Op een dag, toen ik met mijn
grootouders aan het kamperen was, liepen we langs de oever
van een traag stromende rivier. Het water borrelde, dus moest
ik even kijken wat er aan de hand was. Daardoor verloor ik mijn
evenwicht en viel erin. Liz en Howard, die voor me uit liepen,
zochten naar diepe plekken om hun hengels uit te gooien en
hadden niets in de gaten. Maar, zoals mijn oma vertelde, ze
hoorden me op een gegeven moment niet meer zingen en
waren me kwijt. Ze renden terug naar de plek waar ze me het
laatst hadden gezien en hoorden toen mijn liedje weer. Zo vonden ze me, dobberend op het water, terwijl ik me in mijn volle
lengte vastklampte aan een wortel die uit de oever stak.

Voor ons, als kinderen, was er niets mooiers dan met onze
grootouders naar de sterren te turen of toe te kijken terwijl
mijn oma gin-rummy speelde met haar vriendinnen in de Airstream. Maar voor mijn moeder vormden haar schoonouders
een voortdurende herinnering aan alles wat zij niet was. Ze
hadden haar nooit gemogen, daar was ze van overtuigd, al sinds
de eerste keer dat mijn vader haar had meegenomen naar Idaho
en ze de kwaliteit van haar gebit hadden willen controleren. Ze

plaagden haar met de manier waarop ze *whore-de-oerves* uitsprak en adviseerden haar, na Chris' en mijn geboorte, om maar snel op dieet te gaan omdat haar man anders naar een nieuwe vrouw zou omzien. Zelfs toen mijn vader op sterven lag, liet oma Liz mijn moeder niet met rust. Toen mama smeekte om mijn vader te mogen zien – nog één keer voordat ze hem zouden loskoppelen van de apparatuur – nam Liz (die zowat een kop groter en twintig kilo zwaarder was dan mijn moeder) haar bijna in een houdgreep om haar de weg te versperren.

Maar we hadden wortel geschoten, hoe aarzelend ook, dus probeerden mama, Chris en ik er het beste van te maken. We deden spelletjes, keken naar *Sesamstraat* en lazen honderden boeken. Mijn moeder vertelt nog graag hoe ik hen als peuter aan het lachen maakte. Terwijl zij kool kookte op onze elektrische vierpitter, haakte ik mijn vingers en tenen om het hekwerk van mijn box en klom erlangs als een aap in een kooi. Later, als de vaat was gedaan en stond af te druipen, stopte mama me in mijn bedje. Omdat Chris ouder was, mocht hij langer opblijven. Maar al na een paar minuten hoorden hij en mijn moeder dat ik me over de rand van het bed had gewerkt en op mijn hoofd gevallen was. Een paar seconden later kroop ik in mijn pyjama brabbelend de kamer binnen, om toch vooral maar niets te missen.

'Jij was het wonderkind dat de hemel me had gezonden om mijn eenzaamheid te verdrijven,' zegt mijn moeder. 'Dat weet ik zeker. Hoewel God je papa tot zich had genomen, gaf hij me jou.'

Ik zou graag het elixer zijn geweest tegen de depressies van mijn moeder, maar die heldenrol viel toe aan onze buurvrouwen, Marlene en Terry. Zij zagen hoe verdrietig ze was en waren vastbesloten haar aan de man te helpen. Dus probeerden ze blind dates voor haar te regelen. Als mama dan weer een afspraakje had met een of andere boer of advocaat, kwamen zij oppassen en brachten hun eigen horde kinderen mee. Op de meeste foto's uit mijn kleutertijd sta ik naast Terry's dochter Marcie, zogenaamd schaapachtig en onschuldig, alsof we net de muur van mijn kamertje met vingerverf hadden bewerkt en daarna een handvol hondenkoekjes hadden gepikt (wat vermoedelijk ook zo was).

Marlene en Terry stonden klaar als mama een pak koffie moest lenen, of zat te huilen, of Chris' eerste schooldag wilde vieren. Ze nodigden ons uit op alle verjaardagsfeestjes, feestdagen en parades. En ze kwamen op mij en mijn broertje passen op de middag dat mijn moeder de eenzaamheid – die als een strop om haar hals hing – niet langer kon verdragen. Ze stond achter het keukenraam en keek hoe Chris en ik in de achtertuin speelden toen ze zich afvroeg: *Hoe hou ik dit vol? Al die verantwoordelijkheden, zonder enige hulp?* Ze kan zich niet herinneren dat ze het alarmnummer heeft gebeld, maar een paar minuten later stopte er een ambulance met piepende remmen voor onze deur en sprongen er twee stevige ziekenbroeders uit. Na een snelle diagnose van haar psychische gesteldheid (niet zo gestoord dat ze naar een inrichting hoefde, maar met wijd opengesperde ogen en wartaal uitkramend) legden ze haar op een brancard en namen haar mee naar het Magic Valley Hospital voor een week van 'rust en ontspanning'.

Als er één moment was waarop mama's verdriet een eigen leven ging leiden was dat wel toen ze achter dat keukenraampje stond en de blauwdruk van een zelfmoordpoging in haar gedachten vorm kreeg. Ze wist niet precies hoe ze het wilde doen, maar ze zag de middelen griezelig helder: een scheermes uit haar Schick scheerset; een schaar die scherp genoeg was om mijn pony kaarsrecht te knippen; of alle overgebleven valium-tabletten uit het buisje dat de dokter haar als slaapmiddel had voorgeschreven na mijn vaders dood. Waar het om ging, was natuurlijk niet de methode die ze wilde gebruiken om haar band met ons, haar kinderen, door te snijden, maar het feit dat ze onze gezamenlijke last niet langer op haar schouders kon torsen.

2

Redder in de nood

Mama, Chris en ik wachtten drie jaar op een wonder dat ons uit dit eenzame verbanningsoord zou redden. En toen, op een junidag in 1974, reed dat wonder achter het stuur van een vleeskleurige Willys jeep uit 1949 onze oprit op.

In mijn herinnering aan die avond sta ik onder het afdak van onze zwart met witte bungalow op Richmond Drive 1537. Een sprinkler op het gras in de voortuin sproeit een koele nevel over mijn tenen. Net uit bad en gekleed in een dunne zomerpyjama, ruik ik naar Johnsons-babypoeder en prikvrije kindershampoo. Mijn haar, nog licht genoeg om roodblond te worden genoemd, raakt net mijn schouderbladen.

In het heiige licht van de vroege zomer komt mijn broertje over de stoep naar me toe racen op zijn terreinfiets met het glinsterende banaanzadel. Hij draagt een rafelige afgeknipte spijkerbroek en een mouwloos T-shirt met de tekst LIFEGUARD WAIKIKI BEACH. Met zijn zeven jaar is hij mijn eigen, blauwogige Dennis the Menace, die kauwgom door zijn bilspleet haalt en mij die dan aanbiedt om op te kauwen. Hij fietst zo hard als hij kan en roept: 'Die vent met wie je gaat dansen komt eraan!'

Als ze de magere benen van mijn broer uit alle macht ziet pompen, rent mama naar binnen voor een laatste blik op haar kleren voor de date: een strak spijkerjack zonder mouwen over een blouse met wijde hals en doorzichtige pofmouwtjes. Ik volg haar parfum naar de badkamer, waar ze haar oogschaduw pakt en nog een laagje turquoise over haar oogleden schildert. Dan tuurt ze in de spiegel naar haar roze wangen, haar bosgroene ogen en haar enigszins grijze, wijd uiteen geplaatste tanden, voordat ze zich naar me toe buigt en mijn wang met een glimmende, kersenrode kus tatoeëert.

We stappen de veranda op, net op het moment dat de jeep onze oprit indraait. Het portier gaat open en er verschijnt een slungelig been in een broek met wijd uitlopende pijpen. Het been zit vast aan een man met een getinte zonnebril, een geelbruin leren jack en een zijden hemd met brede kraag. Ik kan hem niet plaatsen, maar iets in zijn warme bruine huid en zijn springerige blonde haar geeft me het gevoel dat ik hem al eens eerder heb gezien. Dan glimlacht hij, en de gouden kroon op zijn rechter boventand vertelt me wie hij is.

Ik ken de man van de afdeling jongenskleding bij Van England's Department Store in het centrum van Twin Falls, waar mijn moeder ons mee naartoe neemt als ze de polyester ruitjesbroeken en bijpassende shirts voor mijn broertje koopt. Zodra de man mijn moeder ziet, maakt hij haar een complimentje over haar nieuwe haarkleur, haar plateauschoenen of haar spijkerbroek. En mijn moeder loopt te stralen, de hele weg naar de kassa en terug over het parkeerterrein naar haar beige Mercury Cougar. Als we zijn ingestapt, trommelt ze met haar vingers op het stuur en zegt: 'Die man heeft echt verstand van mode.'

Op een dag besefte mama dat ze me nog nooit aan de man had voorgesteld. Het was december en we hadden een nieuwe jas voor me gekocht voor de feestdagen. Daarna liepen we naar de jongensafdeling, waar de man bezig was een paar truien met wiebertjespatroon op te vouwen. 'Donnie, hallo!' zei mijn moeder. 'Ik wil je voorstellen aan mijn dochter, Tracy.' De man keek me aan en glimlachte, zoals mijn opa ook lachte als hij me roze rozen gaf voor mijn verjaardag. Die rozen waren een heerlijk ritueel, waardoor ik wist dat ik zijn bijzondere meisje was en mijn eigen bijzondere dag verdiende. De blik in de ogen van de kledingverkoper suggereerde ook zoiets. Toch was ik niet van plan op zijn schoot te klimmen en mijn armen om hem heen te slaan, zoals ik bij familie deed. Ik plantte mijn voeten stevig op de kromgetrokken houten vloer en stak mijn handen diep in de zakken van mijn Kermit-de-Kikker-overgooier.

De man hurkte voor me neer, zodat we elkaar recht konden aankijken. 'Leuk om kennis te maken, Tracy,' zei hij. 'Ik ben meneer Lee, maar je mag Donnie zeggen. En ik vind het een prachtige jas die je voor Kerstmis hebt gekregen. Als je er een mooie jurk bij draagt, zul je de ster zijn van het feest, dat weet ik zeker.'

Het liep tegen het einde van de middag en de zon viel schuin naar binnen door een reusachtig raam op het westen. Ik had een gevoel in mijn borst als van een kuiken dat uit het ei breekt. Ik was zo'n kind dat minstens een week kon teren op één complimentje. Zo stond ik voor mijn toekomstige vader, knipperend met mijn wimpers.

De volgende zomer wist Donnie ons hele gezin te versieren. Samen met mama deed hij de Funky Chicken in zijn stamkroeg, de Cove. Met zijn jeep reden ze naar de South Hills, waar ze vreeën op de muziek van sabelsprinkhanen. Maar als hij haar kwam ophalen, bracht hij altijd speelgoed mee voor Chris en mij. En als hij haar weer thuisbracht, glipte hij onze slaapkamer binnen, klopte ons op de rug en drukte een zachte kus op onze zonverbrande wangen.

Soms draaide hij onverwacht onze oprit in en liet de motor van zijn Willys jeep even brullen. Dan sprong hij eruit, leunde tegen het metalen frame van het portier en riep: 'Instappen, allemaal! We maken een uitstapje! Ik betaal!' Chris en ik, die de lokroep van popcorn en een drive-in-film hoorden, stopten onmiddellijk met ons spel (ik met mijn barbies, hij met zijn pogingen de tenen van mijn barbies af te hakken) en renden zo enthousiast naar buiten dat we zelfs vergaten onze gympen aan te trekken. Mama gooide haar *Woman's Day* tijdschrift in een macramémand en stormde ons achterna, met onze schoenen en haar tas in haar handen.

Mijn broer en ik klauterden de metalen treeplank van de jeep op, schoppend en worstelend om het plaatsje achter onze familievriend te bemachtigen. Maar nauwelijks hadden we onze gordels vastgemaakt, of we moesten weer terug. Waar we ook naartoe gingen, het eindigde altijd met een ijsje en ik vergat altijd om voor we vertrokken naar de wc te gaan. Mama richtte mijn aandacht op mijn volle blaas door te vragen: 'Oké, wie moet er nog een pitstop voordat we vertrekken?'

Donnie keek me aan in het spiegeltje, tikte aan zijn pet en knipoogde bemoedigend. 'Ga maar even naar binnen, Tracy,' zei hij dan. 'Maar je geen zorgen. Wij wachten wel. Als je er maar niet in valt!'

Fronsend keek ik naar zijn spiegelbeeld en probeerde te bedenken wat hij precies bedoelde. Chris had me verteld dat er alligators en slangen in de riolering onder ons huis leefden, maar ik wilde mijn nieuwe vriend niet teleurstellen. Donnie was de enige man die ik kende die werkelijk zijn pas versnelde als hij me zag. Dan rende hij op me toe en spreidde zijn armen om me tegen zich aan te drukken in een heftige, krachtige omhelzing. En hij hield die omstrengeling net zo lang vol als ik, liet zijn kin in de holte van mijn hals rusten en streelde mijn warrige, roodblonde haar. Als ik een van mijn geliefde badstof topjes droeg, kroop dat meestal omhoog door de heftigheid van onze begroeting. Donnie, die zich een hele stilist voelde vanwege zijn baan bij Van England's, streek het dan weer omlaag, tot over de elastieken tailleband van mijn polyester korte broek.

In de jeep jammerde ik dat ik mijn plas wel kon ophouden totdat we bij Arctic Circle waren, onze favoriete ijstent. Tranen prikten achter mijn ogen, maar voordat ik kon instorten, zette Donnie de motor weer af en nam me mee naar binnen. Hij wachtte op de gang terwijl ik me aan de randen van de wc vastklemde en een paar centimeter boven de bril bleef hangen. Ik zou echt niet weten hoelang het duurde voordat mijn blaas zich voldoende had ontspannen om de Kool-Aid of andere limonade die ik had gedronken kwijt te raken, maar als ik eindelijk weer naar buiten kwam, zette Donnie me op zijn schouders en droeg me terug naar mijn moeder en broer.

Ik kan niet zeggen dat ik ooit bewust een biologische vader heb gemist, maar door Donnies komst ging er een heel nieuwe wereld voor me open, een wereld van avontuur, spanning en plezier. Ik herinner me ook dat ik me ingekapseld voelde – door liefde, denk ik. Avond aan avond nam hij ons mee, weg van de depressie die zich nog altijd aan ons huis vastklampte als een behoeftig kind. Ik weet dat mijn moeder vreselijk haar best deed ons een prettig en stabiel leven te geven. Maar tegen de tijd dat Donnie op het toneel verscheen, waren we allemaal toe aan het licht dat hij om zich heen liet schijnen – zoals alleen een man dat kan die op zoek is naar een nieuw gezin.

Het liefst ging hij met ons de natuur in, een passie die wij allemaal bij onze geboorte hadden meegekregen. Op doordeweekse avonden en officiële feestdagen visten we op de trage forel in Dirkies Lake, zwommen bij de hete bronnen van Nat-Soo-Pah of reden met zijn jeep naar obscure spookstadjes bij Sunbeam Dam of Idaho City. De grote avonturen, zoals een hele week kamperen bij de North Fork van de Wood River, stelde hij nog even uit, omdat hij geen camper-trailer had die groot genoeg was voor ons allemaal. Maar op avonden als het licht naar paars verkleurde, daalden we de smalle haarspeldbochten af naar de Snake River Canyon, op weg naar een van onze favoriete picknickplekjes. Na een avondmaal van kaas, crackers en cupcakes renden Chris en ik als gekken in het rond, opgefokt door de suiker en de prikkelende sensatie van het koude gras onder onze voetzolen. Ten slotte zakte de zon onder de rand van het ravijn en verleende de nevel rondom de Shoshone Falls een griezelige gloed. Terwijl de vogels zich in het struikgewas terugtrokken en de hitte uit de vallei opsteeg, deed Donnie zijn gympen uit en trok zijn eerste biertje van de avond open. Leunend op zijn onderarmen vertelde hij ons over zichzelf.

Hij was geboren op 12 maart 1943 in de bergen boven Loveland, Colorado. Zijn moeder, Lorraine, was zeventien, zijn vader een domme lul. Op een dag vroeg Lorraine of ze met hem mee mocht op hertenjacht. Ze hadden geen oppas nodig, zei ze, want ze kon de baby wel meenemen. Toen Donnies vader antwoordde: 'Vrouwen horen achter het aanrecht', besloot Lorraine van hem te scheiden. Een jaar later ontmoette ze een kabeltrekker van de Mountain Bell Telephone Company en had baby Donnie een nieuwe vader.

Voordat hij zes jaar oud was, had Donnie al in dertien verschillende staten gewoond. Lorraine en Donnies nieuwe vader, Edward, kregen nog drie kinderen, een jongen die Larry heette en twee prachtige dochters, Lori en Debbie. Gelukkig voor Donnie vestigde het gezin zich uiteindelijk in Idaho, de meest bergachtige staat van Amerika, met rivieren die vanaf besneeuwde toppen naar weilanden vol wilde bloemen stroomden. Fazanten en waaierhoenders vlogen hoog boven de bietenvelden en wilde eenden verscholen zich in de ongerepte wetlands. Als tiener ging Donnie voor het eerst op jacht, een liefde die zijn hele leven zou duren. Hij deed eindexamen, ging bij de National Guard, trouwde en scheidde weer.

Het enige wat hij ooit wilde was een eigen zoon en dochter, maar zijn vrouw bedroog hem met haar vriendje van school. Toen hij mijn moeder ontmoette, viel hij voor de manier waarop ze met haar slanke heupen wiegde, net zoals Stevie Nicks. Maar nog meer hield hij van de lachende, roodharige kinderen die zich aan haar spijkerbroek vastklampten. Jaren later, toen ik zelf volwassen was en twee zoontjes had, vertelde hij me dat hij dol was op mijn moeder maar dat Chris en ik toch het zegel op hun trouwakte vormden.

'Waarschijnlijk was ik nog blijer om jullie te zien dan haar,' zei hij. 'Met jullie kreeg ik een echte band. Ik hield van jullie. Ik wist absoluut zeker dat het een succes zou worden.'

Ik herinner me nog de dag waarop ik besloot dat Donnie onze papa moest worden. Het liep tegen het einde van de zomer en hij had zijn zwarte labrador, Jigger, meegenomen om te spelen. Een paar weken eerder had ik kennisgemaakt met Jigger op een wandeltocht naar de zandduinen bij Mountain Home. Ze was de hele tijd achter me aan gelopen over de grazige hellingen en duwde voortdurend haar kop tegen mijn uitgestoken hand.

Ik was dol op alle viervoeters, maar Jigger had iets in haar ogen waardoor ik haar mijn diepste wensen wilde toevertrouwen. Ik vroeg Donnie of het mocht, pakte haar bij de halsband en nam haar voorzichtig mee naar de achtertuin.

Daar praatten we een heel uur lang – nou ja, ik praatte en zij luisterde. We zaten opzij van het huis onder een ratelpopulier, waar ik dacht dat niemand ons kon zien. Toch fluisterde ik, voor het geval Chris ons zou afluisteren.

'Ik hou van je, Jigger,' begon ik. 'En ik hou ook van je baasje. Hij is de aardigste man die ik ooit ben tegengekomen. Als je thuiskomt, zeg dan maar tegen hem dat hij onze papa moet worden. Dan kun jij ook bij ons komen wonen. Morgen al.'

Jigger luisterde, keek me met haar lieve jachthondenogen aan en likte zo nu en dan mijn wang of mijn met grasvlekken besmeurde voet. En elk van die kussen interpreteerde ik als een bevestiging van haar kant, alsof ze wilde zeggen: *Ik hou van jou en hij van mij. Straks eten we allemaal van dezelfde biefstuk.*

Ze had gelijk. Negen dagen voor mijn vierde verjaardag, op 3 november 1974, sloten mama, Chris, Donnie en ik een verbond. Ik zeg opzettelijk 'een verbond', omdat het zo aanvoelde: wij vieren verklaarden dat we elkaar zouden liefhebben, koesteren en eren totdat de dood, of een andere onvoorziene catastrofe, ons van elkaar zou scheiden.

3

De kracht van liefde

'Jij mag je gelukkig prijzen,' zei mijn moeder tegen me. 'Jij hebt tenminste iemand die van je houdt.'

Het was februari 1976 en we zaten samen in de woonkamer van ons huis aan Richmond Drive. Ik zat nog niet op de plaatselijke basisschool, Sawtooth Elementary, omdat ik net te laat jarig was voor groep één. Mijn verjaardag viel in november, dezelfde maand waarin de hartkleppen van mijn ongeboren broertje zich met calcium vulden. De ene dag voelde mama hem nog bewegen onder haar borstkas, de volgende dag... niets meer. Ze belde de dokter, die zei dat ze op de bank moest gaan liggen en pudding eten; dan zou de baby wel reageren. Een week later, toen hij nog altijd niet haar nieren had gekieteld, wist ze dat hij dood was.

De artsen maakten een afspraak voor iets wat mama curettage noemde, een eenvoudige procedure om de vrucht uit haar lichaam te zuigen. Dat gebeurde een paar weken voor mijn vijfde verjaardag, maar de eenvoudige procedure leidde tot complicaties, waardoor mama's baarmoeder moest worden weggenomen.

Marlene en Terry kwamen om ijswafel-cupcakes te maken en de tien of twaalf kinderen op mijn feestje te blinddoeken voor ezeltje-prik. Maar ergens tussen de cadeautjes en de verjaardagstaart nam ik mijn vriendinnetjes mee naar mijn kamer om hun te vertellen dat mijn moeder in het ziekenhuis lag en dat we niet zoveel lol hoorden te maken.

Zelfs toen al voelde ik aan wie van mijn verjaardagsgasten het best zouden reageren op mijn drama en wie het verkeerde antwoord zouden geven. Ik was al eens betrapt – en bestraft – omdat ik Marcie en mijn buurmeisje Wendy een nummer van *Playboy* had laten zien dat ik van het stapeltje van mijn vader uit de garage had gestolen. We waren tegelijk geschokt en gefascineerd door de enorme borsten en harige oksels van de modellen, en Marcies vader hoorde ons lachen achter zijn luie stoel, waar we zaten. Toen hij ons ontdekte, dreigde hij mijn ouders te bellen als ik hem niet vertelde waar ik dat blad vandaan had. Aan zijn toon hoorde ik wel dat blaadjes met blote dames niet deugden, maar ik was niet van plan mijn nieuwe papa te verraden. Toen mijn ouders hoorden dat ik de *Playboy* had gestolen, kreeg ik wel op mijn donder, maar niet te erg – en later hoorde ik hen erom lachen.

Op mijn verjaarsfeestje verzamelden mijn vriendinnetjes en ik ons tussen mijn wit-met-paarse ledikant en de boterbloemgele muur. Marcie stak haar voeten in mijn gebloemde slaapzak en Wendy trok mijn Porky Pig-nachtlampje uit het stopcontact.

'Mijn moeder ligt in het ziekenhuis om onze baby kwijt te raken,' vertelde ik hun. 'We kunnen wel taartjes eten en mijn cadeautjes uitpakken, maar daarna moeten jullie naar huis. Dat zou God liever hebben, denk ik.'

Ik zag de gezichten van mijn vriendinnetjes betrekken. De meesten gingen naar de kerk, dus het begrip God was hun bekend. Als ze katholiek waren, zoals ik, wisten ze ook dat de Vader uit de hemel kon neerdalen om ons haar in brand te steken als we zelfzuchtig waren en geen rekening hielden met anderen. Bijna al mijn vriendinnetjes zeiden een gebedje voor het slapengaan. Maar nu ze hun feestje moesten opofferen voor een vrouw die ze vaag kenden als 'Tracy's mama', staarden ze me met grote ogen aan.

'We kunnen toch wel vingerverven – om een tekening voor je moeder te maken?' opperde Marcie, voorover leunend op haar corduroy-knieën.

'Of een stuk taart voor haar bewaren?' zei Wendy, plukkend aan het kleed.

'Of jullie kunnen allemaal weer terugkomen naar de huiskamer. Daar zit de rest van de kinderen te wachten die zo aardig waren om op je feestje te komen,' zei een onbekende moeder die haar hoofd om de deur stak en haar wenkbrauwen fronste.

Sommige mensen zien niet hoe vreemd kinderen met verdriet en problemen kunnen omgaan. Maar toen mijn moeder zes dagen later thuiskwam, wist ik dat ik een goede dochter was geweest. Ze trok haar nachthemd omhoog en liet me het bloeddoordrenkte verband zien dat om haar buik zat gewikkeld. Haar huid leek pafferig en opgezwollen, en ze had blauwe plekken aan de binnenkant van haar armen.

'Binnen de kortste keren ben ik weer zo goed als nieuw,' zei ze, toen ze me naar haar wonden zag kijken. Maar om de een of andere reden wist ik beter. We stonden voor de grote ovale spiegel in de badkamer. Mijn haar werd statisch overeind getrokken en kleefde tegen mama's verband.

Maar een paar maanden na de operatie leek het toch beter te gaan met mijn moeder. Ze kwam uit haar slaapkamer in een zwart gympakje met een bijpassende maillot en glinsterende, marineblauwe beenwarmers. Ze zette de televisie aan en een man met haar als een astronautenhelm vertelde haar dat ze met haar benen moest zwaaien. Achter haar rug probeerde ik met haar mee te huppelen.

In het jaar voordat ik naar school moest ging Chris al naar Sawtooth Elementary en reed mijn nieuwe papa in zijn jeep naar zijn werk – de jongensafdeling van de kledingzaak van Van England's. Als mama zich goed voelde, deed ze vlechtjes in mijn haar en bond ze een strik voor mijn Holly Hobbie-schortje. We maakten kasten schoon en keken naar *As the World Turns*. Maar iedere middag raakte mijn moeder in een bepaalde stemming en wilde ze alleen maar slapen. Dan liet ze zich op de zwarte kunstleren bank in onze huiskamer boven zakken en mompelde: 'Ik wou dat ik iemand had die van me hield. Maar die heb ik nog nooit gevonden.' Daarbij keek ze niet naar mij, maar langs me heen, naar de plastic eikenboom in onze huiskamer, die geflankeerd werd door twee bij elkaar passende beeldjes van Aziatische kinderen in kimono.

Ik ging in kleermakerszit aan het voeteneinde van de bank zitten en staarde naar mijn moeders voetzolen. Het was al meer dan een jaar geleden sinds we met Donnie waren getrouwd en het verbaasde me dat ze klaagde over eenzaamheid. Haar bewering dat er niemand van haar hield sloeg nergens op, want zelfs ik kon zien hoe mijn nieuwe papa altijd voor haar klaarstond. Uit haar verhalen over mijn oude papa leidde ik af dat hij ook van haar had gehouden. En ik dan? Ik was echt dol op haar.

Bovendien was ons leven sinds haar trouwen zoveel gelukkiger dan daarvoor; dat begreep zelfs een meisje van vijf. In mijn beleving, sterk beïnvloed door Moeder de Gans, ademde ons leven louter liefde – van de liedjes die we zongen als we gingen skiën op Soldier Mountain, tot de avonden waarop we beneden, met ons bord op schoot, naar *Sonny and Cher* zaten te kijken. Het was uit liefde dat mijn vader uit zijn zitzak sprong tijdens een achtervolgingsscène in *Starsky and Hutch* om naar de winkel te rennen voor een zak Ruffles, de favoriete chips van mijn moeder, en uit liefde maakte hij midden in het waaierhoen-jachtseizoen een hele zaterdagmiddag vrij om Chris te helpen een houten racekarretje te bouwen voor de wedstrijd van de scouts.

Ik was er redelijk zeker van dat mijn ouders zich uit liefde in hun slaapkamer terugtrokken bij die zeldzame gelegenheden dat mijn vader thuiskwam voor de lunch en ons verraste. Na een snelle kaastosti met tomatensoep zeiden ze dat ik maar een dutje moest doen, waarna ze verliefd en hand in hand naar de slaapkamer verdwenen. Als ik hoorde dat de deur op slot werd gedraaid, sloop ik uit bed en drukte mijn oor tegen de vijf centimeter brede kier onder de deur. De gedempte geluiden die door de spleet tot me doordrongen gaven me een raar maar gelukkig gevoel. Het klonk als mensen die aan een aardbeienijsje likten.

Toen mijn moeder die frisse februarimiddag nonchalant verklaarde dat ze zich zo eenzaam voelde, daalde er dus een wolk van verwarring over me neer, als een zwerm muskieten. Zelfs toen besefte ik al half dat het verdriet van mijn moeder groter was dan alle liefde die iemand haar zou kunnen geven, en dat haar leven voor mijn geboorte te zwaar voor haar was geweest om nog ooit echt gelukkig te kunnen zijn. Ik wist dat ze ergens was opgegroeid waar liefde de vorm had van klappen en beledigingen, en dat ze met Kerstmis meer dan eens een écht kooltje in haar sok had gekregen. Door dat besef voelde ik me zowel bevoorrecht als schuldig. Dan zat ik naast haar op de bank, bekeek foto's van mijn echte vader en hield haar hand vast terwijl ze snikte. Maar ik was jong en vol energie, dus begon ik op de bank op en neer te springen en riep: 'Maar ík hou toch van je, mama? Heus waar!'

'O, dat weet ik wel, schat,' antwoordde ze. 'Dat bedoel ik ook niet.'

Het huis kreeg iets melancholieks als mijn moeder lag te slapen. De wind klonk alsof er iemand met zijn nagels over de deur kraste. Ik ging naar mijn kamer, pakte mijn barbies en sloop op mijn tenen door de gang terug. Op de bank had mama een roodblauwe sprei over haar gezicht gelegd die iemand ooit voor mijn ongeboren broertje had gehaakt. Ik ging met mijn rug tegen ons nieuwe behang – zwarte sierheesters tegen een witte achtergrond – zitten en keek hoe haar borst rees en daalde onder de sprei.

4

Mijn papa

'Oké,' zei mijn nieuwe papa, Donnie. 'Weet je het zeker?' Het was 11 november 1977 en we bevonden ons in de badkamer van ons nieuwe huis. De vorige zomer hadden mama en papa een nieuw huis gekocht aan Parkway Drive. Het leek op ons vorige huis, met drie slaapkamers, een kelder en twee badkamers, maar hier was zoveel bergruimte dat Chris en ik de eerste keer dat we er waren twee uur lang verstoppertje speelden in de inloopkasten. Ik ging nu ook naar een nieuwe basisschool, Harrison Elementary, en de volgende dag zou ik zeven worden, ik was een van de oudere kinderen in de eerste klas. De volgende dag had ik mijn verjaardagsfeestje en om krullen te maken was mijn haar in twee strakke paardenstaarten gebonden, rond roze rollers van schuimrubber. Mijn moeder had de hele middag in de keuken gestaan om negentien ijswafel-cupcakes te bakken, te glaceren en met regenboogsprinkles te versieren. Maar het succes van het feestje hing maar van één ding af: ik moest een tand kwijtraken.

Ik had mezelf ervan overtuigd dat ik niet gelukkig zou zijn als ik niet voor mijn zevende verjaardag een tand kwijt was, dus smeekte ik mijn vader er een te trekken. Een paar dagen eerder had papa zijn dunne tangetje tevoorschijn gehaald en geprobeerd een tand los te wringen. Hij rukte en wrikte, waarbij hij wat tandglazuur wegschraapte. Toen ik begon te huilen, stelde hij een eenvoudiger en betrouwbaarder methode voor. Hij zou een draad om de tand binden en het andere eind aan een deurkruk bevestigen. Als hij de deur dichtgooide, zou de tand met wortel en al uit mijn kaak losschieten.

Ik zat doodstil, zoals papa had gezegd, maar mijn maag voelde als pudding. Ik hield mijn adem in en probeerde aan prettige dingen te denken, zoals mijn opa, en hoe leuk het was om zijn maagzuurtabletten te stelen, die naar pepermunt smaakten. En ik dacht aan onze kampeertochten naar het Magic Reservoir, waar het water 's zomers altijd warm genoeg was om erin te zwemmen. Papa keek me aan terwijl hij de doorschijnende draad aan de deurkruk bond. Toen hij klaar was, hurkte hij voor me neer en legde zijn handen op mijn knieën.

'Je ogen zijn zo groot,' zei hij. 'We hoeven er niet mee door te gaan als je niet durft.'

Ik was doodsbenauwd, maar ik vertrouwde mijn nieuwe papa. Hij was degene naar wie ik toe ging als ik een spannend avontuur wilde of een paar sterke handen om me uit de nesten te helpen. Die zomer had hij me leren rolschaatsen, fietsen en van de hoge plank duiken in Harmon Park. Mijn moeder keek altijd toe, maar daagde me nooit uit mijn moed te testen. Ik hoorde haar nu lachen in de huiskamer, om iets wat Sonny tegen Cher zei. Ik wist dat ze tv zat te kijken omdat ze niet durfde toe te zien hoe papa een stuk bot uit mijn schedel rukte. Maar ik vond mezelf vreselijk dapper. Hoewel het al november was, stapte ik toch nog naar buiten in mijn Wonder Woman-badpak, met een handdoek om mijn nek. Zo rende ik rondjes om de trailer, vliegend in mijn onzichtbare jet. Ik klom over hekken, maakte radslagen en achtervolgde Jigger op blote voeten over de stoep. Dus maakte het me niet uit dat mijn moeder zich beneden verborg, achter de tv. Want ik had mijn vader en ik had mezelf.

Papa stond met zijn hand op de deur, wachtend op mijn teken om hem zo hard mogelijk dicht te gooien. Een elektrische schok schoot door mijn ruggengraat, tot in mijn vlechten. Ik greep mezelf bij de achterkant van mijn benen en zei: 'Het is goed, papa. Doe het nou maar, ja?'

Een seconde later smeet papa de deur dicht en werd de tand uit mijn tandvlees gerukt. Hete tranen sprongen in mijn ogen en bloederig kwijl droop over mijn kin. Papa sprong naar de tand toen – een klein, wit, vierkant kauwgummetje – die langs hem heen vloog. Toen tilde hij me op, zette me op zijn schoot en kuste het bloederige kwijl van mijn onderlip.

'Morgen,' zei hij, 'zul jij de koningin zijn van de eerste klas.'

Hij had gelijk. De volgende dag voelde ik me als een jarige prinses. Mijn vlechten dansten als springveren naast mijn slapen. Ik had een klein, vierkant spiegeltje in de zak van mijn overgooier en haalde het regelmatig tevoorschijn om de spleet tussen mijn tanden te bewonderen. Mijn tong vond steeds weer een andere reden om zich door het metaalachtig smakende gat te wringen, totdat juf Galloway, onze lerares, me vroeg daarmee op te houden.

Maar ik had helemaal geen spleet tussen mijn tanden – of wat dan ook – nodig om dol te zijn op Harrison Elementary. Ik vond de eerste klas al zo geweldig, omdat ik nu eindelijk de hele dag naar school kon. In de klas van juf Galloway zeilde ik moeiteloos door mijn leeslessen in de gevorderde leesgroep. Met tekenen en spellen had ik geen probleem en rekenen was ook geen punt. Maar toen het tot me doordrong dat de slimme leerlingen geen extra aandacht kregen, begon ik opzettelijk rekenfouten te maken, zodat juf Galloway me moest komen 'helpen'. (Dat duurde niet lang, omdat ik de sommen eerst dwangmatig goed had uitgerekend, daarna mijn antwoorden had uitgegumd en er een nieuwe 'berekening' overheen had geschreven. Blijkbaar kon ik niet zo goed gummen als rekenen.)

In de pauze deden Jenny Harr en ik ons lievelingsspel, 'Het kleine huis op de prairie'. Zoals alle meisjes van zes en zeven in 1977 waren we grote fans van de negentiende-eeuwse avonturen van onze kwajongensachtige heldin, Laura Ingalls, en haar zus Mary, die spoedig blind zou worden. Jenny mocht altijd Laura spelen, alleen omdat ik diep in mijn hart wist dat ik de betere actrice was. Thuis smeekte ik mijn vader voortdurend om Pa te spelen en ik kreeg oma Liz (die naast haar vele andere talenten ook een uitstekend naaister was) zelfs zo ver dat ze niet één maar twéé juten nachthemden voor me naaide, een voor mij en het andere voor mijn 'zus' Mary (een groot kussen, dat ik uit de slaapkamer van mijn ouders had gestolen en waar ik 's nachts naast sliep).

Op een dag zat ik in de garage stiekem op een hondenkoekje te knabbelen toen ik een stem hoorde roepen: 'Hé, dreumes! Klaar om naar de markt te gaan?' Stomverbaasd antwoordde ik: 'Pa? Ben jij dat?'

'Natuurlijk, dreumes,' antwoordde mijn broer. 'Ik heb de wagen al klaarstaan. Pak je lunchtrommel en kom mee.'

Chris had een kussen, snacks, en mijn favoriete slaapzak in de wagen gelegd; een zeldzaam lief gebaar dat, als ik ouder was geweest, onmiddellijk mijn achterdocht zou hebben gewekt. Maar ik was jong en dikwijls eenzaam, waardoor ik maar al te graag meedeed. Wekenlang had ik mijn babypop de buurt door gezeuld, op zoek naar iemand om mee te spelen. Maar al mijn vriendinnetjes waren met vakantie of speelden liever binnen. Bovendien ontdekte ik in een hoek van de kar, weggestopt onder de rand, een plastic beker met melk en een stapeltje biscuits, waar ik zo van hield.

Het was zaterdag, een warme nazomerdag, en ik kon mijn ogen niet geloven. Nooit eerder had mijn broer zoveel moeite gedaan om mij te helpen bij een spelletje. Ik was gewend dat hij me negeerde, pestte, kritiek had of me kietelde totdat ik in mijn broek pieste. Maar nu stond daar zijn kar, vol lekkernijen, boven aan onze oprit. Chris hielp me aan boord en zei dat ik mijn slaapzak tot aan mijn nek moest dichtritsen. Ik strekte mijn armen langs mijn lichaam, terwijl hij de rits dichttrok. Algauw stak er niets meer uit de slaapzak behalve mijn gezicht, onder de rand van mijn muts.

'Lig je lekker, dreumes?' vroeg mijn broer. Maar ik kreeg geen tijd om te antwoorden. Hij gaf de wagen een klap met een houten stok en riep: 'Vort, paardjes!' En hij duwde de kar onze steile oprit af.

Twaalf seconden lang was ik Laura Ingalls Wilder, die een hobbelige weg afreed naar Kansas City. Ik had mijn lunchtrommel (een plastic strandemmertje) en mijn kleine zus Carrie (een Madame Alexander-pop) bij me, en grootse plannen voor de toekomst. Voor ons zat de wagenmenner, mijn grote held, Pa, die een oogje hield op mormonen en plunderende indianen.

Het waren de mooiste twaalf seconden van mijn leven. Maar op de dertiende tel knalde ik op de straat aan het einde van de oprit, waar het grijze cement het grove zwarte asfalt ontmoette.

Ik rolde uit de kar, nog steeds in mijn slaapzak gewikkeld, overspoeld door een tornado van melk en biscuitjes. Speelgoed en poppen vlogen door de lucht en sloegen tegen mijn borst en mijn gezicht. Ten slotte kwam ik met mijn hoofd naar voren in de goot terecht, huilend en jammerend. Ik hoorde hoe mijn broer naar me toe rende, terwijl hij schaterde van het lachen. En toen, van boven aan de oprit, schalde een andere stem.

'Verdorie, Chris, wat doe je nou?' riep papa. 'Kun je je zus niet één keer met rust laten? Naar binnen jij en snel, of je krijgt een pak rammel!'

Papa's voetstappen dreunden de oprit af en kwamen naast de kartonnen wand van het wagentje tot stilstand. Hij stond te vloeken, wat me doodsbang maakte. Ik had wel eens eerder slaag gekregen met zijn riem en ik verwachtte elk moment dat hij het wagentje overeind zou sleuren, zijn riem van zijn broek zou trekken en me ervan langs zou geven, zoals die keer dat hij Chris en mij had betrapt toen we onder de douche stonden te vechten en hij ons had geslagen tot we om genade smeekten. Hij sloeg ons niet vaak, maar zo nu en dan haalden Chris en ik hem het bloed onder zijn nagels vandaan en besloot hij tot harde maatregelen. Ik hoopte vurig dat hij vandaag niet zijn riem zou pakken.

Dat deed hij niet. Mijn vader tilde me uit de goot en nam me in zijn armen. Hoe harder ik huilde, des te steviger hij me tegen zich aan klemde, totdat het tijd werd om naar binnen te gaan.

Hoewel we niet dezelfde genen deelden, leek het toch of mijn vader was geprogrammeerd om mij te beschermen. De voorafgaande zomer, toen ik nog nauwelijks kon zwemmen, waren we met de familie naar de warme bronnen van Nat-Soo-Pah geweest. Na een paar rondjes 'haaitje' spelen en een wedstrijdje wie het langst zijn adem kon inhouden onder water, stapte mijn vader uit het zwembad om zich om te kleden. Chris en ik bleven achter onder het wakend oog van mijn moeder. Mama had nooit leren zwemmen, dus nam ik geen risico als zij op ons moest letten. Maar om de een of andere reden wilde ik mijn vader bewijzen hoe dapper ik was.

Terwijl papa zijn haar droogde in de kleedkamer, hielden Chris en ik ons aan de rand van het bad vast, speelden motorbootje en knepen onze neus dicht. Waarschijnlijk lieten we scheten in elkaars richting. Op een gegeven moment stapte ik uit het water en slenterde naar de kant van het diepe, voorzichtig om niet uit te glijden op het natte cement. Ik stond ter hoogte van de drie-meter-lijn toen mijn vader weer uit de kleedkamer kwam.

'Hé, papa! Kijk eens!' riep ik, en ik deed een soort bommetje in het water. Een paar seconden later dook ik weer op en besefte dat mijn voeten de bodem niet raakten. Ik begon te zinken. Volledig aangekleed, in een strak zittende Levi's met een zilveren gesp aan zijn riem, dook papa me achterna, nog sneller dan de dienstdoende badmeester. Ik was apetrots op die heldhaftige actie van mijn vader, maar toen we weer bovenkwamen, was papa woedend. 'Waarom doe je dat, Trace?' schreeuwde hij. 'Waarom spring je in het diepe als er niemand kijkt? Je had kunnen verdrinken!'

Ik weet zeker dat ik hevig kleurde, zoekend naar een antwoord. Ik had mijn vader niet de stuipen op het lijf willen jagen, alleen zijn bewondering willen afdwingen voor mijn moed. Maar met mijn sprong had ik een lang onderdrukte angst bij hem wakker gemaakt. Ik wist toen nog niet dat zijn kleine zusje Debbie in de Wood River was verdronken toen ze drie was. De oever was onder haar voeten ingestort, zodat ze in het water was gevallen. Mijn vader, toen een tiener, had zijn hengel laten vallen en was in de rivier gesprongen, die door smeltwater behoorlijk was gezwollen. Maar het was al te laat. De laatste keer dat hij Debbie in leven zag, verdween ze onder een paar drijvende boomstammen in de rivier. Nog één keer zagen ze haar terug, hangend aan de bootshaak waarmee mijn grootvader haar levenloze, natte lijfje uit een diepe, trage draaikolk viste.

In die tijd kende ik het verhaal over Debbie en de bootshaak nog niet. Het enige wat ik wist was dat mijn vader altijd opdook als ik in gevaar verkeerde. Het was heerlijk om zo'n grote, sterke, knappe beschermer te hebben. Dat was minstens zo goed, of nog beter, dan wat mijn vriendinnetjes met hun échte vaders hadden.

5

Kink in de kabel

Toen ik zeven was, maakte ik in de maand september kennis met Gary Mitchell en zijn dochter Jeannie, op hun boerderij aan de rand van Jerome. Papa, Chris en ik gingen daar 's ochtends dikwijls heen om warme chocola te drinken en kaneelbroodjes te eten. Daarna slopen we langs de irrigatiekanalen, waar fazanten zich schuilhielden tussen de zonnebloemen. Jeannie en ik, twee kleine meiden, hadden nog geen wapens. Maar als onze vaders een vogel neerschoten uit de paarsgevlekte najaarshemel, omhelsden we elkaar met de trots van pioniers. We gooiden de buit aan een touw over onze schouders, trokken de staartveren eruit en gebruikten die voor een 'zwaardgevecht'.

Papa vond het heerlijk om met zijn twee kinderen op jacht te gaan – vooral met mij, omdat ik altijd enthousiast was. Chris had zijn eigen jongenszaken: pianospelen, modellen bouwen met zijn legoset, of zich terugtrekken in het ondergrondse fort dat papa voor ons had gebouwd op het braakliggende veldje naast ons nieuwe huis. Chris' idee van een leuke familiedag was de hele dag slagschip spelen en nieuwe nummers van Rush, Van Halen en Led Zeppelin oefenen op zijn drums en elektrische gitaar. En sinds zijn elfde verjaardag had hij een nieuwe hobby. Met een cassetterecorder achtervolgde hij mij door de huiskamer om mijn wanhopige reacties vast te leggen op zijn voortdurende pesterijen dat ik te dik werd.

Papa had al vroeg besloten dat ik zijn vaste jachtmaatje moest worden. Als hij me de liefde voor het jagen bijbracht, zou hij zelf ook vaker de kans krijgen erop uit te gaan. Dan zouden we samen cowboykoffie drinken en hardgekookte eieren eten, terwijl de hemel verkleurde naar tinten waarover je in wildwestromans las maar die je moest zien om het te kunnen geloven. Soms praatte hij over de dag dat we zouden vertrekken met broodjes koud vlees in onze rugzak, terwijl de ruiten van de jeep besloegen door onze adem. Als ik ouder werd, zei hij, zouden we door de dennenbossen sluipen op zoek naar herten die zich warmden in de stralen van de zon. Dan moest ik goed op zijn handsignalen letten, vertelde hij, om me op het juiste moment op het mozaïek van droge, omgekrulde bladeren te laten vallen en op zijn teken de prooi onder schot te nemen. Eén goed gerichte kogel betekende wildbraad voor een hele winter. Als we het dampende dier hadden schoongemaakt en geprepareerd, keerden we naar het bivak terug, om 's avonds te smullen van gebraden vlees met gebakken aardappels.

'Let op mijn woorden, meid,' zei papa, terwijl we de rijp van het dode gras trapten op onze koude herfstwandelingen, 'als je eenmaal groot bent, zwerven we elke dag van het jachtseizoen door Big Piney. Wat mij betreft ben jij nu de belangrijkste jachthond van de familie.'

Als mijn vader zo tegen me praatte, wist ik dat hij het beste in me boven bracht en me hielp mijn verborgen talenten te ontwikkelen. Ik was best goed in allerlei dingen, van ballet en tapdansen tot padvinderij en gymnastiek, maar ik was ook te zwaar. In de derde klas woog ik ruim vijfendertig kilo, bijna negen kilo meer dan de meeste van mijn vriendinnetjes. De meisjes bij Donna Mauldin's Dance Academy, waar ik ook op les zat, waren allemaal broodmager, met lange wimpers, een prachtige huid en nauwelijks eetlust. Ik had hamsterwangen, mollige armen en werkte moeiteloos in mijn eentje een half stokbrood met worst naar binnen. De vrouwen in mijn familie konden dat niet waarderen. Als ik bij mijn oma logeerde kreeg ik tegenstrijdige signalen. Het ene moment zei ze dat ik mijn bord moest leegeten, het volgende dat ik niet zo moest schransen. Mijn moeder had me al meegenomen naar haar dure kapster, die mijn haar in laagjes knipte en in de krul zette, totdat ik me soms zo schaamde dat ik niet naar buiten durfde.

Thuis was ik gewoon een 'zwaargebouwde' meid die mijn extra pondjes probeerde te maskeren met een stralende persoonlijkheid. Maar in de bergen was ik een dikkerdje dat niets liever wilde dan vissen, jagen, lopen en zwemmen. Gelukkig waren daar geen spiegels waarin ik mezelf bezig kon zien, alleen de uitdrukking op mijn vaders gezicht, die me zei: *Je bent mooi en sterk, precies goed zoals je bent.*

Papa's grootste trots, na zijn nieuwe gezin, was de Roadrunner camper-trailer die hij in 1976 had gekocht. Op donderdagen, en soms al 's woensdags, begon hij hem in te laden met voorraden – grote zakken chips, limonade gemengd met thee, en kleine doosjes cornflakes voor Chris en mij. Tegen de tijd dat de andere vaders aan Parkway Drive hun eerste biertje van het weekend opentrokken, tuften wij al over de Perrine Bridge, langs de lavavelden met hun verzengende hitte, op weg naar de koele, schone lucht van het Stanley Basin, waar onze lievelingsbergen, de Sawtooths, zich verhieven tot een hoogte van vierduizend meter.

In de lange schaduwen van de Sawtooths bouwden we kastelen in het zand en zwommen om beurten naar een reusachtige rots, een eindje bij de oever vandaan. Soms namen we andere families mee. Dan gingen wij, de kinderen, er samen op uit en zochten naar vogelnestjes langs de houten steigers die zich over de oeroude wetlands uitstrekten. Of we klommen naar het hoogste punt van de beverburchten voordat we onze schoenen en broek uittrokken en in de troebele plassen sprongen. In die tijd wemelden de beken die in Redfish Lake uitkwamen nog van de blauwrugzalm, die op weg was naar huis vanuit de Stille Oceaan. Als klein meisje staarde ik naar hun rottende, slijmerige lijven, met de uitpuilende ogen en de lange, hoekige kaken vol messcherpe tanden. Ik vond ze eng, maar ook fascinerend, en hoewel ik dat toen niet onder woorden had kunnen brengen, vroeg ik me af welke demon ze ertoe dreef zo ver landinwaarts te zwemmen – weken achtereen, zonder voedsel of rustpauze – om dan te sterven en weg te rotten na een furieuze worsteling in de stroompjes die uitmondden in mijn favoriete meer.

Mijn laatste en beste herinnering uit 1979 is zo'n tocht naar Redfish Lake. Ik ben acht jaar oud en sta op het punt naar de derde klas – groep vijf – te gaan. Papa heeft de camper langs de weg geparkeerd bij onze meest geliefde warme bron, Russian John. De weg wordt geflankeerd door hoge, glooiende berghellingen, en voorbij het bruin verkleurde gras klinkt het geluid van borrelend water. Onze kleren – mama's zijden beha naast mijn kleine bloemetjesonderbroek, grote spijkerbroeken en kleine spijkerbroeken op een hoop, een marineblauw gevoerd kindervest en een jagerspet in camouflagekleuren – liggen op een stapel naast een jeneverbes bij de dampende plas. Een voor een laten we ons het water in zakken, dat naar mineralen en alsem ruikt. Mijn ouders glijden de met algen begroeide rotsen af en lachen om onze gretigheid, om de koude lucht en om de kleine, vergeeflijke overtreding die we plegen – we zitten hoog tegen de helling, buiten het bereik van de koplampen van passerende auto's.

We blijven in het water totdat de laatste stralen van de zon de bergen roze schilderen. Iedereen tuurt de hellingen af, speurend naar herten. Als je er een ziet, kun je een dollar verdienen, volgens de nieuwste regel van mijn vader. Een vallende ster schiet langs de hemel. Papa wijst hem aan. 'Doe een wens,' zegt hij, en dat doen we. Tegen de tijd dat onze huid begint te rimpelen, springen we uit het water en gooien haastig wat kleren over ons natte, kleverige kippenvel. Dan rennen we naar onze gele Jeep Cherokee, waar we de verwarming zo hoog mogelijk zetten en de tekst meebrullen van 'Free Bird', mijn lievelingsnummer. Het is al donker als ik mijn moeders hoofd van mijn schouder til en naar de voorbank kruip. Papa en ik roepen truckers op met het bakkie, met onze bijnamen Coyote en Pinky Tuscadero. Buiten de raampjes verheffen de Sawtooths zich in de nacht.

Een paar dagen later zag ik het herfstlicht weerkaatsen in het gepolijste water van Redfish Lake. De rottende espenbladeren roken lekker, op een wat lome, droevige manier. Dit was onze vijfde tocht naar Redfish dat jaar en de laatste tot de volgende lente. Terwijl ik uitrustte van het zwemmen en zandkastelen bouwen, zat ik met papa op het witte strand en vertelde hem hoe graag ik ooit een echte trektocht door de Sawtooth Mountains zou maken, misschien volgende zomer al.

Papa drukte zijn sigaret uit, stak de peuk in zijn zak en glimlachte tegen me alsof ik het meest interessante wezen was dat hij ooit had gezien. Hij sloeg een arm om mijn schouders, met zoveel kracht dat de donsvoering in mijn blauw-oranje vest werd platgedrukt. Toen pakte hij mijn hand en nam me mee terug naar de trailer, waar mama en Chris bezig waren het avondeten – taco's met hot dogs – klaar te maken. We kauwden op de maïsschelpen en dronken grote bekers melk. Later, aan de klaptafel, deden we kaartspelletjes, terwijl papa bier dronk uit zijn koeler en Chris hem om een slokje smeekte. Toen ik naar bed ging, kwam mama ook en kroop op de uitklapbank recht onder mij. Ze lag nog een tijdje te lezen en viel toen in slaap, terwijl ik nog naar het kaarten luisteren. 'Twee boeren,' hoorde ik mijn vader zeggen, voordat ik zelf ook insliep.

Toen ik wakker werd, voelde ik schuurpapier op mijn huid – tenminste, dat dacht ik, totdat iemands warme adem over mijn wang streek. Het bed waarop ik sliep lag nog geen halve meter onder het dak van de camper. Het was er stoffig en zo donker als een lijkkist. Ik kon niet rechtop gaan zitten, dus bleef ik doodstil liggen en onderdrukte een kreet.

Eerst dacht ik dat er iemand in de trailer had ingebroken en dat ik alleen was. Anders zou mama wel overeind zijn gesprongen, haar haren uit haar hoofd hebben gerukt en het op een krijsen hebben gezet. Papa zou zijn geweer hebben gegrepen en geroepen: 'Wie is daar? Geef antwoord, of ik schiet.' Chris, die bangebroek, zou uit de trailer zijn gevlucht om zich tussen de bomen te verstoppen.

Het schuurpapier bewoog zich in het donker: vijf ronde schijfjes, zo groot als vingertoppen. Ik dacht dat ik twee men-

sen hoorde fluisteren; of het was iemand die in zichzelf mompelde. Op dat moment schraapte het schuurpapier over mijn
buik en trok mijn pyjamajasje omhoog. Het raakte mijn navel
en gleed naar mijn tepels, of wat die toen nog voorstelden.
Toen het schuurpapier mij daar had betast, gleed het weer omlaag, tilde het elastiek van mijn pyjamabroek van mijn buik
en raspte nog verder naar het zuiden. Ik voelde hoe ik zweette
in het donker, maar ik was te bang om me te verroeren. Het
schuurpapier stopte vlak boven mijn vagina en vond toen een
opening.

Ik zwom in een zee van pek en teer. Ik dreigde te stikken. Ik
luisterde naar het geluid van de wind rond de camper totdat
de adem zich grommend bij mijn gezicht wegdraaide en het
schuurpapier mijn pyjamabroek weer ophees, een klopje op
het elastiek gaf en het zachtjes tegen mijn buik legde. Twee verweerde handen trokken met zorg mijn slaapzak omhoog, tot
onder mijn kin.

De volgende morgen wachtte ik tot ik papa naar buiten hoorde gaan om het vuur op te stoken voor koffie en eieren. Toen
pas liet ik me uit mijn slaapzak glijden en klauterde uit bed.
Chris lag languit op de keukentafel, die tot een bed kon worden uitgeklapt. Mama lag in de wijde, tweepersoons slaapzak
van mijn ouders, begraven onder zoveel flanel dat ik haar eerst
niet eens zag. Ik kroop naast haar. De geur van mijn vader hing
daar nog.

Een hele tijd zei ik niets en keek alleen naar mama's oogleden, die trilden langs de randen van een droom. Ik wreef met
mijn vinger over haar oorlelletje en voelde de superzachte haartjes. Toen ik het niet langer uithield, boog ik me over haar heen
en fluisterde dat er iets akeligs was gebeurd terwijl we sliepen.

Iemand was bij me in bed gekropen en had me betast op een manier die me angstig en misselijk maakte.

'Hmm-mmm,' mompelde mama. 'Goed hoor, schat. Ga maar.' Toen ging er een schakelaar over in haar slaperige brein.

'Wát zei je daar?' vroeg ze, terwijl ze haar oor uit mijn hand losmaakte.

'Ik weet het niet,' fluisterde ik.

'Tracy, wat zei je nou? Vertel nog eens wat je zei.'

'Ik weet het niet. Iemand heeft iets met me gedaan.'

Mijn moeder ging overeind zitten en duwde het beddengoed van ons af, waardoor er een golf van koude lucht over me heen sloeg. 'Hoe bedoel je dat – iemand heeft iets met je gedaan?' zei ze. 'Je bent hier. Hoe kan iemand iets met je hebben gedaan terwijl je een halve meter bij me vandaan lag?'

'Ik weet het niet…' zei ik weer, 'maar ik ben bang.'

'Tracy!' herhaalde mijn moeder. Ze schreeuwde nu, wat me nog angstiger maakte. 'Wat is er aan de hand? Waar is je vader? Don!'

Maar papa had het rumoer in de camper al gehoord en kwam weer binnen om te kijken wat er aan de hand was.

'Een prachtige ochtend, familie,' verklaarde hij. 'Wie heeft er trek in pannenkoeken?'

Maar niemand had trek in pannenkoeken. Chris schoot overeind en verdween haastig naar buiten. Ik dook weg in de slaapzak en probeerde me onzichtbaar te maken. Mama keek mijn vader aan, wachtend op een antwoord.

'Don?' zei ze. 'Tracy zegt dat er vannacht iemand de trailer is binnengekomen. Ik heb niemand gehoord. Jij wel?'

Papa's glimlach verbleekte een beetje. Loensend keek hij van mij naar mijn moeder en weer terug. Toen ging hij op de rand van het bed zitten.

'Waar heeft je moeder het over, meid?' vroeg hij me. 'Wat was er dan vannacht?'

Ik weet niet precies wat er na ons gesprek in de camper allemaal gebeurde, in elk geval niet in welke volgorde. Papa vroeg Chris om me mee naar buiten te nemen, dus scheurden we op zijn crossmotor over het kampeerterrein, zo hard als we konden, terwijl we de koppeling lieten doorslaan. Ik had honger en dorst, maar voelde me ook misselijk, als zonnebrand van binnenuit. Ten slotte verdween ik met Chris naar de steiger, waar we steentjes over het water lieten scheren en probeerden stekelbaarsjes te vangen in plastic boterhamzakjes. We groeven wat in het zand en gingen na een paar uur terug naar de trailer, waar mama nog in haar slaapzak een boek lag te lezen.

Mama zei dat papa en ik moesten praten. Ze hadden er uitvoerig over gesproken en hij had haar verzekerd dat er niemand in de camper had ingebroken. Ik had gewoon een nare droom gehad. Papa ging wel een eindje met me lopen, zei ze, om me gerust te stellen.

Het was warm in de zon en koud in de schaduw. De wind bracht de geur van dennenappels en de belofte van sneeuw. Papa nam me mee het terrein af, naar Fishhook Creek, waar ik graag naar de kuit schietende zalmen keek, in de tijd dat er nog zoveel waren dat het leek of je als Jezus de rivier zou kunnen oversteken, lopend over hun kronkelende ruggen.

Bij de kreek gekomen vond ik een omgevallen boomstam en liep er voorzichtig overheen, tot aan het midden. Papa kwam achter me aan, stak een sigaret op en ging zitten met zijn zolen rakelings boven het water, dat metaalachtig glinsterde. Ik voelde me al beter, omdat papa en ik op een van onze lievelingsplekjes zaten, balancerend op een boomstam boven onze lievelingsrivier met de zon op onze huid. Papa zoog aan zijn sigaret en blies slierten rook uit die in de koele herfstlucht bleven hangen. Ik probeerde mijn evenwicht te bewaren op de boomstam, sprong van mijn ene voet op de andere en keek strak naar één punt, zoals ik op ballet had geleerd. Ik moest een punt kiezen boven mijn vaders hoofd, want als ik naar zijn gezicht keek voelde ik me nog duizeliger.

'Ik weet wat je denkt,' zei hij na een paar minuten. 'Ik weet wat je denkt dat het was.'

Ik overwoog hem te vragen hoe hij wist wat ik dacht. *Kunnen vissen nog ademen in dat troebele water onder het gras?* Op een soort abstracte, kinderlijke manier stelde ik me voor dat ik me in het water kon laten glijden, bij de vissen, om naar de stroming toe te zwemmen die me zou meesleuren, uit het zicht. Ik hield mijn adem in en wachtte tot mijn vader me zou vertellen waarom ik me die nacht zo angstig en smerig had gevoeld, in mijn pyjama, op mijn bed in de camper, in de geborgenheid van mijn eigen familie. Maar papa nam nog een laatste trek van zijn sigaret en gooide de peuk in de kreek.

'Ik meen het, Tracy,' zei hij. 'Ik wilde je alleen maar instoppen.'

6

En alles werd anders

Voor zover ik me kan herinneren zijn papa en mama nooit meer teruggekomen op het incident in de camper. Maar vanaf dat punt lopen mijn eigen herinneringen en die van mijn ouders uiteen. Mama zegt dat ze naar haar priester in Jerome is gegaan, die vond dat we met ons drieën een goed gesprek moesten hebben over wat er was gebeurd. Dus riep ze mijn vader en mij naar de huiskamer, waar we schichtig om elkaar heen draaiden. Mama keek ons recht aan en zei: 'Luister, allebei. Vertel me nog eens over die nacht in de camper.' Toen papa en ik allebei naar het kleed staarden, leunde ze naar achteren en slaakte een zucht van opluchting. Dit had ze al verwacht. Zelfs als er iets bedenkelijks was gebeurd, was het niet zo belangrijk dat we het wilden herhalen.

Maar mijn vader vertelt een enigszins ander verhaal, waarin hij en mijn moeder allebei mijn herinnering probeerden te manipuleren: 'Ik verzon allerlei smoezen, die je moeder wel redelijk in de oren klonken. Ze geloofde me en zo konden we het incident achter ons laten.'

Diep vanbinnen wist ik dat mijn vader iets slechts met me had gedaan. Maar als mijn ouders zo zeker wisten dat ik me vergiste, zal ik dat wel hebben geloofd. Hoe kon ik nu twijfelen aan de mensen die me te eten gaven, me kleedden en me beschermden tegen de boeman en de monsters onder mijn bed? Als er een god bestond, dan waren zíj dat in mijn ogen. Het paste mij niet om vraagtekens te zetten bij hun versie van de werkelijkheid.

Maar nog weken na ons tochtje naar Redfish Lake voelde ik een soort statische elektriciteit in huis. Het dagelijkse leven ging gewoon door – school, de padvinderij, pianolessen, de zwemclub, hardlopen, drive-infilms en verstoppertje. Mama was druk met haar werk als kantinedame op Bickel Elementary en papa hing in de kelder rond, waar hij geweerhulzen laadde of visvliegen bond. Hij kwam alleen boven als mama hem vroeg haar te helpen bij het koken. Aanvankelijk bleef ik wat vaker op mijn kamertje dan vroeger, speelde wat of schreef in mijn dagboek, dat ik kon afsluiten met een klein sleuteltje. Maar algauw wist ik de herinnering aan die ruwe, tastende vingers over mijn lichaam – en de fysieke sensatie ervan – uit mijn gedachten te zetten.

Dat was het jaar waarin Darcie Murray en ik over het schoolplein renden terwijl we luidkeels 'Another One Bites the Dust' zongen en onze T-shirts – met de tekst I ♥ HORSES – over ons hoofd trokken. Bruisend van energie deden we halsbrekende toeren aan de rekstok en joegen jongens naar de Love Tunnel, zogenaamd om te vrijen. Op een keer, in de pauze, hoorde een leraar ons '*Fuck you!*' roepen, tegen niemand in het bijzonder en hij stuurde ons naar het hoofd. Toen mevrouw Anderson ons vroeg waar we zulke smerige taal hadden geleerd, antwoordde ik dat ik niet eens wist wat 'fuck you' betekende (een leugen), maar dat ik het van Chris had gehoord (de waarheid).

Mijn grillige uitbarstingen van energie leidden tot valpartijen van het klimrek, verstuikte polsen, en soms tot knokpartijtjes met meisjes op het schoolplein, maar papa stond altijd klaar om me weer op te lappen. Hij brandde de teken uit mijn haar toen ze me te pakken hadden nadat ik met Jeannie Mitchell vadertje en moedertje had gespeeld op verse hertenhuiden, terwijl papa en Gary Mitchell op jacht waren. Toen ik een lelijke val maakte met mijn fiets, gebruikte papa zijn beste pincetten om de steentjes uit mijn knieën te peuteren. Als ik misselijk was, zat hij naast mijn bed met een oude emmer, klaar om mijn kots op te vangen. En later, als ik me wat beter voelde, kwam hij met een andere emmer en haalde een spons met warm zeepwater over mijn schouders en nek.

Na verloop van tijd begon ik papa weer te vertrouwen, maar tussen mama en hem ging het steeds slechter. Chris en ik zagen hen nooit meer knuffelen, zoals vroeger, en als dat wel gebeurde leek het geforceerd, alsof ze een toneelstukje opvoerden voor ons. Op een gegeven moment kreeg mama een hekel aan papa's jachtpassie, terwijl hij zich beklaagde dat zij te veel geld uitgaf als ze in het weekend kleren ging kopen. En ze maakten ruzie over Chris' koppige pubergedrag. Op een gegeven moment stal hij zelfs de kerstbonus van de buren en kweekte hennep in een oude Studebaker pick-up die papa had gekocht en voor ons huis geparkeerd. Maar de nekslag voor het huwelijksgeluk van mijn ouders was toch wel de toenemende wanhoop van mijn moeder. Haar verleden leek haar te hebben ingehaald. Ze kreeg aanvallen van klinische depressiviteit, waardoor ze steeds meer medicijnen kreeg voorgeschreven die een extra negatieve invloed hadden op haar stemming.

Jaren later vertelde ze me dat ze nooit volledig was hersteld van haar baarmoederoperatie. Ze had het gevoel dat daarmee haar hele vrouwelijkheid was weggerukt. Nu ze geen kinderen meer kon krijgen, voelde ze zich lelijk en doelloos. Haar problemen met seks begonnen al voor de baarmoederoperatie, toen Chris in 1967 met een tangverlossing ter wereld was geholpen, waardoor mama van onderen helemaal inscheurde. Het gevolg was dat seks pijnlijk werd – iets wat ze moest tolereren terwijl ze keek en zuchtte alsof ze ervan genoot. Daarnaast had mijn moeder ook last van een verlammende, bijna dagelijkse hoofdpijn, als gevolg van de chronische oorontstekingen uit haar jeugd. Ze was nooit goed behandeld door een dokter, waardoor de infecties zich in haar hoofd hadden genesteld en daar verder wroetten. Ondanks haar bijna wekelijkse bezoeken aan oorartsen, chiropractors en acupuncturisten toen ik nog klein was, bleef ze last houden van zware migraines tot halverwege de jaren negentig, toen een kno-arts in Los Angeles haar hele oor wegsneed en haar van die vijftig jaar oude bacterie verloste.

Achteraf begrijp ik dat mijn moeder haar eigen moeilijke jeugd en de vroege dood van mijn vader nooit had verwerkt. Maar haar depressies waren ingrijpend en verwarrend. Het ene moment stond ze nog vis schoon te maken aan het aanrecht en floot het refrein van 'Dancing Queen', het volgende lag ze huilend op bed, half verlamd en niet in staat de slaap te vatten. Ik had geen idee dat schadelijke chemicaliën de positieve schakelingen in haar hoofd verstoorden, omdat niemand mij dat ooit had verteld. Het enige wat ik zag was dat mijn moeder meer huilde dan andere moeders die ik kende en dat ze zich vaak in haar 'makkelijke stoel' – een rafelige, met tweed beklede fauteuil met bijpassende voetensteun – liet vallen. Ze ging vaker met me winkelen dan mijn vriendinnetjes met hun moeders en besteedde een groot deel van haar weduwen- en wezenpensioen van de Amerikaanse marine aan de laatste mode van Esprit en Izod. Maar zelfs zo'n eindeloze stroom nieuwe kleren is geen garantie voor een goede relatie tussen moeder en dochter. Wat mij veel meer bijstaat dan die wekelijkse winkeluitjes was hoe ongemakkelijk ze zich voelde in alle sociale situaties.

Bij zwemwedstrijden en andere sociale gelegenheden hing ze aan de rand van grote groepen rond en leek ze nooit te weten wat ze moest zeggen.

'Hé, Doris, doe je mee? We zoeken mensen om te kaarten,' riep een van de ouders en dan zag ik hoe ze zich omdraaide en wegliep. Als ik haar vroeg waarom ze zojuist een uitnodiging had genegeerd om de ouders van de andere leden van de zwemclub beter te leren kennen, zei ze: 'O, ik amuseer me wel in mijn eentje. Ik ken die mensen niet en ik wil hun spel niet verpesten.' Hoewel ik het leuk vond dat ze me zo toejuichte bij de vlinderslag of de schoolslag, bezorgden haar droefheid en sociale onhandigheid mij ook een ongemakkelijk gevoel, al bleef ik optimistisch tegen de klippen op.

Het was ook de reden waarom ik me, nog geen twee jaar na het incident bij Redfish Lake, weer zo gemakkelijk in de uitgestoken armen van mijn vader wierp. Naar wie moest ik anders toe?

Toen ik tien, elf jaar was, nam mijn vader me op najaarsavonden mee naar de schietclub, waar ik kon toekijken terwijl hij op kleiduiven schoot. De atmosfeer thuis was nog altijd gespannen en depressief. Zo dikwijls als mogelijk was bleef ik bij vriendinnetjes, vooral bij één meisje verderop in de straat. Haar naam was Kathie Etter en ik kwam graag bij haar omdat haar moeder zo warm en lief was. Papa gebruikte de schietclub, in de buurt van Filer, als zijn toevlucht en soms ging ik met hem mee. Onderweg dronk hij een biertje, verborgen in een koeler met het opschrift BO DEREK A PERFECT 10. Meestal gleed zijn blik over het landschap, speurend naar bewegingen in het struikgewas. Maar soms werden zijn ogen vochtig en zei hij niets. Op zulke momenten legde hij zijn hand op mijn knie.

'We praten nooit meer met elkaar, meid,' zei hij dan. 'Je groeit veel te snel op.'

'Papa, ik ben pas elf! En je kent me toch? Ik ben heel onvolwassen voor mijn leeftijd.'

Zo voelde ik me ook, onvolwassen, hoewel papa me een tijdje geleden alles over de bloemetjes en de bijtjes had verteld. Dat had mijn moeder hem gevraagd. Zelf vond ze dat te ongemakkelijk, alsof ze bang was dat ze een belangrijk onderdeel van het verhaal zou weglaten of woorden als 'sperma' en 'vagina' niet zou durven gebruiken. Maar de laatste tijd begon ik vrouwelijke vormen te ontwikkelen, kleine borstjes die verrezen uit mijn mollige meisjesvlees. Die molshopen betekenden dat mijn menstruatie niet ver meer was, en mama wilde niet dat ik zou schrikken als ik bloed in mijn onderbroekje zag.

De avond van de grote openbaring zaten papa en ik schouder aan schouder op mijn bed. Chris was naar het sportterrein van school om te trainen voor de estafette en mama maakte het avondeten klaar. De geur van pittig gekruide hamburgers zweefde door de gang: beef burrito's. Ik hoopte dat papa, die wel eens lang van stof kon zijn, het kort zou houden, want ik wilde voor het eten nog even tikkertje spelen met mijn buurmeisje Charmelle Puka.

Papa begon met zijn verhaal. God had mannen en vrouwen verschillend van elkaar geschapen, zei hij, zodat ze in elkaar konden passen als een puzzel. Hij legde uit hoe een penis zich met bloed vulde tot hij stijf genoeg was om een vagina binnen te dringen. Toen ik een zachte jammerkreet slaakte en overdreven met mijn ogen rolde, sloeg papa geruststellend een arm om mijn schouder. Dat stijf worden klonk wel griezelig, zei hij, maar voor een man was het een heel prettig gevoel.

'En vrouwen genieten er ook van,' verzekerde hij me.

Ik staarde hem aan en had moeite om niet terug te deinzen. Ik had nog nooit de woorden 'penis' en 'vagina' in een en dezelfde zin gehoord, laat staan uit de mond van een volwassen man. Maar blijkbaar was mijn reactie geen reden voor hem om te stoppen met zijn verhaal. Hij ging door, vertelde hoe mannen opgewonden raakten en beschreef gedetailleerd de gecompliceerde werking van de geslachtsorganen. Terwijl hij praatte, werden zijn bewegingen steeds drukker en begon hij sneller te ademen. Als hij de afschuw op mijn gezicht zag toen hij steeds dieper op de details in ging, liet hij dat niet merken. Hij hield maar niet op. Nerveus sprong ik op en neer op mijn witte, geplooide sprei, vechtend tegen het gevoel dat er mieren door mijn aderen kropen.

Tegen de tijd dat papa opstond en haastig maar ongemakkelijk naar de badkamer liep, wist ik alles wat ik ooit zou hoeven weten over een orgasme, maar nog helemaal niets over menstruatie.

Op weg naar de schietclub dacht papa na over mijn opmerking over mijn eigen onvolwassenheid. Hij stak zijn hand uit en streek een verdwaalde haarlok weg die in mijn gezicht wapperde. 'Ik vind het juist fijn dat je nog zo onvolwassen bent,' zei hij. 'Zo blijf je mooi en stralend, klaar voor alles.'

Ik werd er zenuwachtig van als hij zo praatte, dus begon ik

maar te zingen. Papa tuurde glimlachend door de voorruit, tikte de maat op het stuur en zong ten slotte mee. In de woestijn van Idaho waait het altijd. We zoefden over de autoweg met onze arm uit het raampje en zongen 'Hotel California', mooi tweestemmig bij het refrein, terwijl we met onze vlakke hand de maat sloegen tegen de zonverwarmde portieren van de kanariegele jeep.

7

In de roos

Toen ik twaalf was, zei mijn vader dat ik maar eens aan een eigen jachtgeweer moest denken. Hij schreef me in voor een veiligheidscursus, thuis bij zijn vriend Al Bolish. Zes weken lang, elke woensdagavond, smeerden we een stapeltje boterhammen met pindakaas en reden naar het boerendorp Filer, waar het rook naar een koeienmaag waarin melk tot kwark begon te klonteren. In de loop van de middag hadden zich tien of twaalf kinderen verzameld die liever binnen naar EHBO-video's keken dan hun vaders te helpen met hooien. Ik was een van de weinige meisjes en behoorlijk nerveus, die eerste keer. Maar mijn vader wist dat ik me wel zou redden en beter met een geweer overweg zou kunnen dan de rest. Het vereist een heleboel verstand en discipline om met vuurwapens om te gaan, en papa wilde dat ik alle regels goed zou leren – vooral om te voorkomen dat ik hem per ongeluk in zijn kont zou schieten.

Bij Al Bolish thuis leerden we hoe we een geweer moesten

vasthouden terwijl we onder een prikkeldraadhek door kropen. We zetten het wapen op veilig en controleerden de kamer op patronen voordat we richtten. Daarna oefenden we het laden en ontladen van de munitie en zorgden ervoor dat er geen patroon meer in de kamer zat als we klaar waren, 'omdat domme mensen vijftig procent meer kans hebben zichzelf in hun voet te schieten,' zoals Al zei.

Als afsluiting van de cursus, op een zaterdag, legden we een schriftelijk examen af, dat ik het beste maakte. Ruim vijf minuten eerder dan nummer twee liep ik met mijn boekje door Als huiskamer naar voren en kreeg een omhelzing van mijn vader. Al Bolish grijnsde zijn door pruimtabak verkleurde tanden bloot en gooide een vaderlijke arm om mijn onderrug. Hij en papa knipoogden tegen elkaar toen het tijd was om naar buiten te gaan voor onze schiettest.

Papa lachte trots toen ik langs al die boerenkinderen naar de streep in het zand liep, met de loop van mijn .22 enkelschots Winchester keurig naar de grond gericht. Ik kromde niet mijn rug en zoog niet mijn longen vol, zoals de andere schutters, toen ik het geweer naar mijn borst bracht. Ik liet het tegen mijn schouder rusten, legde mijn vinger om de trekker en beeldde me in dat ik Annie Oakley was toen ik door het vizier tuurde.

Ik kon goed richten en zou waarschijnlijk de roos hebben getroffen, maar papa vond het nodig me te helpen. Hij kwam naar me toe, legde zijn handen op mijn schouders en drukte zich tegen mijn rug aan. 'Probeer het doelwit in het midden van de V te houden,' zei hij. 'Hou je adem in. En vuren.'

Ik vond het niet prettig om zo tegen papa aan te leunen. Hij was stevig en sterk, maar had ook uitsteeksels op plaatsen die me niet bevielen. Sinds die seksuele voorlichting was er iets in hem veranderd, en niet ten gunste, vond ik. Hij leek nu veel vaker naar me te kijken, waarbij zijn blik over mijn hele lichaam dwaalde, alsof hij me bestudeerde, vanaf mijn springerige, in laagjes geknipte haar tot aan mijn geelbruine Nikes, maat 37. Soms, als ik in bad zat te zingen, kwam hij onverwachts binnen, zogenaamd zonder te weten dat ik er was. Ik had geen idee hoe andere vaders reageerden als ze hun dochters naakt zagen, maar de mijne leek te uitvoerig zijn excuses te maken, stamelend dat hij een gloeilamp nodig had of een stuk zeep, terwijl zijn ogen al die tijd uit zijn hoofd puilden. Ik wist gewoon niet wat ik ervan moest denken. Het was heel dubbel. Kwam papa 'per ongeluk' de badkamer binnen als ik in het bad zat of opzettelijk? Hij had altijd met genegenheid naar me gekeken, maar als ik nu zijn blik zag wilde ik wegkruipen in mijn eigen huid en mezelf opvouwen als een vel origamipapier.

Daar op de schietbaan voelde ik papa tegen mijn rug toen hij me vasthield om me te demonstreren hoe ik moest richten. Zijn adem – een onaangename, weezoete mengeling van koffie en een roombroodje – streek heet langs mijn oor. Toen zijn wang de mijne raakte, voelde ik de vreemde sensatie van zijn geschoren gezicht, 'glad als babybilletjes', zoals hij altijd trots beweerde. Als reactie beet ik op de binnenkant van mijn wangen. Maar Al en de andere kinderen keken toe, dus moest ik flink zijn. Ik kon me nu niet omdraaien en tegen mijn vader zeggen dat hij me wat ruimte moest geven. Dus zette ik me schrap tegen hem aan en spande mijn rug tot één stugge spier.

Papa merkte het niet of zei er liever niets over. Hij week geen millimeter, maar drukte zijn armen tegen de buitenkant van mijn biceps. 'Goed zo, meid,' fluisterde hij. 'Hou vol. Het gaat geweldig, zo.' Maar de volgende keer dat ik met mijn schouders schudde, scheen hij de hint te begrijpen.

Bevrijd uit zijn greep liet ik het geweer zakken en stampte

met mijn schoenen op het zand. Opnieuw legde ik het wapen tegen mijn schouder en tuurde door het vizier. Pas toen ik zeker wist dat iedereen in de klas toekeek, haalde ik de trekker over. De kogel boorde een gaatje door de kleine zwarte stip in het midden van de schietschijf.

De volgende keer dat mijn vader me vroeg of ik meeging naar de schietclub, rende ik niet meteen naar de jeep. Ik was inmiddels dertien en voelde me steeds nerveuzer en angstiger in zijn gezelschap. Steeds als ik me omdraaide leek het of zijn ogen aan mijn borst bleven kleven. En hij vertelde moppen – buiten gehoorsafstand van mijn moeder of Chris – waardoor ik een hekel kreeg aan mijn eigen lichaam. Als ik onder de douche vandaan kwam, stond hij op de gang te wachten. Dan zocht ik mijn moeder, in de hoop dat het haar ook opviel, maar papa koos zijn momenten met zorg. Mama was meestal niet in de buurt; als ze niet was winkelen, was ze wel bezig de huiskamer te stofzuigen of zat ze naar *Knots Landing* te kijken.

Een paar maanden na mijn dertiende verjaardag stond ik in mama's badkamer en vroeg haar mijn oksels te scheren. De volgende dag was er een wedstrijd van mijn zwemploeg, de Magic Valley Dolphins, en het laatste wat ik wilde was met harige oksels in het zwembad verschijnen. Maar steeds als ik ze probeerde te scheren, sneed ik mezelf.

'Waarom vraag je je vader niet om het te doen?' zei mama.

'Dat wíl ik helemaal niet. Waarom kun jij het niet doen?'

Het afgelopen jaar had mijn lichaam zich snel ontwikkeld. Mijn heupen waren breder en er hadden zich borsten gevormd uit mijn soepele, sproetige huid. Ik zag dat papa naar me keek als ik mijn borsten naar voren duwde en mijn spiegelbeeld bestudeerde in het deurtje van de magnetron. Soms voelde ik dat

hij stond te loeren door het gat dat hij in de muur van Chris'
kamer had geslagen bij een verbouwing. Dan stond hij roerloos
als een standbeeld aan de andere kant van de acht centimeter
dikke muur. Maar ik hoorde hem ademen en zou het liefst als
een rups zijn weggekropen in een cocon.

En het bleef niet bij kijken alleen. Papa kwam nu ook mijn
kamer binnen als ik bijna sliep, om te vragen of alles goed ging
en mijn rug te kriebelen. Ik had altijd al moeite gehad met slapen en zelfs op mijn dertiende vond ik het nog prettig als een
van mijn ouders binnenkwam voor een paar geruststellende
woorden als ik in bed lag. Maar de laatste tijd werd ik 's ochtends wakker met een gevoel als van een prop watten in mijn
mond en een spinnenweb van vage angsten in mijn hoofd. Ik
kon niet goed bepalen waar die gevoelens vandaan kwamen,
maar ik vermoedde dat ze iets met papa te maken hadden.

'Ik maak er altijd een puinhoop van,' zei mama, terwijl ze haar
hoofd optilde uit de wastafel. 'Laat je vader het maar doen. Hij
heeft een scherper scheermes, dat werkt gladder.'

'Maar, mam...'

Ze stak haar hoofd om de deur en riep vanuit haar slaapkamer de gang door: 'Don! Kun je even helpen?'

'Mám. Dat hoeft niet! Ik verzin zelf wel wat.'

'Wat is er? Laat je vader je toch helpen. Dan heeft hij het
gevoel dat hij nodig is en dat is wel goed voor hem, op dit
moment.'

Mama verfde haar haar in steeds andere kleuren, van roodblond en donkerbruin tot pikzwart, zoals Joan Jett. Ze bestudeerde net haar wortels toen papa binnenkwam, dus zag ze
niet de afschuw op mijn gezicht toen ik als versteend bij de
deur van de douche bleef staan, wachtend op mijn vader met
zijn scheermes.

'Tracy wil haar oksels scheren voor die zwemwedstrijd van morgen,' zei mama, terwijl ze de stekker van haar föhn in het stopcontact stak. 'Kun jij dat voor haar doen? Bij mij gaat het altijd fout.'

Papa keek van mij naar mijn moeder, met een blik die mijn haren rechtop deed staan, als de stekels van een stekelvarken. Mijn hele lichaam verstijfde, met als vervelend gevolg dat mijn tepels naar voren priemden. Ik schaamde me en probeerde me zo klein mogelijk te maken, mezelf op te vouwen als een origamiblad. Maar juist daardoor gleed mijn handdoek weg.

'O, dat zal wel lukken,' zei papa. 'Laat maar eens zien, Trace.'

Papa draaide de kraan open en vulde de wasbak met water om zijn spuitbus met scheerschuim warm te maken. Hij haalde een krabbertje uit zijn scheerset, deed er een glimmend nieuw mesje in en maakte een washandje nat. Warm water was goed, zei hij, want dat maakte de haarzakjes zachter. Sindsdien krijg ik altijd pijn in mijn maag als ik het woord 'haarzakjes' hoor.

Met het warme, dampende washandje in zijn hand knielde papa voor de wc, pakte mijn arm en tilde die boven mijn hoofd. Hij drukte het washandje tegen de holte van mijn oksel en spoot een klodder scheerschuim in zijn andere hand. De klodder leek wel een grote roomsoes, met een puntje erop, als een meringue. Neuriënd smeerde papa het schuim over mijn gevoelige huid, trager dan een slak in een hittegolf.

'Nou? Hoe voelt dat?' vroeg hij mijn linkerborst.

Niet naar mij wijzen! Niet naar mij! Niet naar mij! Nee!

Samen met tien vriendjes en vriendinnetjes van school keek ik naar de groene fles die ronddraaide op de betonvloer van het tuinschuurtje van Maureen Neville. Er hing een kale gloeilamp aan het plafond en daaronder zoemden vliegen. De fles draaide steeds langzamer, wiebelend op de kiezels in het beton, totdat hij eindelijk tot stilstand kwam. De hals wees naar mij.

Bart Vies keek op en grijnsde van achter zijn bierblikjesbeugel. Hij liep naar de deur en ik volgde hem, terwijl ik een lach onderdrukte. De wind wakkerde aan en blies wat rommel door de azalea's in de tuin. Een metalen vuilnisemmer rammelde op het terras.

'Zeg,' zei Bart, toen we buiten stonden. 'Móéten we echt kussen?'

'Jij en ik? Welnee! Vergeet het maar,' lachte ik.

'Ik bedoel, het zou wel moeten, want dat zijn de regels,' vervolgde Bart. 'Maar ik weet het niet. Ik ben niet in de stemming. Nu niet. Niet met jou, in elk geval.'

Die laatste opmerking stak me wel, maar ik liet het gaan. Ik was Barts type niet en hij het mijne niet. Hij was slim en populair, maar ook een slijmbal en altijd zongebruind. Dat geslijm kon ik wel verdragen; zo kwam je aan een studiebeurs en zo. Maar dat bruine stoorde me. Afgezien van Mexicanen en mormoonse boeren vormden zongebruinde mensen een elite. Ze werden zo makkelijk bruin dat ze zich nooit, zoals ik, met maïsolie moesten insmeren en op een vel aluminiumfolie op de oprit hoefden te gaan liggen terwijl de hond hun armen aflikte. Maar de belangrijkste reden waarom ik een hekel aan gebruinde mensen had was dat mijn vader er een was.

Zo omstreeks 1984 was er een duidelijke verwijdering tussen ons ontstaan. Ik zat in de tweede klas van de middelbare school en als puberende cheerleader vond ik het allesbehalve cool om met hem te gaan jagen. Dus voelde papa zich boos en gekwetst. Nieuwe vrienden en vriendinnen streden om mijn aandacht, en dan waren er nog de toneelclub, de poëziewedstrijden en de atletiek. Als ik met een vriendinnetje belde en afsloot met *Love you,'* werd papa kwaad en mompelde: 'Waarom zeg je dat soort dingen? Het klinkt stom.'

Eén geheim had ik voor mijn vader verborgen kunnen houden. Eerder die zomer had ik bij een concert van Christ on Parade in de Odd Fellows Hall in Twin Falls een nieuwe jongen ontmoet. Reed, heette hij. We liepen elkaar tegen het lijf in een nevel van bierdampen en sigarettenrook. Darren, de broer van mijn vriendin Stacy, stelde ons aan elkaar voor. Reed had roodblond haar, geelgroene ogen en hoektanden die zo scherp leken als van een vampier. Hij was lid van een niet-gewelddadige gang, The Antichrists. Zodra ik hem in die hoek zag staan, zijn hoektanden zichtbaar door zijn glimlach, wist ik dat we voor elkaar bestemd waren.

Ik kan me niet meer herinneren wie de eerste stap zette, maar we vertrokken samen van het concert en gingen een eind lopen. Buiten was het warm en geurig. Hij vroeg naar mijn familie en ik loog dat mijn vader bij de politie zat. Ik weet niet waar die spontane leugen vandaan kwam. Was de wens de vader van de gedachte, of juist omgekeerd?

In die vochtige zomer, die zich zou ontpoppen als de ergste uit mijn leven, vormde Reed een bedwelmende, spannende afleiding. We wisselden telefoonnummers uit, kwamen op dezelfde dansfeesten, maar klampten ons wel vast aan onze eigen vaste groep (de mijne bestond uit meisjes met dikke zwarte eyeliner en zwarte nylons met gaten op de knieën; de zijne uit skateboardende, kettingrokende, stevig drinkende Antichrists). We staarden naar elkaar en soms deden we een slamdance.

Ik denk dat Reed me mocht omdat ik zelfs op mijn veertiende al wist wat het 'establishment' was en daar de pest aan had. Reed was het tegendeel van normaal: hij leek ruig en dapper, zoals niemand die ik kende. Vanaf het eerste moment zag ik in hem zowel een kortstondige bevlieging als iemand die het verdiende mijn donkerste en meest complexe kanten te leren kennen. Hij wist het niet, maar hij zou heel belangrijk worden voor mijn overleving, omdat hij me iets positiefs gaf om me op te richten.

Dat kon niet worden gezegd van papa, die me de laatste tijd openlijk begon te stalken. Hoewel hij voelde dat ik me steeds meer van hem afzonderde, trok hij toch de zonwering van mijn slaapkamer omhoog en bleef in de achtertuin staan, nauwelijks verbloemend dat hij me bespiedde bij het uitkleden. Ik probeerde in mijn kleren te gaan slapen, maar hij stond erop dat ik 's avonds iets anders aantrok. Hoewel ik hem al een jaar geleden had gevraagd niet langer mijn rug te kriebelen, kwam hij toch binnen als ik bijna sliep en bleef totdat ik in slaap gevallen was. Soms schrok ik wakker en zag hem over me heen gebogen, alsof hij naast me wilde komen liggen of dat al had gedaan en net weer opstond. Als hij het wit van mijn starende ogen zag, trok hij snel de lakens over me heen en zei: 'Alles oké, meid. Ik ben bij je. Je had me geroepen in je slaap.'

Ik wilde mijn moeder vertellen dat er iets vreselijks gaande was, maar ik kreeg het nooit over mijn lippen. Papa's dreigende blikken hielden me tegen. En dat niet alleen: hoe ik mijn best ook deed, ik kon me geen concreet beeld vormen van wat papa nu eigenlijk al die nachten met me deed. Pas jaren later zou ik ontdekken dat hij probeerde hoe ver hij kon gaan en me ongestraft kon misbruiken. Toen, bijna veertien, wist ik maar één ding zeker: dat hij me nu ook op klaarlichte dag wilde betasten.

Hij had inmiddels een nieuwe baan bij de Intermountain Gas Company, waar hij aardgas aan projectontwikkelaars verkocht als alternatief voor propaan. Hij bepaalde zijn eigen uren en kon soms midden op de dag weer thuis zijn. In de zomer, als ik geen school had, glipte hij geruisloos de voordeur binnen, alsof hij me wilde besluipen. Mama werkte nu ook hele dagen, zodat hij alle kans had om me te verleiden tot de oude kinderspelletjes die we ooit deden.

In zekere zin was dat niets nieuws en misschien had ik niet zo verbaasd moeten zijn. Als meisje van vier, vijf jaar had ik het heerlijk gevonden om papa op te dirken. Hij was altijd een bereidwillig model voor oogschaduw, lippenstift en rode haarbanden. Soms trok ik hem zijn shirt uit en deed hem mijn nep-veren boa's om of gooide een cape met glitters over zijn schouders. Ik kamde zijn haar en bracht het in model met een föhn uit mijn speelgoed schoonheidsspecialistenkoffertje. Soms vervelde zijn donkere huid, ondanks de theelepel Cherokee-bloed die hij bezat, en vroeg hij me op zijn onderrug te gaan zitten om de schilfers van zijn schouders te wrijven. Dat deed ik graag, blij dat ik hem beter kon helpen dan Bactine. Ik streek met mijn vingers over de zwarte plekjes, zoekend naar een korstje of een los velletje. Als ik iets vond dat ik kon lostrekken, peuterde ik de opperhuid voorzichtig van de rauwe huid eronder, totdat ik een doorschijnend vierkantje van vijf bij vijf centimeter overhield. Maar ik was nog maar een peuter in die tijd. Nu, als meisje van bijna veertien, wist ik heel goed dat ik te oud was voor dat soort spelletjes.

'Je bent zo lief voor me, meid,' zei hij op een middag toen hij op het kleed van de huiskamer lag, met de gordijnen gesloten. Hij wilde altijd de gordijnen dicht, al vanaf het moment dat we in ons nieuwe huis waren getrokken. Dat was gunstig voor de isolatie, beweerde hij; zo hield je de warmte 's zomers buiten, en 's winters binnen. Maar de onnatuurlijke duisternis in huis versterkte mijn gevoel van dreigend gevaar.

Op die hete junidag scheen de zon witheet en verblindend op

onze ramen. Als je zonder schoenen over de stoep liep, brandde je je voetzolen. Dankzij papa's advies hielden heel wat mensen aan Parkway Drive hun gordijnen gesloten op de heetste uren van de dag. Maar op dit moment zou ik niets liever hebben gedaan dan de gordijnen wijdopen gooien, zodat de wereld me voor hem kon behoeden.

Papa liet zijn Ralph Lauren-overhemd over zijn pezige bruine armen glijden en ging op zijn buik op het kleed liggen. Ik stond bij de piano in een lichtroze zomers nachthemd. Ik liep wel vaker de hele dag in pyjama, tenzij ik ergens naartoe moest, zoals softbaltraining of naar mijn vriendin Valkyrie. Opeens wilde ik op de Noordpool zijn, waar je lang ondergoed moest dragen, drie lagen dik, onder een gevoerde parka tot op de grond.

Papa klopte op zijn onderrug als een teken voor mij om boven op hem te komen zitten. Ik staarde naar zijn achterhoofd en vocht tegen mijn opkomende tranen. Ik wist dat ik geen andere keus had dan te gehoorzamen, zonder protesten. Het was nooit met zoveel woorden gezegd, maar als ik mijn moeder over het misbruik zou vertellen, zoals na het incident in de camper, zou dat het einde betekenen van ons hele gezin. Ik liep naar hem toe, ging op hem zitten en kietelde hem. Maar in gedachten was ik drie meter onder water, bij mijn favoriete visstek op de bodem van Snake River Canyon. Ik hield mijn adem in en wenste wat ik al meer dan mijn halve leven had gewenst: dat ik door de muren van onze huiskamer heen kon breken om naar de rivier te vliegen en me te laten meesleuren door de waterval.

'Heb ik je ooit verteld hoe mooi je bent?' onderbrak papa mijn wens.

'Ja, papa.'

'Je gelooft me toch?'

'Ja, papa.'
'En je weet dat ik van je hou?'
Geen antwoord.
'Dan zal ik jou nu kietelen.'

8

Rennen!

Terwijl dit alles zich afspeelde schreef ik ook nog gedichten. In 1984 en 1985 won ik de Idaho Young Poets-wedstrijd voor tien coupletten die ik op lijntjespapier had gekalkt, de avond voordat de inzendingen binnen moesten zijn. Toen mijn categorie – 'Vijftien jaar of jonger: dramatische poëzie' – aan de beurt was, wist ik al voordat ze de finalisten bekendmaakten dat ik de gouden medaille had gewonnen. Ik had al gedacht dat verdrietige of agressieve poëzie beter zou scoren dan vrolijke gedichten, dus had ik zoiets geschreven. Bovendien voelde ik me ook echt verdrietig en agressief.

Ik herinner me nog de uitdrukking op mijn moeders gezicht toen ik haar een gedicht liet zien dat ik op een ochtend had geschreven toen ik wakker was geworden omdat papa een zaklantaarn tussen mijn benen hield gericht. Ik was teruggedeinsd, snauwend naar hem als een roofdier in een val. Hij snauwde net zo hard terug: 'Als je niet wilt dat mensen dingen met je doen, moet je niet op je rug gaan liggen met je been opgetrokken.'

Het gedicht ging over donkere schaduwen, sombere stemmen, zwarte weduwen en vingers besmeurd met bloed. Veel metaforen, maar weinig uitleg – een prachtig voorbeeld van hoe ik mijn pijnlijkste geheimen verdoezelde, zelfs als ik ze aan mijn eigen moeder probeerde te vertellen. Ik wilde haar beschermen tegen de volle omvang van mijn ellende, maar tegelijk hoopte ik dat ze me om een verklaring zou vragen.

Dat deed ze niet, die ochtend niet, nooit. Pas jaren later smeekte ze me om vergiffenis omdat ze niet had geweten wat zich een paar meter van haar eigen slaapkamer had afgespeeld. Het ergste, antwoordde ik haar, was niet dat het haar allemaal was ontgaan, maar dat ze me nooit naar het hele, pijnlijke verhaal had gevraagd toen de waarheid eenmaal aan het licht kwam. Dat mijn moeder de details van het misbruik niet wilde weten, was voor mij een bewijs van haar onwil om zich in haar eigen dochter te verdiepen.

Die ochtend, eind mei 1985, waren we alle vier in de keuken bezig, klaar om naar school of werk te vertrekken. Toen ik zeker wist dat papa niet keek, gaf ik mama het velletje uit mijn schoolschrift, dat ik in de palm van mijn hand verborgen had. Ze nam een slok van haar favoriete Red Rose-thee en vouwde het blaadje open. Haar ogen gleden over de regels en opeens werd ze stil. Ik wachtte op een verandering in haar gezichtsuitdrukking – een frons, een grimas, wat dan ook. Maar de moed zonk me in de schoenen. In plaats van een kreet te slaken vouwde ze het papier weer op, nam nog een slok thee en zond me haar eigen boodschap, luid en duidelijk: *vertel me dit soort dingen alsjeblieft nooit meer.*

Op de dag dat ik mijn maagdelijkheid verloor liep ik van huis weg. De daad voltrok zich op een smoezelig bed in een klein, vervallen huis aan de rand van Jerome. Ik was veertien en ik deed het met een Mexicaanse jongen die Mondo heette en die ik niet eens mocht, laat staan dat ik verliefd was. Reed mocht ik wel, maar ik wilde de seks gewoon achter de rug hebben.

Na afloop wilde ik maar één ding: snel naar huis om me te verstoppen tussen mijn knuffels, die nog altijd tegen het hoofdeinde van mijn bed lagen gestapeld als een tempel van liefde. Maar papa had andere plannen met me. Toen ik thuiskwam, dreigde hij dat ik huisarrest zou krijgen als ik me bleef gedragen als een slet. 'Griezel,' mompelde ik, terwijl ik me langs hem heen wrong. Hij had er een hekel aan als ik hem binnensmonds tegensprak. Maar om een of andere reden liet hij het gaan.

Ik stampte mijn kamer binnen en sloeg de deur achter me dicht, maar daar wachtte me een schok. In de loop van de dag was mijn bed in elkaar gezakt. Toen ik die ochtend wegging was er nog niets aan de hand geweest, maar nu hing het scheef, alsof er een zwaar iemand met zo'n klap bovenop was gesprongen dat het frame was verbogen. Als bezorgde vader had papa dat natuurlijk gezien en maatregelen genomen. Tijdens mijn afwezigheid had hij mijn slaapzak naar de vloer van de huiskamer verplaatst.

Ik weet niet hoelang ik aarzelde voordat ik mezelf dwong naar de huiskamer te lopen en in de slaapzak te kruipen. Eerst trok ik hem helemaal dicht, maar dat was te warm, dus ritste ik hem weer open. Papa zat tv te kijken totdat de reclame begon. Hij verdween naar de gang en kwam even later terug met een badjas aan. Ik rook hem al voordat ik hem zag: Old Spice en sigaretten. Ik moest bijna kokhalzen. O, God, bad ik in stilte, zorg dat hij me met rust laat.

Als ik al sliep, dan heel onrustig. Ik lag op mijn buik, met één been opzij uit de geopende slaapzak. Een verschoten geel nachthemd met een cartoon van Tweety bedekte mijn onderlijf en een stukje van mijn benen. Ik was nog altijd ontdaan door mijn eerste daadwerkelijke sekservaring – de penetratie van een vreemd voorwerp in een nu niet-meer-zo-heilig plekje. Hoewel ik had gedoucht, wist ik zeker dat papa mijn zweet kon ruiken, samen met de feromonen en het sperma. Maar niet de geur van een orgasme, want dat had ik niet gehad.

Een tijdje later was papa's programma afgelopen. Hij stond op, zette de tv uit, sloot de voordeur af en deed het licht uit. Hij liep op zijn tenen over het kleed, bleef naast me staan en kwam toen met zijn volle gewicht op me liggen, helemaal over me heen, als een soort zeester.

Ik verzette me, terwijl ik deed alsof ik nog sliep, en probeerde me onder hem uit te worstelen. Maar zoals altijd gaf ik het ten slotte maar op en bleef bewegingsloos liggen. Hij kwam half overeind en liet zich toen weer op me vallen, als een zak nat cement. Eeuwen verstreken terwijl mijn angst een zekerheid werd: deze keer twijfelde ik niet langer aan wat hij wilde of wat hij deed. Hij richtte zich weer half op en begon te bewegen, in een zeker ritme. Ik kneep mijn dijen samen en een stem in mijn hoofd scandeerde: *Ik laat het niet toe… Ik laat het niet toe. Ik laat het niet toe.*

Terwijl ik daar lag, werd ik overvallen door een vreemd gevoel, alsof ik in de diepte zonk en helemaal slap werd. Mijn geest zweefde de kamer uit, naar een schuilplaats waar ik al eerder was geweest. Ik beeldde me in dat ik in het koele, reinigende water van de Wood River dreef. Als dit de nacht was waarin mijn vader seks met me zou hebben, zou ik daar wachten terwijl het zich voltrok. Maar toen gebeurde het wonder. Er blafte een hond en papa rolde haastig van me af.

Ik was weer vrij maar nog lang niet buiten gevaar, dus bleef ik roerloos liggen en gaf geen kik. Papa staarde me een lange seconde aan, schudde met zijn warrige haar en zocht met zijn grote, bruine handen in de zakken van zijn badjas. Toen draaide hij zich om, trok zijn slippers aan en verdween.

Ik wachtte af, te angstig om me te bewegen. Toen hij terugkwam, deed hij het licht uit en ging naar bed. Mijn oren volgden zijn voetstappen door de gang. Tanden gepoetst. Lakens teruggeslagen. Een onderdrukte zucht. En slapen. Pas toen ik zeker wist dat ik hem hoorde snurken, stond ik op, trok mijn zwart-met-roze Vans aan en glipte de voordeur uit, heel voorzichtig, zodat hij niet door de wind met een klap zou worden dichtgeslagen. Ik rende naar het einde van onze oprit. Mijn wapperende haren zwiepten tegen mijn mondhoeken. Zonder een moment te aarzelen sloeg ik naar het noorden af, in de richting van de Snake River en de honderdvijftig meter hoge Perrine Bridge. Terwijl ik langs de donkere huizen rende waar onze buren lagen te slapen, dacht ik: *dit is de nacht die iedereen zich zal herinneren, maar die niemand zal begrijpen.*

Ik was op weg naar de brug waar mensen vanaf sprongen als ze de rafels van hun leven niet meer aan elkaar konden knopen. Ik zou op die koude, metalen leuning klimmen.

En springen.

9

Op de vlucht

De wind huilde en de eerste donderwolken vormden zich boven de woestijn. Ik dacht dat ik de rivier hoorde bulderen, maar het kon ook het ruisen in mijn eigen oren zijn geweest. Ik wist dat ik me honderdvijftig meter boven de Snake River bevond, en anderhalve meter meer als ik op de leuning klom, waar ik een paar seconden zou blijven balanceren, en dan... whoesj!

Vreemd genoeg bad ik niet tot God om me te helpen. Ik dacht gewoon niet aan Hem, op dat moment. In plaats daarvan gingen mijn gedachten naar de mensen van wie ik wist dat ze zich van de Perrine Bridge hadden geworpen, zoals een vriend van Chris, die zich zo schaamde toen hij niet in de atletiekploeg van de universiteit was gekozen dat hij zijn dood tegemoet gesprongen was. Ik was slim genoeg om te weten dat ik al bewusteloos zou zijn voordat ik het water raakte, of anders door de klap zou worden gedood. Maar het waaide zo hard dat ik bang was dat de wind me van de brug zou sleuren voordat ik gereed was, of erger nog, me weer terug zou werpen tegen de leuning.

Ik had geen zin om op de leuning te klimmen, als speelbal van die windvlagen. Ik wilde springen uit eigen vrije wil en vallen als een zak aardappels, zwaar en gewichtloos tegelijk. Ik wilde baas zijn over mijn eigen lot, net als Wonder Woman, die de grootste schurken kon uitschakelen met een salvo van haar energie-armbanden. Ik drukte mijn sleutelbeenderen tegen de stalen spijlen en boog me over het water, dat zwart en glimmend leek als motorolie. Op het moment dat ik over de rand wilde klimmen, drong de realiteit van de sprong en de klap tegen het water tot me door, en hoewel ik wist dat de dood de enige zekere manier was om aan mijn vader te ontkomen, wist ik ook dat ik nog banger was om te sterven dan om terug naar huis te gaan. Hoewel dat laatste ook geen optie was. Er moest een andere oplossing zijn. Ik bleef op de brug zitten totdat ik begon te huiveren in de wind. Toen stond ik op en begon te lopen – terug, in de richting van mijn huis.

Het was al laat en ik zag niemand op straat, alleen een paar jonge koeien in een wei bij het irrigatiekanaal waar ik altijd ging zwemmen. Nevel steeg van het water op en het rook er naar koeienvlaaien. De maan scheen helder, wat me sterkte in mijn besluit om door te lopen toen ik mijn straat, Parkway Drive, had bereikt. Aan het einde van de weg kon ik me misschien door het prikkeldraad wurmen om verder te lopen, naar het westen, bij de zonsopgang vandaan.

Maar nog geen honderd passen verder liet ik dat plan alweer varen toen ik mijn knieën voelde knikken en languit viel. Ik werkte me overeind en kwam ten slotte terecht in de straat van mijn vriendin Kathie Etter. Opeens verscheen het stralende beeld van haar moeder voor mijn ogen. Kathie en ik kenden elkaar al sinds de kleuterschool. Haar moeder Laura was niet alleen fors en mannelijk om te zien, maar ze leek me ook onverzettelijk en loyaal – alsof ze, om mij te beschermen een keukenmes zou kunnen grijpen en papa aan stukken snijden. Ik wist het toen nog niet, maar ze was ook goed bevriend met een politieman.

In Kathies straat gekomen liep ik door tot aan haar grasveld, waar ik ging zitten en een kussen maakte van een bergje verdord gras. Ik strekte me op mijn rug uit en keek hoe de zilveromrande wolken lang de maan dreven, die in het derde kwartier stond. Als ik naar huis ging zou ik een halfjaar huisarrest krijgen of, erger nog, ons hele gezin in de afgrond storten – voor zover er nog sprake was van een gezin. Ergens in een tuin ging een sprinkler aan en een hond begon te blaffen. Ik stond op, liep naar Kathies slaapkamerraam op de begane grond en klopte op de ruit.

Kathie moet diep in slaap zijn geweest, want het duurde een eeuwigheid voordat ze achter de hor verscheen. Haar reusachtige blauwe ogen leken nog groter dan ik me herinnerde. Haar springerige haar omlijstte een breed gezicht met hoge jukbeenderen. Zij en ik waren al vriendinnen sinds we als meisjes van vijf 'Who Put the Chicken in the Chicken Chow Mien?' hadden opgevoerd bij Donna Mauldin's Dance Academy. Het was nog nooit bij me opgekomen haar over mijn vader te vertellen, zelfs niet als ze bleef logeren.

'Tracy?' fluisterde ze. 'Wat doe jij hier?'

Ik drukte mijn gezicht tegen haar raam, maar kon geen woord uitbrengen.

'Hoe laat is het?' vroeg Kathie. 'En waarom ben je hier en niet thuis?'

Ik wilde antwoord geven toen ergens in huis het licht aanging. Laura Etter kwam naar het raam en zag me tussen de jeneverbesstruiken staan, die me rode striemen bezorgden op mijn schenen. Mijn nachthemd was vuil door mijn expeditie naar de brug en mijn haar was warrig en plakkerig. Laura vroeg me naar de voordeur te komen en dat deed ik. Ze wachtte me op in de lichtcirkel van de flakkerende verandalamp. Blijkbaar zag ze dat ik het koud had, want ze sloeg meteen haar armen om me heen en nam me zo mee naar binnen.

'God, Tracy,' zei ze, toen we op het groene, hoogpolige tapijt in de huiskamer stonden. Ze wist niet eens wat er was gebeurd, maar toch had ze al met me te doen. 'Wat is er aan de hand? Waarom ben je niet thuis, bij je ouders?'

Gedeelten van die nacht blijven wazig, maar volgens Laura begon ik te draaien. Letterlijk. Ik stond op en draaide rondjes midden in haar huiskamer. En terwijl ik in het rond tolde, zei Laura maar steeds: 'Tracy, schat, doe nou rustig. Ik wil je helpen. Maar dan moet jij mij eerst helpen. Vertel het me, kind. Wat is er gebeurd?' vroeg ze.

En ten slotte vertelde ik het haar.

'Er komt hulp, schat,' zei Laura toen ik haar zoveel mogelijk had verteld – hoewel dat nauwelijks meer was dan: 'Mijn vader. Hij zit achter me aan. Hij wil me kwaad doen.' Ze belde de politie en zei dat een klein meisje hun hulp nodig had. 'Ik hoop dat je ze kunt vertellen wat je mij hebt verteld,' zei ze. 'Maar als je daar niet toe in staat bent, zal ik je erbij helpen. Goed?'

In de donkere huiskamer bij mijn vriendinnetje thuis sloeg ik mijn armen om mijn benen en wachtte op de zwaailichten die de komst van de politie aankondigden. Het maakte me zelfs niet uit dat Kathie, onderuitgezakt in een aftandse groene leunstoel, begon te snurken. Ik wist dat zij niet de adrenaline kon voelen die door mijn aderen gierde en besefte bovendien dat ik het enige meisje in Twin Falls moest zijn dat op dit tijdstip, drie uur in de nacht, nog wakker was – en op de vlucht. Ook was ik ervan overtuigd dat ik de enige was die haar familie bij de politie wilde aangeven.

Terwijl we wachtten, stond Laura op en verdween naar de badkamer. Ik hoorde water stromen in de porseleinen wasbak en het geluid van een tandenborstel over tanden. Mijn ogen prikten en mijn benen trilden van uitputting. Maar zodra ik alleen was, voelde ik een allesoverheersende neiging om op te springen en te vluchten – een gevoel dat steeds sterker werd naarmate de ochtend naderde en ik me scherper bewust werd van de enorme gevolgen van mijn beslissing.

Ik weet niet waarom ik opeens mijn familie wilde redden, maar ik moest ze beschermen tegen de dingen die ik zou vertellen. Als ik snel was, zou ik de hele avond nog kunnen terugdraaien, naar huis gaan en morgenochtend wakker worden alsof er niets veranderd was. Als de politie kwam, zou ik zeggen dat Charmelle Puka had gebeld. 'Kijk maar! Mijn slaapzak. Ik heb hier de hele nacht liggen slapen, op de vloer van de huiskamer.' Natuurlijk zouden ze me ondervragen. Nee, zou ik antwoorden, ik heb geen ideaal leven. Maar wie wel? En als ze weg waren, zou ik door de gang naar mijn kamer sluipen om te bedenken hoe ik mijn scheefgezakte bed kon repareren.

Echt, ik stond op het punt naar huis terug te gaan. Ik had mijn schoenen alweer aan en schoof naar het puntje van Laura's bank. Maar twee dingen weerhielden me ervan om uit de kamer weg te rennen, de nacht in. Al die afleveringen van *Magnum P.I.* hadden me ervan overtuigd dat ik voortvluchtig zou zijn als ik de plaats delict verliet. En als ik naar huis terugging, zou mijn vader uiteindelijk de volgende stap zetten en me verkrachten.

Nooit was ik in mijn leven ergens zo zeker van geweest. Diep in mijn hart, met een overtuiging waarvoor ik zelf geen goede verklaring had, wist ik dat mijn vader zich niet zou laten tegenhouden.

Dus bleef ik bij Kathie en Laura. En vertelde de politie zoveel als ik kon. Laura hield mijn hand vast terwijl ik aan een oranje draadje plukte dat uit een naad van de bank stak. Omdat ik me schaamde, vertelde ik niet alles over het misbruik – de kietelspelletjes in de middag, de bezoekjes aan mijn kamer en papa's handen die me 's nachts betastten als ik half wakker schrok. Dat laatste drong nu pas werkelijk tot me door. De twee politiemannen, gewapend met pistool en wapenstok, keken me aan terwijl de tranen over mijn wangen stroomden. Ik gaf hun geen details, maar sprak in verhullende termen, zoals ik gewend was: dat mijn vader 'me achternazat' en dat ik me 'niet veilig voelde'.

Maar voor het eerst in mijn leven bleken die verhullende termen genoeg te zijn. De agenten vroegen Laura om op me te passen totdat zij de jeugdzorg hadden gewaarschuwd, die de zaak van hen zou overnemen. Ik moest bij Laura blijven totdat de instanties hadden bepaald of het veilig was voor mij om naar huis terug te gaan. Laura bracht de politiemannen naar de deur, kwam weer terug en legde een paar dekens over de bank.

'Probeer wat te slapen,' zei ze, met haar hand tegen mijn voorhoofd.

Ik knikte, maar ik was te opgefokt om te kunnen slapen. Ik kroop ineen op de bank en keek hoe de eerste zonnestralen zich uitstrekten naar het westen, met een gouden schittering die werd weerspiegeld in de ramen van de buren, en wachtte op de dingen die komen gingen.

Ik moest zijn ingedommeld, want voordat ik het wist werd ik door een hand uit mijn slaap gewekt. Mijn dekens lagen in een kluwen om mijn benen. Ik schopte ze weg om me te bevrijden van die stapel polyester. De rest van mijn lichaam lag in een moeras van zweet.

De hand bleef aandringen, dus trok ik mijn oogleden los van het vuil dat zich tijdens mijn korte ochtendslaapje in mijn ooghoeken had verzameld. Mijn mond smaakte naar het contactje van een batterij als je daaraan likt om een vonkje te voelen. Eindelijk sloeg ik mijn ogen op en zag een man in uniform. Een gouden badge zweefde ergens in de lege ruimte boven zijn hart.

Het kostte me een paar minuten om me op mijn omgeving te oriënteren. Mijn hoofd voelde aan alsof iemand mijn hersens had weggezogen en de lege ruimte had opgevuld met modder. Langdurig wreef ik de slaap uit mijn ogen. Ten slotte hoorde ik een bekende stem, die me bij mijn positieven bracht.

Het was Laura. Ze zat aan het andere eind van de bank en raakte zachtjes de wreef van mijn blote voet aan, zoals je bij een pasgeboren pup of een jong konijn zou doen.

'Hé, Tracy,' zei ze, met een warme glimlach. 'Ik ben blij dat je toch nog hebt geslapen.'

Ik knipperde heftig met mijn ogen, draaide mijn hoofd naar haar toe en vulde haar contouren in. Maar hoewel ik wilde antwoorden, kon ik de woorden in mijn hoofd geen vorm geven. Ze klotsten door mijn brein terwijl ik de gebeurtenissen van de voorbije nacht op een rij trachtte te zetten. Niemand vroeg me om op te staan, dus bleef ik zitten waar ik zat.

Op dat moment hoorde ik de politieman zuchten. Zijn voetstappen ruisten over het kleed, op weg naar de voordeur. Heel even dacht ik dat hij wilde vertrekken en het aan Laura en mij overliet om te bedenken hoe het nu verder moest. Maar halverwege de kamer bleef hij staan. Laura vervolgde het gesprek.

'Tracy,' zei ze, 'kom eens overeind. Deze meneer is voor je gekomen. Agent Miller. Hij wil je graag naar de jeugdzorg brengen, zodat zij je een paar dingen kunnen vragen.'

De politieman bleef voor me staan en vroeg of hij naast me mocht komen zitten. Ik schoof haastig naar de hoek, bang dat hij zijn hand in mijn poel van zweet zou leggen. De agent torende boven me uit en rook naar aftershave en stijfsel. Maar toen hij naast me kwam zitten, ademde hij wel een vriendelijke sfeer uit.

Rillend van angst en slaapgebrek liet ik me tegen hem aan zakken en gaf me over aan zijn kracht. Ik voelde het pistool in de holster op zijn heup, en een paar seconden durfde ik me te ontspannen in zijn krachtige, gezaghebbende aanwezigheid. Ik had zo weer in slaap kunnen vallen om een heel ander einde te dromen aan de nacht die ik zojuist had meegemaakt. Maar ik stond op, trok een van Kathies zonnejurken aan en volgde mijn wetsdienaar naar zijn zwart-met-gouden wagen met het logo van de Twin Falls County Police.

Pas jaren later kreeg ik in e-mails van mijn beide ouders te horen wat zich die ochtend van 7 augustus 1985 bij mij thuis had afgespeeld. Toen mijn vader de huiskamer binnenkwam vond hij mijn lege slaapzak en zag dat de voordeur openstond. Het was augustus en warm, dus dacht mijn moeder dat ik al vroeg een eind was gaan lopen. Maar mijn vader wist dat hij nu ernstig in de problemen zat. Tegen de tijd dat zijn Folgers kristallen tot koffie waren opgelost, had hij al een rood hoofd van de zenuwen.

Om tien uur 's ochtends kreeg mijn moeder een telefoontje

van de jeugdzorg, die haar meldde dat ik mijn vader van misbruik had beschuldigd. Ze belde hem op kantoor op en eiste dat
hij naar huis zou komen. 'Nu?' vroeg hij. 'Kan dat niet wachten?
Ik ben aan het werk.' Maar mijn moeder antwoordde: 'Je komt
naar huis en wel onmiddellijk!' Toen ze hem vroeg waarom ik de
politie zou hebben verteld dat ik was aangerand, zei mijn vader
dat hij geen idee had, maar dat hij wel marihuana en cocaïne in
een la van mijn toilettafel had gevonden.

Om halfelf kwam Chris eindelijk uit bed, net toen twee politiemensen en een maatschappelijk werkster onze oprit op
kwamen. Ze wilden mijn kleren en een tandenborstel meenemen, zeiden ze, omdat ik op een onderduikadres zou blijven
totdat ze hadden besloten of ik weer naar huis kon. In plaats
van mijn zachtste pyjama's mee te geven, met een briefje erbij,
begon mijn moeder hysterisch te gillen. 'Wat doen jullie ons
gezin aan?' schreeuwde ze, terwijl Chris probeerde de maatschappelijk werkster van de stoep te duwen.

Later die dag kwam mijn vader naar het politiebureau, waar
hij werd ondervraagd in een kamer met een doorkijkspiegel.
Opnieuw deed hij alsof hij nergens van wist. Hij stemde toe
in een leugendetectortest, maar alleen omdat hij dacht dat hij
slimmer zou zijn dan een elektrisch apparaat. Toen hij thuiskwam, raadde mama hem aan een advocaat te nemen, die hem
adviseerde vooral geen test met een leugendetector te ondergaan. Wat de uitslag ook zou zijn, verklaarde hij, het resultaat
was toch niet rechtsgeldig.

Het verhoor ging verder. Maatschappelijk werksters onder-
vroegen mijn vader en moeder apart op het politiebureau. Papa
hield zijn onschuld vol, terwijl mama in een rol ruw overheids-
toiletpapier huilde en riep: 'Wat voor mensen denken jullie wel
dat we zijn? Mijn man zou mijn dochter nooit kwaad doen.'

Toch had ze hem, bij drie verschillende gelegenheden, betrapt toen hij midden in de nacht haastig en schichtig uit mijn kamer kwam. En hoe zat het met dat incident bij Redfish Lake?

Terwijl papa keihard zat te liegen en mama hem impliciet steunde en zei nooit iets gemerkt of gezien te hebben, werd ik naar een kamer bij de jeugdzorg gebracht, waar een vrouw in een denim-tuinbroek me vroeg om harde feiten en details, in plaats van verhullende termen. Ik deed mijn best, maar sloeg steeds dicht als ze me vroeg waar papa zijn handen had gelegd als hij me midden in de nacht wilde bewijzen dat hij van me hield. De vrouw hield vol en gaf me een anatomisch correcte pop om de plekken aan te wijzen.

Nu ging het beter; zelfs zó goed, dat het maatschappelijk werk besloot dat het niet veilig was om mij 'terug te plaatsen in de thuissituatie'. Volgens de wet op de kinderbescherming stelden ze me onder het gezag van de staat Idaho. Mijn vader kreeg een contactverbod, dat hem belette op minder dan honderdvijftig meter van mij te komen. Mijn moeder, nog altijd aarzelend over zijn onschuld, weigerde hem het huis uit te zetten, wat betekende dat ik zou worden ondergebracht in een opvanghuis voor misbruikte meisjes, onder gezag van de mormoonse kerk. Het zou er ruiken naar rottende vloerplanken, geparfumeerde tampons en hompen kaas.

In de dagen voordat de officier van justitie de administratie had afgewerkt om mijn vader en moeder uit de ouderlijke macht te ontzetten, bleef ik bij Kathie en Laura. Als mama al wist dat ik daar logeerde, nam ze niet de moeite me te bellen.

Ik was doodsbang maar weigerde daaraan toe te geven. Ik wist dat er geen weg terug was van mijn gekozen pad. Bovendien was ik nog een kind en kinderen staan niet te lang bij emoties stil. Ik trok mijn sterkste, vrolijkste gezicht en probeerde te doen alsof alles normaal was.

Op de heetste uren van de dag bleven Kathie en ik binnen, keken naar Nickelodeon en aten bakken vol zoete ontbijt-granen. Pas 's avonds, als de temperatuur tot onder de dertig graden zakte, slenterden we naar het grasveld.

Daar, een week na mijn vlucht, zag Chris me uit mijn bol gaan in mijn Tweety nachthemd. Kathie had haar boombox op de vensterbank gezet en we dansten op Duran Durans 'Rio'. Kathie had net een perfecte moonwalk uitgevoerd, van voor naar achter, toen mijn broer de hoek om kwam in zijn ker-senrode Sirocco.

Hij stopte niet, maar ik zag dat hij zijn ogen tot spleetjes kneep toen hij naar die twee dansende meiden op het grasveld keek. Eerst lachte hij nog wat met zijn vriend, die naast hem zat, waarschijnlijk omdat meisjes hen nerveus maakten, maar toen zag ik dat hij me herkende. Hij stopte midden op de weg zonder te kijken of er iemand achter hem reed en het leek of hij uit de auto zou springen om naar me toe te rennen en me te omhelzen. Maar terwijl ik keek, zag ik zijn lippen de woor-den vormen: 'Wel, godver…?' En hij gaf weer gas.

'Wat was dat?' vroeg Kathie toen Chris er met piepende ban-den vandoor ging. Toen zette ze ogen als schoteltjes op. 'Wacht eens. Jezus, Tracy! Dat was je bróér!'

'Ja, dat weet ik. Nou, en?'

'Geen idee. Je zou toch denken dat hij zou stoppen als hij je ziet en al een eeuwigheid niet weet waar je uithangt. Ten-minste, dat zou ik verwachten. Maar wie ben ik?'

Ik keek mijn vriendin aan, zoekend naar een antwoord. Onder het kussen van gras voelde ik de warmte van de woes-tijn opstijgen, tot in mijn voeten. 'Rio' was afgelopen en het volgende nummer uit Kathies boombox kan ik me niet herinneren. Die paar seconden, toen hij voor me was gestopt, had ik gedacht dat ik een bondgenoot had gevonden in mijn broer. Maar de uitdrukking op zijn gezicht was maar voor één uitleg vatbaar: hij vond dat ik ons gezin verraden had.

In het opvanghuis waar ik moest wachten tot de staat Idaho een pleeggezin voor me had gevonden, at ik de kaas, gebruikte de tampons en liep over de krakende houten vloeren. Ik sliep in een kamer met een rij stapelbedden, samen met tien of twaalf andere meiden. De meisjes deden me denken aan de types die altijd ruzie met me zochten op de bowlingbaan tegenover het kerkhof waar mijn echte vader begraven lag: Mexicaansen, headbangers, lesbo's. Ik praatte met niemand en staarde de hele tijd naar de vloer.

Ik hoefde er maar vijf of zes dagen te blijven. 's Middags verzamelden we ons in een stoffige huiskamer met grote, vierkante ramen die uitkeken over dorstige korenvelden. Kraaien scheerden laag over de weg en streken neer om aas te pikken. Onze opvangouders vertelden ons over de kracht van het geloof en het belang om onszelf aan God over te geven. Maar elke avond als de lichten waren gedoofd en ik de andere meisjes hoorde snurken, staarde ik naar de matras van het bed boven me en dacht aan mijn vader.

Ik heb geen verklaring voor mijn schuldgevoel van dat moment of de diepe twijfel die als een loden last op mijn schouders drukte. Het misbruik was altijd verborgen gebleven, altijd verscholen in het donker. Mijn vader gebruikte trucs om mij te laten geloven dat ik zelf een rol had gespeeld in de aanrandingen. Tijdens onze kietelspelletjes in de middag had hij de grens tussen betamelijk en onbetamelijk contact zo subtiel verlegd dat ik niet zeker wist of hij zich, althans in die omstandigheden, had misdragen. En evenmin was ik ervan overtuigd dat ik hem niet op de een of andere manier had aangemoedigd. Achteraf nam ik het mezelf kwalijk dat ik zo vaak in nachthemdjes had rondgelopen. En waarom deed ik Jane Fonda's aerobicoefeningen in de huiskamer? Aan de andere incidenten – als hij 's nachts naar mijn kamer kwam en me betastte terwijl ik sliep – had mijn vader uitsluitend zelf schuld en niemand anders. Maar ik herinnerde me nog altijd een leugen die hij me had verteld toen ik een keer wakker was geworden en hem had gevraagd wat hij deed. 'Hoe durf je me te beschuldigen?' had hij gezegd. 'Als je niet wilt dat mensen je aanraken, moet je niet op je rug slapen.'

Terwijl de andere ontheemde en misbruikte meisjes sliepen, kwelde ik mezelf met dit soort gedachten. Het misbruik kon toch niet zo ernstig zijn als ik me herinnerde? In mijn hoofd begonnen goede en slechte herinneringen aan mijn vader door elkaar te lopen, totdat de goede het wonnen van de slechte. Een deel van mij wilde gewoon dat dit voorbij zou zijn. De onzekerheid over mijn toekomst leek nog erger dan het misbruik door mijn vader. En het leven in het opvanghuis was allesbehalve leuk. We hadden met de hele groep maar één badkamer tot onze beschikking en we mochten helemaal niets zonder het eerst te vragen. Telefoneren was streng verboden, dus had ik geen enkel contact met mijn vriendinnen, vader en moeder, opa en oma. Omdat onze opvangouders mormonen waren, moest ik op de zondag dat ik er was ook naar de kerk in de plaatselijke tempel. Mijn moeder had geen jurken meegegeven aan de maatschappelijk werksters die mijn kleren kwamen halen. Dus had ik niets om aan te trekken en moest ik een ouderwetse bloemetjesjurk lenen, die me twee maten te groot was. Bij mij op school zaten ook veel mormoonse leerlingen en toen ik met mijn tijdelijke 'familie' door het gangpad liep, zag ik hun verbaasde blikken. Een jongen, Ted Smack, zat de hele kerkdienst naar me te staren. Als over een paar weken de school weer begon, zou hij wel rondbazuinen dat Tracy Ross grote problemen had.

Maar 's nachts maakte ik me zorgen om mijn vader. Ik dacht dat hij in de gevangenis zat en vroeg me af hoe hij behandeld werd. Misschien zat hij wel in een cel met echte criminelen die echte misdaden hadden gepleegd: moordenaars, serieverkrachters, inbrekers. Hoe verschrikkelijk hij zich ook tegenover mij had gedragen, mijn hart brak bij de gedachte dat hij het moeilijk had. Ik weet niet wat dat betekende: dat ik onwaarschijnlijk veel meegevoel kon opbrengen, of dat ik gewoon een kind was dat alles wel wilde verdragen in ruil voor de betrekkelijke geborgenheid van haar gezin. Het doet er niet toe. Feit is dat ik het beeld van mijn vader niet uit mijn hoofd kon zetten.

Ik dacht aan de keren dat we naar onze favoriete rots in Redfish Lake waren gezwommen, die midden in het water lag, tientallen meters van de oever. Papa en ik waren de enigen in de familie die helemaal naar die grote steen durfden te zwemmen. Uit onze ooghoeken zagen we de forellen en zilveren witvisjes om ons heen, en door de zon die op onze lichamen scheen leken we allebei mooi en snel. Ik voelde me warm hoewel het water ijskoud was. Toen ik de rots bereikte, was papa daar al, drijvend op zijn rug.

'Alleen jij kunt me zo ver laten zwemmen naar een rots die we niet eens kunnen beklimmen,' plaagde hij, toen ik binnen gehoorsafstand was.

'Toe nou, papa! Wat een onzin,' antwoordde ik.

'Nee, ik meen het,' zei hij. 'Luister nou even.'

'Ik spits mijn oren. Zie je wel? Ze bewegen!'

'Heus waar, Trace. Jij bent heel bijzonder. Mensen zeggen dat soort dingen te weinig tegen elkaar. En ik weet dat ik het niet altijd laat blijken, maar ik hou van je. Hoor je wat ik zeg?'

Ik wist wel dat ze van me hielden, mijn vader, mijn moeder en mijn grootouders. Maar papa en ik hadden ook een geheim, dat we al deelden zolang ik hem kende en dat was begonnen met wandelen en vissen. Andere mensen wisten precies wat hun kinderen moesten eten en wat voor kleren ze moesten dragen, papa had mij geleerd hoe prachtig het kon zijn om risico's te nemen in de bergen.

Hij hield me nooit tegen als ik een eind wilde zwemmen in een ijskoud bergmeer of van een steile, spekgladde helling bij Sun Valley of Soldier Mountain wilde skiën. Meestal ging hij zelf mee, gewoon voor de kick. Als we gingen kamperen leek het soms of mama en Chris niets anders wilden dan in de camper zitten lezen of kaarten. Maar mijn vader gaf me de middelen om spannende dingen te doen – zoals de Honda 80 crossmotor waarop ik reed en waarmee ik als meisje van acht een flinke smak maakte tegen een groepje ratelpopulieren – en spoorde me aan. Ik remde veel te hard, waardoor het voorwiel blokkeerde en ik over het stuur sloeg en met een klap op mijn rug terechtkwam. Eerst dacht ik dat ik dood was, het volgende moment begon ik te brullen, van angst en pijn. Maar die paar bevroren seconden toen ik door een woud van gele populieren werd geslingerd? Geweldig! Een wilde meid in de wildernis.

In het opvanghuis zong ik in mezelf stukken uit *Paint Your Wagon*: '*I was bo-orn, under a wandrin' star...*' Maar papa's beeld bleef me achtervolgen, zelfs als ik zachtjes neuriede. Toen ik de marteling van mijn eigen fantasie niet langer kon verdragen sprong ik uit bed en sloop de gang door, naar de krakende trap, die via een dubbele overloop beneden uitkwam.

De treden waren zo oud en kraakten zo hevig dat ze elke stap verraadden, maar toch ging ik door, ook al wist ik dat telefoneren verboden was. Die nacht had ik er eenzame opsluiting voor over om de stem van een van mijn ouders te kunnen horen. Ik vond de telefoon en belde hun nummer. Het toestel ging drie keer over voordat mijn vader opnam.

'Hallo? Met wie?' zei hij, net toen ik alweer wilde ophangen.

Ik wachtte even tot ik zeker wist dat niemand me van boven was gevolgd, en zei toen: 'Papa? Met mij, Tracy. Ik ben bang. Ik vind het vreselijk hier. Ik wil naar huis.'

Het was een wonder.

Papa hoorde de pijn in mijn stem en veranderde op slag. Door de telefoon klonk hij bezorgd en verontschuldigend. Hij zei dat hij me miste en dat hij het heel erg vond dat ik nu in een opvanghuis moest wonen, als een vluchtelinge of het weesmeisje Annie. Hij en mama wilden me graag komen redden, maar dat ging niet omdat ze niet wisten waar ik zat.

Ik wilde hem het adres vertellen zodat ze me konden komen halen, maar een stemmetje in mijn achterhoofd zei: dan breng je iedereen in grote moeilijkheden. Toen ik met papa had gepraat, riep hij mama aan de lijn, die zei: 'Ik hou van je, ik hou van je, ik hou van je.' Maar wat mijn ouders niet zeiden was dat ze me geloofden of dat ze spijt hadden.

Nu ik hen gesproken had, verlangde ik nog heviger naar huis. Nog dagen na dat telefoontje kon ik aan niets anders denken. Het gesprek spookte voor de zoveelste keer door mijn hoofd toen mijn maatschappelijk werkster, Claudia Vincent, de oprit van het opvanghuis opreed. Ik slaakte een zucht van verlichting. Claudia had me hier ondergebracht nadat ik bij Kathie en Laura Etter was vertrokken. Ze zou wel komen zeggen dat papa alles had bekend en dat de rechter had besloten ons te herenigen.

Maar Claudia negeerde me toen ze het scheefgezakte, afgebladderde huis binnenkwam. Ze glimlachte wel, maar zei geen woord. Toen ik haar tegen mijn opvangouders hoorde zeggen dat ze een rechterlijk bevel had om mij daar weg te halen, rende ik de trap op om mijn tas in te pakken. Ik stormde de voordeur uit en gooide mijn kleine, zwarte plunjezak op de achterbank van Claudia's Impala. Even later gingen we op weg door Twin Falls. Aanvankelijk reden we in de richting van mijn huis, maar in de buurt van de Snake River Canyon sloegen we links af en stopten in een kleine, doodlopende straat voor een grijswitte bungalow. Claudia zette de motor af.

Ik keek om me heen, naar de identieke huizen in de straat. 'Waar zijn we?' vroeg ik.

'Pak je tas maar,' antwoordde ze. 'Het maatschappelijk werk heeft een meer permanent adres voor je gevonden. Kom mee naar binnen, dan kun je kennismaken met je nieuwe pleegmoeder. Ze heet Joy en ze wacht al op je.'

Ik vocht tegen mijn tranen, die heet en onstuitbaar kwamen opzetten. Het klopte gewoon niet wat Claudia zei. Onderweg had ik gefantaseerd dat ze me naar huis zou terugbrengen en dat mijn ouders – in elk geval mijn moeder – op de oprit zouden klaarstaan om me te verwelkomen. Daar was ik zo van overtuigd dat ik het haar niet eens gevraagd had. Ik verbeeldde me dat mijn thuiskomst net zo zou gaan als toen mijn amandelen waren geknipt of toen ik mijn voet had gebroken doordat ik bij een radslag op een sprinklerkop was terechtgekomen: een vriezer vol met ijsjes en de hele dag MTV kijken.

In plaats daarvan staarde ik uit het raampje naar mijn derde 'tijdelijke onderkomen' in twee weken tijd. En hoe langer ik keek, des te meer ik iemand op zijn gezicht wilde slaan – vooral Claudia. Toen ik eindelijk mijn stem weer terug had, zei ik: 'Maar ik wil naar húís! Mijn eigen huis! Ik heb er genoeg van om te moeten vragen wanneer ik de badkamer kan gebruiken. Die opvangouders doen misschien alsof ze zich bekommeren om meisjes zoals ik, maar in hun hart vinden ze ons allemaal gestoord. Ik wilde het je niet vertellen, Claudia, maar ik heb mijn vader gebeld en hij klonk alsof hij spijt had. Echt waar. Ik weet dat hij me terug wil.'

Claudia zuchtte. 'Dit is niet gemakkelijk voor je, Tracy, dat weet ik wel. We begrijpen het allemaal. Maar ik moet eerlijk tegen je zijn. Je vader houdt nog steeds vol dat hij onschuldig is. En je moeder gelooft hem. Daarom brengen we je hier onder, weg van thuis, waar we je in de gaten kunnen houden en zeker weten dat je veilig bent. Zolang je vader nog thuis woont, kunnen wij je niet terug laten gaan. Dat mag niet van de wet.'

'Maar mijn moeder dan?' vroeg ik. 'Kan zíj me niet beschermen?'

'Het spijt me, Tracy,' zei Claudia, 'maar daar is ze nog niet aan toe. Ze heeft je vader niet gevraagd om te vertrekken.'

Zo trok ik in bij Joy, de volgende halte op mijn route van thuisloze tiener. Joy trad op als tijdelijke pleegmoeder voor meisjes in problemen of in gevaar – en ik scheen in beide categorieën te vallen.

Het enige wat ik me nu nog van Joy kan herinneren is haar naam en een wazig beeld van hoe ze eruitzag. Ze was een lange, rustige vrouw, met een grote bos haar, als een metaalachtige zwarte stralenkrans, die me aan een pannensponsje deed denken.

In veel opzichten was Joy de ideale pleegouder. Ze bemoeide zich niet met mijn zaken en vroeg maar zelden iets. De rechter zorgde ervoor dat mijn moeder me geld stuurde, via Claudia en Joy. Als ik deodorant nodig had of gezichtsreiniger ging Joy met me naar de plaatselijke drogist en wachtte in de auto terwijl ik door de winkel rende, in de hoop dat niemand me zou zien.

Door een gelukkig toeval was Joy vergeten een hor aan te brengen voor het raam van de logeerkamer waar ik sliep. 's Avonds, als ik me eenzaam voelde, klom ik uit het open raam en ging op het grind zitten, starend naar de donderwolken die zich boven de woestijn samenpakten. Soms waagde ik een telefoontje naar Reed, die naar me toe kwam in zijn grijsblauwe pick-up en me meenam naar de rand van de Snake River Canyon.

Daar gingen we op de motorkap zitten en vroeg hij me hoe het ging. Ik weet niet wanneer ik hem over het misbruik vertelde en hoeveel details ik hem gaf, maar ik voel nog steeds de verrassende kracht van zijn knokige arm om mijn schouders en zijn onverwacht zachte, warme wang tegen de mijne. Zo zaten we in stilte, met als enige geluid het zachte ruisen van de rivier, ver beneden ons.

Op avonden dat Reed er niet was, bleef ik in het zand onder mijn slaapkamerraam staan en vroeg me af of ik ooit nog thuis zou komen. Ondanks mijn woede op mijn ouders, miste ik mijn blonde labradors, Dusty en Brandy. Ik wilde mijn kleren en mijn kamertje terug; mijn vrijheid en onafhankelijkheid. Ik weet hoe idioot dat klinkt, maar er zijn momenten waarop al die vertrouwde dingen belangrijker zijn dan je veiligheid. Het leven als passant was vreemd en verontrustend. Het liefst was ik weer teruggekropen in mijn eigen, vertrouwde kooi.

Maar de rechtbank was het niet eens met mijn definitie van 'normaal' en zou me uiteindelijk in de steek laten in alle kwesties rond het misbruik. Ik bleef bij Joy toen mijn school weer begon en hoopte dat niemand iets gehoord zou hebben over mijn zomer. Ik wist dat mijn klasgenoten iets vermoedden, maar niemand kwam naar me toe om het ronduit te vragen – en dat was misschien wel pijnlijker dan het misbruik zelf. Jaren later zou iemand mijn situatie als volgt omschrijven: 'Als je als kind wordt aangereden op een oversteekplaats, komen mensen op bezoek met ballonnen en goede wensen. Maar als je op de oversteekplaats van het leven in botsing komt met seksueel misbruik, wil niemand daarover praten en verwachten ze dat je het onder het tapijt veegt.'

Als mijn klasgenoten zich afvroegen waarom een onbekende dame mij nu bij school afzette of waarom ik nooit meer bij vriendinnetjes kwam logeren, zeiden ze daar niets over. Bang om mijn naam te bezoedelen – of mijn plek bij de cheerleaders te verliezen – heb ik nooit iemand over het misbruik verteld: mijn vriendinnen niet, de leraren niet en ook hulpverleners op school niet.

Drie weken nadat ik bij Joy was ingetrokken kwam Claudia langs die zei dat ik mijn spullen moest pakken. Deze keer zou ze me naar huis brengen.

'Maar waarom?' vroeg ik. 'Waarom nu opeens wel?'

'Omdat je ouders eindelijk een verstandig besluit hebben genomen,' antwoordde ze. 'Ze willen met ons meewerken.'

Claudia had gelijk; in theorie, tenminste. Eind augustus was papa naar de jeugdzorg gestapt met de vraag wat hij moest doen om 'ons gezin weer bijeen te brengen'. Ik had al zoveel weken op een onbekend adres gewoond dat mama en hij zich grote zorgen maakten, zeiden ze.

Binnen een paar weken maakte de jeugdzorg afspraken met mijn vader. In ruil voor zijn ondertekende schuldbekentenis, acht weken officiële groepstherapie en de bereidheid om tien maanden uit mijn buurt te blijven, zou hij niet worden vervolgd en kon ik naar mijn moeder terug. Als papa volgend jaar juni zou kunnen bewijzen dat hij was 'genezen' van zijn neigingen om mij te misbruiken, mocht hij weer bij mij en mijn moeder komen wonen.

In september verliet papa het huis en trok in bij zijn broer, aan de andere kant van de stad. Veel nam hij niet mee: alleen wat werkkleren, zijn scheerset en een paar nummers van *Field and Stream*. Het was ook niet de bedoeling dat hij zich zou amuseren, zei mijn moeder, maar dat hij al het mogelijke zou doen om weer bij ons te kunnen wonen.

Voor mij was het een vorm van genoegdoening. Ik dacht dat mijn familie me eindelijk geloofde. Pas jaren later hoorde ik dat papa's schuldbekentenis allesbehalve oprecht was geweest. Hij zei tegen mijn moeder dat hij de jeugdzorg zou voorliegen dat hij schuldig was, omdat zij me zo graag weer thuis wilde hebben. En mama werkte onbedoeld aan de leugen mee. Ze geloofde mijn vader toen hij zei dat het maar een verhaaltje was. Ze was niet echt medeplichtig; dat was niet nodig. Hij had haar nooit de volle omvang van het misbruik opgebiecht en zij nam nooit de moeite het hem te vragen.

Begin september 1985, vijf weken nadat ik mijn huis was ontvlucht, stopten Claudia en ik weer op de oprit van mijn ouders. De schemering boven de woestijn legde een purperen deken over de droge, gele aarde. Het gras in onze voortuin zag eruit alsof iemand er benzine overheen had gegoten en de hele zaak had aangestoken. Ik hoopte dat Dusty en Brandy in de achtertuin op me wachtten – en zo niet, dat ze ergens waren waar het gras groener was dan bij ons.

Denkbeeldige piranha's gingen tekeer in mijn buik. Ik hield mijn autogordel om, zelfs toen Claudia de motor al had afgezet. We hadden geen van beiden haast om naar binnen te gaan en bleven op de oprit in de auto zitten terwijl het licht verkleurde van purper naar paars. Claudia zei dat mijn moeder de eerste paar weken wel nerveus zou zijn. De meeste families hadden moeite om het normale leven weer op te vatten nadat een gezinslid van misbruik was beschuldigd. Hoe dan ook, ik moest de eerste week geen wonderen verwachten.

Ik hoorde haar wel maar luisterde niet echt. In plaats daarvan keek ik naar de ramen van mijn huis. Op een gegeven moment bewoog er een gordijn en zag ik het silhouet van mama's gezicht de avond in turen. Waarschijnlijk zag ze ons niet, anders zou ze wel hebben gezwaaid, naar de deur zijn gekomen of het licht boven de veranda hebben aangedaan. Onwillig om de eerste stap te zetten, bleef ik koppig in de auto zitten totdat Claudia zei dat ik naar binnen moest.

'Alleen als jij met me mee komt,' zei ik.

'Natuurlijk. Maar jij gaat voorop. Ik kom achter je aan.'

Terwijl ik haar in stilte verwenste, opende ik het portier, greep mijn plunjezak en liep langzaam over het beton.

Die eerste paar stappen voelde ik iets van blijdschap. Na vijf weken pleegzorg was ik eindelijk weer thuis. Ik vond troost in de schone, koele avondlucht en de gedachte aan mijn honden, die rusteloos op een spelletje wachtten na een hele zomer nietsdoen. Ik moest zelfs glimlachen toen ik de Roadrunner langs de stoep zag staan, met de snotkleurige sierstrip die mijn vader nooit geel had geschilderd. Maar hoe dichter ik bij de voordeur kwam, des te meer ik begon te twijfelen aan de beslissing van de jeugdzorg.

Ik hoopte dat mijn moeder op me wachtte, bezig de laatste

hand te leggen aan het feestje voor mijn thuiskomst – blikjes fris, een nieuwe beddensprei en een reusachtige uitvouwkaart als welkom. Op die kaart zou ze hebben geschreven hoeveel ze van me hield en hoe het haar speet dat ze me zoveel narigheid had bezorgd. Maar ik wist uit ervaring dat haar daden niet altijd in overeenstemming waren met haar woorden.

De voordeur ging open, net op het moment dat Claudia en ik de eerste tree beklommen van onze met kunstgras beklede veranda. Mama stond voor ons in een rafelige, blauwe joggingbroek en een bijpassend sweatshirt zonder capuchon. Ze was magerder dan ik had verwacht en ze had diepe, donkere wallen onder haar mosgroene ogen.

Aarzelend keken we elkaar aan. Toen deed ze een kleine, wankele stap naar me toe. Haar mond vertrok en eerst dacht ik dat ze lachte. Maar de lach die ik meende te horen was het geluid van haar snikken.

'O, Tracy,' zei ze met verstikte stem, terwijl ze me tegen haar sleutelbeen trok, 'ik ben zo blij dat je bij me terug bent. Je hebt er geen idee van wat die mensen ons hebben aangedaan. Ik had mezelf voorgenomen om niet te huilen als ik je zag. Maar ik had je zo nodig en nu ben je weer thuis.'

IO

Kruisverhoor

Mam bleef me maar omhelzen en kneep me bijna fijn, als een bankschroef. Ik legde mijn armen om haar heen en klopte haar op haar rug. Ik had omhelzingen door volwassenen afgezworen toen papa ze als een excuus begon te gebruiken om me tegen zijn lichaam aan te zuigen, maar mama was zo verdrietig en vermagerd dat ik haar liet begaan, zolang als ze wilde.

Toen we eindelijk klaar waren, nam Claudia afscheid. Pas goed op jezelf, zei ze, en op elkaar en over een week zou ze weer komen kijken. Dat moest ze wel, of ze wilde of niet, omdat ik nog tien maanden onder toezicht van de staat zou blijven, ook al had de rechter me naar mijn moeder teruggestuurd. Het was Claudia's taak ervoor te zorgen dat mama en ik het samen zouden redden in die tijd. Ze wenste ons veel succes, kneep mij geruststellend in mijn arm en draaide zich om.

Mama was alweer binnen voordat Claudia haar voet op de onderste tree had gezet. Ik keek haar na, mijn tijdelijke voogd, met haar peper- en zoutkleurige krullen boven dat kleine, ronde lijfje, toen ze in haar Impala stapte en daar een paar minuten bleef zitten voordat ze de versnelling in zijn achteruit zette.

Ik staarde haar na totdat de bundels van haar koplampen om de hoek waren verdwenen, haalde toen diep adem en pakte mijn plunjezak. Mama had de tas, samen met mijn gympen en een melkkrat met leerboeken, bij mijn voeten laten staan. Eerst vond ik het vreemd dat ze niet op me had gewacht om samen naar binnen te gaan, maar ik zette het uit mijn hoofd, slingerde de tas over mijn schouders, pakte de rest van mijn spullen en stapte over de drempel.

Ik was benieuwd of er thuis nog iets veranderd zou zijn in mijn afwezigheid. Mama ging er prat op dat ze de inrichting voortdurend aanpaste, dus ging ik de huiskamer binnen en keek om me heen om te zien welke vaas er was verplaatst of welke foto in een andere gang was gehangen.

Tot mijn teleurstelling leek alles nog precies hetzelfde. De fel-oranje bank waarop ik van menige botbreuk was hersteld stond nog altijd tegenover de glazen koffietafel, met daarachter de houtkachel. Chris' Steinway stond op zijn vertrouwde plek naast de deur, papa's leren leunstoel een meter vanaf het raam aan de voorkant. En mijn moeders gemakkelijke stoel, waar ik zoveel avonden op haar schoot had gelegen terwijl ze op mijn rug kriebelde, was nog altijd voor de tv te vinden.

Toch waren het geen verplaatste meubels waar ik naar zocht. Het ging mij om een bewijs dat ze me had gemist. Ik had weken de tijd gehad om over de ultieme thuiskomst te fantaseren en nu wilde ik resultaten zien. Ik schopte mijn Birkenstocks uit, zette mijn tas neer en liep naar de keuken, waar ik een bord met WELKOM THUIS verwachtte en ballonnen en een glazen weckfles vol met bloemen.

In plaats daarvan zag ik mijn moeder op een beige barkruk aan het einde van de eetbar zitten. Ze had een tissue in haar hand geklemd, die ze me toestak.

'Kom hier, vreemdeling,' zei ze, en ze klopte op de draaikruk naast haar.

Ik glimlachte, maar kwam niet naar haar toe.

'Ga zitten,' drong ze weer aan. 'Laat me mijn prachtige dochter eens bekijken.'

'Ik ben niet prachtig, mam. En ik ben niet moe. Ik blijf liever staan, op dit moment.'

'Maar je moet de hele dag al hebben gestaan.'

'Nee... gezeten. Gewacht. Tot Claudia me kwam halen.'

'Nou, kom toch maar hier en geef je moeder een knuffel.'

Langzaam, slepend met mijn blote voeten over het kleed, liep ik naar haar barkruk. Ze stond op en sloeg haar armen om me heen. Ze rook naar Clinique face-wash en Redken shampoo. Het viel me op hoe zwaar haar borsten hingen. Mama's boezem was warm, maar toen ik haar tegen mijn eigen borsten voelde drukken, wilde ik me het liefst zo snel mogelijk loswringen.

'Wat is er?' vroeg ze. 'Wil je je moeder niet omhelzen?' Met een zucht ging ze weer zitten en zei: 'Ik weet hoe vreemd dit voor je moet zijn, Tracy, maar dit is je thuis. Papa is weg, dus je bent veilig hier. Voorlopig is het alleen wij tweeën.'

Ik probeerde een passend antwoord te bedenken terwijl ik daar voor haar stond, iets om haar een goed gevoel te geven maar haar ook duidelijk te maken dat ik niet was teruggekomen om spelletjes met haar te spelen. Ik wist dat ik degene was die zou moeten bewijzen dat ons leven weer normaal was – een onmogelijke opgave, omdat het nooit meer normaal zou worden.

Maar mama was me een slag voor. 'Je bent blij dat je weer thuis bent, is het niet?' ging ze verder, voordat ik kon antwoorden. 'Ik bedoel, als dat niet zo is, kunnen we Claudia bellen of ze je weer komt halen. Je hoeft hier niet te blijven als je niet wilt, Tracy. Ik weet wat je van me moet denken, maar ik ben nog altijd je moeder.'

'Nee, mama, dat is het niet. Ik kom net binnen. Geef me even de tijd, dan gaat het wel weer.'

'Oké, goed.' Ze draaide zich weer om naar de eetbar en koos nu een andere kruk, de middelste. 'Neem alle tijd. Ik blijf hier wel zitten, hoelang het ook duurt.'

Mam en ik zaten aan de eetbar om elkaar opnieuw te leren kennen. Toen we niets meer wisten te zeggen, zetten we de televisie aan en keken naar *60 Minutes*. Maar na een tijdje begon mijn maag te knorren. Omdat ik echt dacht dat mijn moeder een bijzondere thuiskomst zou organiseren, had ik al uren niets gegeten.

'Mam,' zei ik. 'Wat eten we?'

'O jee, is het alweer zó laat?'

'Ik denk het wel, als ik mijn maag mag geloven. Heb je nog iets speciaals gemaakt? Voor mijn thuiskomst, bedoel ik?'

Haar gezicht betrok. Ze scheen onmiddellijk te beseffen dat ze iets belangrijks was vergeten. Dat was eigenlijk niets voor haar. Ze had altijd gezorgd voor verjaardagsfeestjes, kerstbomen met cadeautjes en schandalig volle paasmanden. Maar nu zocht ze naar een reden waarom ze me niet had verwelkomd met iets bijzonders.

'Nee, ik heb niets klaargemaakt,' zei ze, 'omdat ik niet wist wat je wilde eten. Je bent al zo lang van huis en papa en ik hebben deze zomer nauwelijks een hap door onze keel kunnen krijgen. We waren te verdrietig om te eten. We kookten niet meer voor onszelf.'

'Maar dat is toch geen probleem, mam?' zei ik. 'Je weet hoe dol ik op lasagne ben.'

'Jawel, schat,' zei ze, 'maar jij weet ook hoe je smaak veranderen kan. Stel dat je in *Seventeen* een dieet had gevonden waar ik niets van wist?' Haar gezicht klaarde op. 'Maar wacht eens,' zei ze. 'Kijk maar in de kastjes. Ik heb wel allerlei lekkers in huis gehaald.'

Ik stond op en zocht in het kastje met ontbijtgranen, waar ik pakken chocoschelpjes en honingpops ontdekte. Mama was duidelijk naar de winkel geweest. Op de presenteerschaal lagen chips, koekjes en toastjes en in de koelkast vond ik melk, eieren, kwark en kuipjes yoghurt. Ik trok mijn hoofd weer uit de koelkast terug en glimlachte bleek tegen mijn moeder. In elk geval was er geen gebrek aan junkfood.

'Kijk ook maar in de vriezer,' zei mijn moeder. 'De man van Schwan is geweest. We hebben garnalen, hamburgers en bonenburrito's. Ik hou daar allemaal niet van, dat weet je, maar je vader wel. Zoek maar wat uit, dan zet ik het in de magnetron.'

Ik tuurde in de vriezer naar de vrolijke blauwe dozen met vissticks, eier- en kaaskoekjes. Het restje van papa's laatste emmer ijs stond op de onderste plank. Toen ik zeker wist dat er nergens een eigengemaakte lasagne was verstopt, zei ik: 'Bonenburrito's dan maar.'

'Geweldig,' zei mama. 'Ik doe met je mee.'

Dat najaar leefden mijn moeder en ik een paar weken als kamergenoten. Dat was echt geweldig. Zij ging naar haar werk bij Community Action en ik ging naar school, deed mee met de cheerleaders en trainde voor de veldloop. Als ik 's avonds vrij had, kwam Reed langs en lieten we ons op mijn bed vallen om te vrijen. Hij zei dat hij een pijpbom wilde maken om die in de benzinetank van mijn vaders jeep te steken. Ik vond dat wel leuk, zijn stoere, solidaire houding, maar het maakte me ook angstig, omdat Reed gek genoeg was om mijn vader daadwerkelijk te vermoorden. We kusten en vreeën totdat we mama's auto op de oprit hoorden stoppen. Dan glipte hij door de glazen schuifdeur naar buiten en sprong in zijn truck, die hij om de hoek had geparkeerd, uit het zicht.

Maar op een dag kwam er een einde aan mijn heerlijke, vogelvrije leventje bij mijn moeder thuis. Het was een zaterdag en we zaten te ontbijten in de keuken.

'Mag ik je wat vragen?' zei mijn moeder.

'Natuurlijk, mam,' antwoordde ik. 'Vraag maar.'

Ze aarzelde even en liet een Red Rose-theezakje in een kop kokend water zakken. Ze bewoog het op en neer, met haar vingers om het witte kartonnetje. Toen ze zeker wist dat er genoeg tannine in het water was opgelost, haalde ze het zakje uit de kop, kneep het uit en legde het op het aanrecht.

'Maar ik ben bang dat je boos zult worden,' zei ze.

Nu was het mijn beurt om te aarzelen. Ik hoorde iets gevaarlijks in haar stem. Wekenlang had ze me aan tafel allerlei details over het misbruik gevraagd. 'Ja, mam,' zei ik dan, 'ik sta nog steeds achter alles wat ik voor de rechtbank heb verklaard.' Of: 'Nee, mam, ik denk niet dat ik papa voor eeuwig zal haten.' Maar blijkbaar was ik een masochist of te onnozel om beter te weten, want steeds opnieuw kwam ik naar de keukentafel voor een kruisverhoor.

Deze keer klonk ze anders. Ze had nooit eerder gezegd dat ze dacht dat ik boos zou worden. Met mijn lepel boetseerde ik mijn prutje van appel, kaneel en havervlokken tot een cirkel, een soort bassin, waarin ik een scheut melk goot. Toen ik klaar was, stak ik mijn lepel in het midden van de vijver, en voilà: melk met appel- en kaneelsmaak.

'Nou,' zei ik, terwijl ik de zoete smurrie van mijn lippen likte, 'als je denkt dat ik kwaad word, kun je het beter niet vragen.'

'Maar het moet,' zei mama. 'Ik loop er al een hele tijd mee rond. Pater Lafey en ik hebben het er ook over gehad. Ik ben naar hem toe geweest in de pastorie.'

Mama had haar geloof gesteld in pater Lafey, een jezuïeten-priester van de Jerome Catholic Church. Ik mocht hem wel, omdat hij akoestische gitaar speelde tijdens de mis. Ik dacht dat hij onze situatie wel eerlijk zou beoordelen, vooral als man van het geloof. Maar ik had ook meegemaakt hoe mijn moeder mensen kon manipuleren in een gesprek; alsof ze zogenaamd niet wist wat ze zei en dus alles kon zeggen wat ze wilde.

'Goed dan,' zei ik, terwijl ik mijn lepel in de havervlokken groef. 'Wat je wilt, mam. Ga je gang.'

Als een mitrailleur vuurde ze haar woorden op me af: 'Stel nou dat het de duivel was?'

'Wát?'

'Ik zei... stel nou dat het de duivel was, en niet papa, die je kwaad heeft gedaan?'

'Mám! Hoe kun je zoiets denken? Hoe durf je het te zéggen?'

'Wat zeg ik dan? Je vat het veel te letterlijk op. Ik bedoel dat de duivel bezit kan nemen van mensen, waardoor ze dingen doen die ze helemaal niet willen. Ik zeg niet dat papa zelf de duivel is geworden. Maar de duivel kan mensen dwingen tot dingen die tegen hun natuur in gaan. Pater Lafey en ik hebben het besproken en hij is het met me eens. Wat papa ook man-keert, door jouw vergiffenis kan hij worden genezen.'

Ik koos mijn woorden met zorg.

'Nou, als je het zo stelt,' antwoordde ik, 'kan het misschien wel de duivel zijn geweest.'

Een paar weken later ondervroeg mama me opnieuw.

Deze keer was haar vriendin Fran erbij. We zaten aan de eetbar en aten gekookte eieren en Engelse muffins.

Mama en Fran maakten me complimentjes over mijn nieuwe kapsel, de kort/lange Eurythmics stijl waar ik die zomer voor had gekozen. Ze waren ook enthousiast over mijn nieuwe kleren, een preppie/punk rock mix die voornamelijk bestond uit superkorte minirokken en Hanes T-shirts in een grote mannenmaat. Mijn favoriete groep op dat moment was de Sex Pistols, dus had ik met een stift de tekst 'NeVeR MinD tHe BuLLocKS HeREs The sEx PiStOLs' op een paar shirts geschreven.

Maar na een tijdje kwam het gesprek op een aflevering van de *Phil Donahue Show* die mama had gezien. Ze was thuisgebleven met migraine toen ze de tv aanzette en een podium met een rij snikkende vrouwen zag. Geboeid bleef ze kijken tot aan de laatste reclamespot.

'Vreselijk was het!' zei mijn moeder, en ze staarde nijdig in haar theekopje. 'Die vrouwen waren verkracht door hun eigen man. Ze waren gewoon weerloos. Sommigen werden zo toegetakeld dat ze in het ziekenhuis belandden. En niemand die hen hielp. Ze moesten zelf naar de dokter rijden.'

Ik zat op mijn barkruk en luisterde. Het beviel me wel als mijn moeder over belangrijke dingen sprak. Als mijn vader erbij was, hadden we het nooit over onderwerpen zoals sociale gerechtigheid of vrouwenrechten. Dit klonk als een nieuw begin.

Ik wilde mama en Fran net vertellen over Laura Etter en hoe dapper ik het van haar vond dat ze de enige vrouwelijke remmer was in het mannenwereldje van de spoorwegen, toen mama weer van onderwerp veranderde. Of misschien moet ik zeggen dat ze er een andere draai aan gaf. In elk geval dacht ze er niet goed over na, want haar volgende woorden raakten me als een mokerslag.

'Weet je,' zei ze, 'ik vraag me wel eens af of al dat gedoe over incest niet vreselijk wordt overdreven in dit land. Ik bedoel, Amerikanen kunnen zo puriteins zijn. In Newfoundland werden we voortdurend gegrepen door oude kerels, maar daar maakten we nooit zo'n punt van.'

Ik probeer me te herinneren wat eerst kwam: de druk achter mijn oren, die voelde alsof iemand ze tegen elkaar aan trok of de hete tranen in mijn ogen, waardoor ik opeens alles wazig zag. Mama's opmerking kwam zomaar uit de lucht vallen. Ik slikte mijn tranen weg voordat mijn moeder of Fran ze konden zien, maar ik kon mijn woorden niet binnenhouden. Ze rolden uit mijn mond als een lawine over een natte, glibberige berghelling.

'Mám! Besef je wel wat je zegt?' riep ik.

'Wat? Wat is er?' stamelde mijn moeder.

'Denk je echt dat Amerikanen te overdréven doen over misbruik? Ik zit hier recht tegenover je, mama! Betekent dat dan helemaal niets voor je?'

Ik sprong zo snel overeind dat de barkruk tegen de koelkast knalde. Mama en Fran staarden me geschrokken aan. Maar in plaats van sorry te zeggen, zoals ik normaal deed, draaide ik me om en stormde de gang door.

'Tracy, wacht!' riep mama me na. 'Ik bedoelde er niets mee! Ik zei alleen maar…'

Maar ik wilde niet horen wat mijn moeder 'alleen maar' zei.

Ik luisterde al veertien jaar naar wat ze te zeggen had. Ik kende haar verhalen, over de armoede in Newfoundland en de verwaarlozing in haar jeugd. Over haar ooms, zwaar aan de drank, die hun vrouwen met hun hoofd in de oven duwden waar hun kinderen bij stonden. Ik had het allemaal zo vaak gehoord dat ik het nooit meer zou vergeten. Maar wat ze niet besefte was dat er een persóón tegenover haar zat, iemand met eigen gedachten en gevoelens. Ik wilde haar toeschreeuwen dat het belangrijk was hoe en wanneer ze dat soort dingen zei, en – nog belangrijker – tegen wie!

Ik vluchtte mijn kamer binnen net op het moment dat mamma de bocht van de trap om kwam en ramde een cassette van Soft Cell in mijn speler. Mijn moeder bonsde op de deur van mijn kamer en riep dat het haar speet. Ze ging zo lang door dat ik na een tijdje aan Fran moest denken, die alles kon volgen. Ik mocht Fran wel, dus zette ik de stereo wat zachter.

Mama leunde tegen de deur terwijl ze op me in praatte. 'Tracy, het spijt me zo,' zei ze. 'Ik heb het weer gedaan, ik weet het. Ik heb iets stoms gezegd en je boos gemaakt. Dat wéét ik. Ik ben een idioot. Een vreselijk mens. Maar echt, ik bedoelde er helemaal niets mee. Wat je ook hebt gehoord, Tracy, je hebt het verkeerd begrepen.'

Ken je het verhaal over de kameel en het laatste strootje dat zijn rug brak? Die laatste zin was dat strootje voor mij. Ik stond op en drukte me tegen de deur, wachtend tot mijn moeder klaar zou zijn.

'Het spijt me vreselijk, Tracy,' zei ze nog eens. 'Ik beloof je dat ik nooit meer zoiets zal zeggen. Je weet dat ik van je hou en dat ik je nooit zou willen kwetsen. Ik wond me gewoon te veel op. Doe alsjeblieft de deur open en laat me binnen.'

Toen ze vaak genoeg sorry had gezegd, schoof ik de grendel terug die ik na het vertrek van mijn vader had gemonteerd en opende de deur van mijn slaapkamer. Mijn moeder stond in de gang, voor de linnenkast. Ze spreidde haar armen om het goed te maken met een knuffel. Ik tilde ook mijn armen op, maar niet om haar te omhelzen. Met een zet duwde ik haar de linnenkast in.

Ze keek met grote, gekwetste ogen naar me op en zei: 'Dus zo ligt het? Dit kan ik verwachten nu ik de boze moeder ben?'

'Ja, mam,' antwoordde ik. 'Dat is precies wat je kunt verwachten.'

Mama zat met mij opgescheept en ik met haar. Maar de grootste bedreiging was de schok van papa's gedrag. Een van de voorwaarden voor mijn thuiskomst was dat mijn vader niet binnen honderdvijftig meter afstand van mij mocht komen. Als Claudia of een van de politiemensen die een oogje op ons moesten houden zijn jeep op de oprit zag staan, had hij een groot probleem.

Maar daar trok hij zich blijkbaar niets van aan.

Op een zaterdagochtend in november draaide zijn jeep de oprit op. Mama was bezig met stof afnemen en ik zat in de leren draaistoel van mijn vader naar *American Bandstand* te kijken. Papa stapte de voordeur binnen alsof hij nog bij ons woonde, liep naar de keuken en hees zich op de eetbar. Mama rende achter hem aan. Ik bleef zenuwachtig op een afstandje.

Mijn vader en ik hadden elkaar nauwelijks meer gesproken sinds die keer dat ik hem had gebeld uit het opvanghuis voor misbruikte meisjes. Een echt gesprek, zoals we gewend waren vóór het misbruik, was er nooit meer van gekomen. De afgelopen maand had hij elke avond gebeld en elke keer dwong mama me iets te zeggen. Dan trok ze haar wenkbrauwen op en wees naar de telefoon. Ik gaf toe, maar hield het kort: 'Hé, pap. Hoe gaat het? Tot ziens.' Want de pijn in papa's stem maakte me bang. Ik wist dat hij het vreselijk vond om bij zijn broer in te wonen en mijn moeder vertelde dat hij van de rechter moest deelnemen aan een therapie voor zedendelinquenten, waar ook types rondliepen die baby's verkrachtten. Ik begreep dat mama trots op hem was omdat hij toch ging, maar ik stond niet klaar om hem te feliciteren.

Mam zag de Colt .357 zodra papa het wapen achter zijn riem vandaan trok. En zodra ze het zag, begon ze te gillen. Ik zag de revolver ook en verstijfde. Het volgende moment begon ik te beven over mijn hele lijf en leek mijn hart samen te trekken. Zou hij schieten? dreunde het door mijn hoofd. *Op ons? Op zichzelf?* In gedachten zag ik de krantenkoppen al: MAN SCHIET VROUW EN KIND DOOD, DAARNA ZICHZELF.

Mijn moeder begon in kringetjes rond te lopen en trok aan haar oorlel. 'Don?' zei ze. 'Wat doe je nou? Is dat een revolver? Je hebt een revolver in je hand, Don. Waarom?'

Maar papa bleef zwijgend zitten, met zijn benen bungelend over de rand van de eetbar. De blik die hij me toewierp maakte me misselijk. Ik had een meisje gekend met ouders die haar in een vlaag van waanzin hadden willen vermoorden. Ze waren dronken geweest, hadden ruzie gekregen en op elkaar ingehakt met een paar keukenmessen. Het meisje was naar ons huis gerend en mijn vader had haar op de bank gelegd, onder een elektrische deken, terwijl hij de politie belde. Nu leek mijn vader opeens net zo gevaarlijk als de hare, alleen kon ik nergens naartoe voor hulp. Ik keek naar papa en vroeg me af of hij me zou vermoorden. Waarschijnlijk had hij dat wel overwogen, want in de hel, net als in Newfoundland, vonden ze incest toch heel normaal? Achter me hoorde ik mijn moeder zachtjes kreunen, een geluid dat aanzwol tot een gekrijs.

Dat was voor papa een teken om overeind te komen. Hij stak de revolver in zijn achterzak en liep terug naar de voordeur. Mama rende achter hem aan en greep hem bij zijn shirt. Ze kon niet zwemmen, fietsen of skiën, behalve langlaufen, maar ze klampte zich aan zijn lichtblauwe jas vast als een van de vliegende apen van de Wicked Witch of the West.

Ik begrijp nog altijd niet hoe mijn vader met zijn arm om zich heen wist te reiken om haar van zich af te schudden als een teek die zich nog niet had vastgebeten. Het leek onmogelijk dat een arm zo ver naar achteren kon buigen. Maar mama sloeg tegen de grond en kromp ineen. Ik zag het allemaal aan vanaf mijn plek, waar ik me tussen de pianokruk en de muur in had gewrongen.

Mijn vader wierp nog één laatste blik op ons voordat hij verder liep. Hij glimlachte nog steeds... en huilde. Hij wilde al naar buiten stappen toen hij zich bij de deur omdraaide en zei, met een geluid alsof zijn stembanden met boter waren ingesmeerd: 'Wat heb ik voor keus? De mensen zullen erachter komen wat er is gebeurd. En dan? Wat heb ik nog over?' Mijn moeder moet in shock zijn geweest, want toen ik haar kant op keek zag ik haar tong tussen haar gebarsten rode lippen verschijnen terwijl ze aan de kraag van haar sweatshirt rukte alsof ze geen lucht meer kreeg.

Toen mijn vader was weggereden om 'zelfmoord te plegen', volgde mijn moeder bijna zijn voorbeeld, vertelde ze me jaren later. Ze dacht dat ze niet verder kon leven met zo'n inktzwart gevoel. Terwijl ik in de huiskamer zat te wachten op iemand die me kwam redden liep zij naar haar inloopkast, zocht onder een kledingrek en vond daar een ander wapen, een Smith & Wesson Chief .38 Special die mijn vader haar ooit had gegeven als bescherming. Ze zette de revolver op scherp en stak de loop in haar mond. Maar op het moment dat ze de trekker wilde overhalen, zei een stemmetje in haar achterhoofd: Doris, denk toch aan Chris en Tracy. Wat moet er van hen worden als jij de makkelijkste uitweg kiest?

Bandstand was nog bezig toen ze met dikke ogen, verfomfaaide kleren en een betraand gezicht uit haar slaapkamer kwam. Ik draaide rondjes in papa's draaistoel terwijl zij de telefoon pakte. Ik dacht dat ze de politie wilde waarschuwen dat mijn vader op een zelfmoordmissie was, maar ze belde mijn oom. 'Doris,' zei hij, 'maak je toch niet zo druk. Donnie is vanochtend met de jeep naar de South Hills gereden, maar hij is alweer terug en ligt te slapen in zijn kamer.'

II

Liefde is een BMW
met verwarmde stoelen

'Mag ik nog een sigaret? Het is bijna tijd om aan boord
te gaan.'

'Je moet niet roken, Trace. Het is ongezond, dat weet je.'

'Vind je het niet een beetje laat om nu nog te gaan preken,
pap? Kinderen leren door het voorbeeld dat ze krijgen.'

Mama, papa, Chris en ik zaten op de blauwe, plastic kuip-
stoeltjes in de haveloze vertrekhal van Twin Falls County Air-
port, een vliegveldje met maar één startbaan. Buiten leek zelfs
de atmosfeer broos en breekbaar. Februari in Twin Falls is grijs
en koud, of koud en grijs; andere combinaties zijn er niet. Dat
zal wel de reden zijn waarom de oorspronkelijke *groundhog* van
Groundhog Day daar niet voorkomt: de zon is te zwak om een
schaduw te werpen.

Over enkele minuten, als het vliegtuigje van American Air-
lines de startbaan was opgedraaid, zou er uit de buik van het
toestel een keurig verzorgde stewardess met een preuts mondje
verschijnen. Glimlachend en wuivend als een knappere versie

van onze eigen Miss Idaho zou ze mij en de vijf of zes andere passagiers die zich rond de snoepautomaat hadden verzameld aan boord wenken. Met de aansteker die ik uit Chris' handschoenenvakje had gestolen in mijn vuist geklemd zou ik haastig over het asfalt verdwijnen en proberen niet om te kijken naar mijn familie.

'Het hoeft niet,' zei mijn vader. 'Wij hebben je niet gevraagd om te vertrekken.'

Maar dat hadden ze dus wel: papa, mama, Claudia en de jeugdzorg, iedereen die zogenaamd zo bezorgd was om mijn welzijn. Begin januari, na onze grote ruzie, het zelfmoorddreigement en nog een paar kleinere incidenten waardoor mijn familie en voogden vreesden dat ik ieder moment de benen kon nemen om bij het circus te gaan, was mijn moeder naar Claudia toe gestapt met de mededeling dat ze mij niet meer kon houden. Dat was wel enigszins zo. Na het zelfmoordincident weigerde ik nog langer naar mijn ouders te luisteren. Volgens mij waren ze allebei gestoord en hadden ze het recht niet mij te commanderen. Hoe minder ik luisterde, des te angstiger mijn moeder werd, totdat we bijna elke avond knallende ruzie hadden. We bekvechtten over alles – of ik na het football nog naar de snackbar mocht, of waarom ik mijn moeders lievelingssweater had geleend zonder het te vragen. Het eindigde er meestal mee dat ik tegen haar schreeuwde dat ik liever naar de kloten ging dan haar als moeder te hebben. Mijn handen jeukten. Bang dat ik haar zou grijpen en het raam uit gooien, stormde ik naar buiten en rende Parkway Drive af. Het enige wat ik wilde was ruimte en een paar halen van een sigaret om mijn kokende bloed wat te kalmeren. Maar in plaats van me te laten rennen totdat ik erbij neerviel, kwam mijn moeder achter me aan en riep: 'Tracy! Kom terug! Laat me niet alleen!'

Dat ze me achtervolgde, gillend en met grote ogen, als een figuur uit een Griekse tragedie, had precies het tegenovergestelde effect als wat ze wilde bereiken. Haar hysterie doofde alle gevoel in mij en wekte juist weerzin op, waardoor ik me afsloot voor alle emoties.

Claudia hield een plichtmatige zoektocht onder alle pleeggezinnen in Twin Falls en omgeving. Blijkbaar wilde niemand me hebben. Zelfs Joy weigerde me terug te nemen in haar beige bungalow in het identieke rijtje aan Indian Trail. Haar naam, die van mijn moeder, mijn moeders advocaat, Claudia en de officier van justitie in het district Twin Falls staan allemaal onder het document dat op 27 januari 1986 werd bekrachtigd door de rechtbank van Twin Falls. Het is vier pagina's lang en verklaart dat 'de huidige verblijfplaats, evenals de andere opties die de jeugdzorg op dit moment ter beschikking staan niet in het belang zijn van het kind en haar emotionele welzijn. Voogd Ad Litem heeft de mogelijkheid van een alternatieve plaatsing vernomen, bij een familielid in Oregon, en voogd Ad Litem meent dat de rechtbank dit in overweging zou moeten nemen.'

Niemand vroeg mij iets. Als ze dat wel hadden gedaan, zou ik hun hebben verteld dat Reed en ik naar Californië gingen, om daar een strand te zoeken waar we onder de sterren konden slapen. We wilden surfen, zwemmen en mosselen eten, die we als marshmallows boven een kampvuurtje roosterden. Als het echt klikte tussen ons zouden we misschien ooit kinderen nemen. En als ze groot genoeg waren, zou de hele familie gaan skateboarden op de pier waar *Three's Company* was gefilmd.

Maar in mijn mening was niemand geïnteresseerd. De rechtbank besloot dat ik moest verhuizen naar Tigard in Oregon, een voorstad van Portland, om mijn intrek te nemen bij papa's zuster Lori en haar man Nick, die accountant was. In ruil voor mijn hulp als oppas voor Lori's peuters kon ik de logeerkamer krijgen, naar een school gaan waar niemand me kende en mijn plaats bij de cheerleaders van onze school vaarwel zeggen. Leuk!

Op de startbaan was het vliegtuig inmiddels tot stilstand gekomen. Een trapje werd neergelaten. Tijd om te vertrekken. Papa legde zijn handen op mijn schouders en keek me aan zoals hij ook had gedaan toen ik als klein meisje met mijn fiets gevallen was. Ik was thuisgekomen met steentjes in mijn knieën, huilend dat ik geen *wheelie* kon maken over de stoeprand. Papa had zijn hoofd schuin gehouden en een pruillip getrokken, net als ik. En ook nu liet ik me weer manipuleren door zijn droevige gezicht. Hij mocht me omhelzen, maar ik hield wel mijn heupen bij hem vandaan, zodat onze vitale delen elkaar niet konden raken.

Toen was het de beurt aan Chris om afscheid te nemen. Hij stond voor me in een donkerblauwe, strakke Levi's en een marineblauw Ralph Lauren-shirt – zonder te lachen of te knipogen, zoals hij vóór die zomer altijd deed. We hadden maar één keer gepraat sinds ik van huis was weggelopen, in de kerstvakantie, toen hij dronken was geworden op een feestje. Hij had me naar ditzelfde vliegveld gereden, waar we naar de vliegtuigjes hadden staan kijken die met bestrijdingsmiddelen als zwaluwen laag over de korenvelden scheerden. Hij parkeerde op het grind aan het einde van de startbaan en daar had hij me woedend aangekeken, nog extra geëmotioneerd door de Bacardi. 'Ik weet niet wat er is gebeurd,' zei hij tegen me, 'en dat wil ik ook niet weten. Ik hou van jou en ik hou van pa. Kunnen we dit niet gewoon vergeten?'

Dat kon hij nu, want ik ging weg. Papa zou weer bij mama intrekken en Chris ging terug naar de universiteit van Idaho. Over vier maanden zouden mijn ouders naar Oregon rijden om me op te halen en mee naar huis te nemen. Dan konden we ons oude leventje weer oppakken, uit de tijd voordat papa fantasieën had gekregen over stoeipartijtjes met mij onder de douche. Ik nam afscheid, drukte mijn gebarsten lippen tegen mama's betraande wang en volgde de andere passagiers over het asfalt naar het vliegtuig.

Nog geen achtenveertig uur later stond ik bij de bushalte, wachtend op mijn eerste rit naar Whitford Middle School. Donkere wolken pakten zich samen. Vijf of zes kinderen renden om me heen, liepen wat te dollen en probeerden elkaar in de klotsende goten te duwen. Ik trok een vriendelijke grimas en probeerde oogcontact te mijden.

De regen van die ochtend had mijn haar tot één grote lok gewatergolfd, die boven mijn ene oog hing en over het andere viel. Mijn oogleden had ik metallic goud en groen geschilderd. Uit de legerplunjezak van mijn vader had ik een oversized paars zijden shirt en een reusachtige gele sweater gehaald, die ik aantrok over een zwarte rib-legging. Aan mijn voeten droeg ik een paar jazzschoenen met zachte zolen, die ik metallic goud had gespoten.

Lori trok haar wenkbrauwen hoog op toen ik als een soort Annie Lennox aan de ontbijttafel verscheen. 'Wil je dát dragen, de eerste dag op je nieuwe school?' vroeg ze toen ik naast haar kwam zitten. Ze knipperde met haar blauwe ogen. Ze zou vrijwilligerswerk gaan doen en droeg een grijze trui met een kaki plooibroek. Nick was al vertrokken voor zijn lange forensenrit naar Portland, waar hij werkte, vijftien kilometer verderop.

'Ik dacht het wel,' zei ik. 'Hoezo? Zie ik er stom uit?'

'Nee, niet stom,' zei ze, terwijl ze de rand van haar placemat gladstreek. 'Maar wel een beetje... luidruchtig, vind je niet?'

Dat vond ik niet, nee. Dus hield ik die kleren aan, ondanks haar afkeuring.

Na het ontbijt stapte ik naar buiten en bleef voor het huis op de bus wachten, samen met de andere kinderen. Hoe langer ik daar stond, hoe meer spijt ik kreeg van die gouden jazzschoenen. De kinderen om me heen plonsden door de plassen in K-Swiss gympen, Guess jeans en Polo overhemden. Bij hen vergeleken was ik een kringloopversie van Punky Brewster.

Toch stapte ik de bus in en liep door naar achteren, waar ik een lege bank vond. Ik ging in het midden zitten en zocht in mijn tas naar het beduimelde exemplaar van *Romeo en Julia* dat Lori me had geleend voor de literatuurles Shakespeare. Maar mijn hand trof een hard stuk plastic.

Ik haalde het tevoorschijn en zag dat Nick of Lori me een valentijnscadeautje had gegeven zonder dat ik het had gemerkt: een hartvormig doosje met roodwitte hartvormige snoepjes. Daaronder zat nog een hartvormig doosje, met kleine chocolatjes. Ik legde de doosjes naast me op de bank en zocht verder. Ik vond nog een paar roze-met-witte enkelsokjes met – alweer – hartjes op de manchet geborduurd. Op de bodem van mijn tas lag een kaartje met de tekst: 'Lieve Tracy. Liefde bestaat, als je erin gelooft.' Nicks handschrift in vette inkt.

Mijn hart maakte een sprongetje. Ik staarde uit het raampje naar de regen die neerkletterde op de groenste bodem die ik ooit had gezien. Al zoveel maanden had ik geen liefde meer gevoeld – echte liefde, zonder voorwaarden die er een loden last van maakten. Ik legde mijn cadeautjes op mijn schoot, voordat de bus door een kuil zou rijden en ze op de grond zouden vallen.

Als ik had gedacht dat er iemand op me lette, zou ik ze diep in mijn rugzak hebben weggestopt en daar hebben gelaten totdat ik ze in de beslotenheid van mijn eigen kamer had kunnen bekijken. Maar omdat ik de nieuweling was, een droevig meisje met haar verdriet in de rimpels van haar voorhoofd geëtst, legde ik alles boven op mijn tas en gaf de cadeautjes – en mezelf – een schuchtere, heimelijke knuffel.

Ik maakte vrienden op Whitford Middle School zoals de nazi's vijanden maakten: door een swastika over mijn hart te dragen. Ik stond op het basketbalveld en probeerde niet door mijn korte broek heen te zweten, toen een stem op een meter afstand zei: '*What the fuck, bitch?* Wat is dat voor shirt?'

Ik keek op van de plek op de vrijeworplijn die ik stond te bestuderen en zag een meisje met haar dat zo rood was dat het bijna purper leek. Haar ogen brandden een gat in mijn Sex Pistols-shirt. Met enige voldoening stelde ik vast dat haar haar aan de ene kant lang en aan de andere kant kort was, net als het mijne. Ze stond een beetje afzijdig van de andere meisjes, die tegen een muur van cementblokken hingen, wachtend tot ze voor volleybal werden gekozen.

Ik had echt geen idee wat ze bedoelde. Zweetdruppeltjes verschenen op mijn voorhoofd, geproduceerd door zenuwen en hormonen. Ik controleerde mijn houding en slenterde naar haar toe.

'Ik heb het zelf gemaakt. Het is punkrock. Vind je het cool?'

'Nee, absoluut niet,' zei het meisje, en ze kwam een stap dichterbij. Ik vroeg me af of ze me een stomp wilde geven. 'En als je het aanhoudt, krijg je grote problemen. Er zitten een heleboel Joodse kinderen hier op school, soms met grootouders die in Auschwitz hebben gezeten. Die zullen het niet waarderen als ze hier een neonazi zien rondlopen. Wat ben je eigenlijk – lid van de Aryan Nations of zoiets?'

Aryan Nations. Aryan Nations. Ik pijnigde mijn hersens om me te herinneren waar ik die naam eerder had gehoord. O, shit. Chris had me erover verteld toen hij in de kerstvakantie thuiskwam van de universiteit. Zijn school stond in Moscow, het hoofdkwartier van de neonazi skinheads in Idaho, die iedereen wilden elimineren die niet blank was en bovendien – had ik gehoord – flirtten met de Ku Klux Klan. Nu de werkelijke betekenis van mijn swastika tot me doordrong, wilde ik het liefst de gymzaal uit rennen om het shirt te verbranden. Maar tegenover het purperharige meisje, dat verschaalde rook in mijn gezicht ademde, leek het me beter te doen alsof ik gek was.

'Aryan Nations?' zei ik. 'Welnee. Nooit van gehoord.'

'Nou…' zei het meisje met het purperen haar. 'Je hebt geluk, want ik zal je helpen. Maar alleen omdat je zo onschuldig en onnozel lijkt. Mijn naam is Mary. Zeg maar tegen juf Dinges dat je ongesteld bent en dat ik je naar de kleedkamer moet brengen. Daar heb ik een extra T-shirt liggen. Het zal wel stinken, maar wat geeft het? Alles beter dan wat je nou aanhebt.'

En zo kwam het dat God, of de Heilige Geest of een andere welwillende godheid, zich voor het eerst in de geschiedenis van het tienerdom over mij ontfermde. Want vanaf die dag was Mary mijn vriendin. Ze woonde met haar ouders in een groot, mooi huis met veel ramen waardoor zon naar binnen viel. Mary's moeder vond dat kinderen hun eigen beslissingen moesten nemen over dingen zoals roken, dus mocht Mary paffen wanneer ze wilde. Onder de lunch kreeg ik sigaretten van haar en liet ze me luisteren naar newwavegroepen op haar walkman. Zo raakte ik verslaafd aan nicotine en hoorde ik voor het eerst nummers van Flesh for Lulu, de Smiths en de Jesus and Mary Chain.

Ik denk niet dat Nick en Lori gecharmeerd zouden zijn van Mary, die – waarom, begrijp ik nog altijd niet – van haar ouders mocht rondhangen in louche kroegen in Burnside, een wijk van Portland. Mijn oom en tante daarentegen hielden hun conservatieve ketenen stevig om mijn enkels gesnoerd. Zolang ik bij hen woonde bestond mijn territorium uit school, atletiektraining, thuis en de kerk. 's Zondags ging ik met hen mee naar de dienst in hun methodistenkerk, maar terwijl zij een god vereerden van overvloed en economisch conservatisme, heerste mijn god over een wereld van muziek en verbeeldingskracht. Zijn discipelen waren mijn vrienden en vriendinnen op Whitford, die me lieten kennismaken met David Bowie, de Romantics en Yaz. Toen we bij literatuur *Romeo en Julia* hadden gelezen, maakten we een excursie naar het Ashland Shakespeare Festival, waar ik mensen zag die zich volledig inzetten voor de kunst. Voor het eerst in maanden pakte ik mijn schriften en begon weer gedichten en korte verhalen te schrijven.

Vanaf dat moment ging alles beter. Eind april, na wekenlang trainen met de atletiekploeg, verbeterde ik het schoolrecord op de mijl met een tijd van 6.05. En ik eindigde als tweede in de verhalenwedstrijd van de Portland Trail Blazers. Die prestaties hielden Nick en Lori, mijn ouders en Claudia Vincent tevreden. Maar op mijn kamertje droomde ik van de dag dat ik terug zou gaan naar Twin Falls.

Ik verlangde vooral naar Reed en naar een vaste relatie. Toen ik naar Oregon vertrok, had hij beloofd dat hij zou schrijven. Ik droomde van zijn rode haar en geelgroene ogen – alles wat hem anders maakte dan de wereld waarnaar ik was verbannen. Ik schreef hem brieven, soms geïnspireerd door Mary's avonturen, om mijn 'alternatieve' leven wat aan te dikken. Volgens een van die brieven hing ik rond met skate-punks in de binnenstad van

Portland, in de volgende brief ging ik naar INXS in de Rose Garden. Vastbesloten om slank en sterk naar Twin Falls terug te keren, besloot ik geen junkfood meer te eten, ging ik elke dag joggen en bracht ik een groot deel van mijn avonden door met leg lifts, buikspieroefeningen en push-ups.

Ik werd inderdaad slanker, sterker en meer gericht op wat ik echt wilde: weg uit Oregon en terug naar Idaho, als een heel ander kind. Ik miste mijn ouders en de vrijheid die ze me gaven. In de korte tijd dat ik weer bij mijn moeder had gewoond was ik eraan gewend geraakt om alles te doen wat ik wilde, waar en wanneer ook. Als ik naar huis ging, wist ik dat mijn vader en moeder zich allebei veel te schuldig zouden voelen om me onder de duim te houden. En zelfs als ze dat deden, zou ik hen gemakkelijk kunnen manipuleren, zei een stemmetje in mijn achterhoofd. Ik was het slachtoffer en dat bracht bepaalde voorrechten met zich mee.

Het is jammer dat geen van mijn therapeuten, of de jeugdzorg, of Claudia Vincent, me ooit de taal hebben geleerd die ik nodig had om mijn liefde voor mijn ouders uit te drukken en tegelijk grenzen te stellen voor de periode na het misbruik. Ik herken mijn eigen dubbele boodschap in een brief die ik op 24 maart 1986 aan mijn ouders schreef. Ik was toen vijftien:

Lieve mam & pap!
Hoe staat het leven, Sonny & Cher? Eh, ik bedoel Romeo & Julia? Nee, ik bedoel, eh… o ja, mama & papa! Zie je? Ik weet het wel! Yes! Het leven hier is groovey, maar toch ben ik een beetje eenzaam. Ik bedoel, ik kan goed met Lori opschieten, maar niet zoals met jullie. Zij en Nick omhelzen me niet en gedragen zich niet als 'echte' familie. En ik wil zo graag worden ingestopt. Nou ja, nog maar 3 maanden te gaan

en bovendien: wat is het leven zonder offers. En wie wil nou een verwend kind wezen? In elk geval weet ik dat, als ik thuiskom, elke knuffel 100% beter zal zijn en langer en liever dan wanneer we niet zo'n tijd uit elkaar waren geweest. Nu hebben we ook een 4-weg knuffel… Ik kan niet wachten!

Het belangrijkste deel van de brief gaat over Portland en mijn vriendin Erin, met mooie krullen aan de g's en de j's. Maar op het derde blaadje, na een klaagzang omdat ik van Lori niet naar een concert van de Romantics in de Starry Night mocht, sprak ik hen weer aan als de ouders die ik zo wanhopig nodig had.

Geweldig dat je al die dingen doet, mam (bijbelstudie bij de katholieke kerk; individuele therapie). Ik ben trots op je. Je hebt het echt nodig en ik ben blij dat je er eindelijk de kans voor krijgt. Volhouden, hoor! En jij, pap? Nog bijzondere activiteiten?… Als je maar één woord over 'de groep' zegt (de therapie voor zedendelinquenten waar hij naartoe moest), vermoord ik je! Ik vind het heel erg dat ze je daartoe gedwongen hebben. Maar ga er wel mee door. Laten mijn knuffels een inspiratie zijn. ☺. Herinner je je het beruchte Pee-Wee Herman-lachje nog? Ik kan niet wachten om het weer te horen. Je kunt het zo goed. Drie hoeraatjes voor papa. Hiep hiep hiep! En voor mam: hiep hiep hiep!

Te oordelen naar de laatste alinea van mijn brief waren mijn gevoelens voor mijn moeder, na twee maanden bij Nick en Lori, heel wat milder geworden en had ik bewust voor geheugenverlies gekozen waar het mijn vader betrof. Als ik het nu teruglees, zie ik dat het een uitnodiging was voor mijn eigen ondergang.

Je hoeft je niet dik te voelen, mam. Je moest juist wat aankomen. Ik durf te wedden dat je er gezond en stralend uitziet! En jij moet ook goed eten, pap. Als ik thuiskom, zorg dan dat je een B-U-I-K-J-E hebt! Ik hou van jullie allebei en ik vind jullie de beste ouders die er zijn! Echt waar!

Knuffff en kussss. Liefs.

Jullie énige dochter,

Tracy

Drie maanden nadat ik die brief had geschreven, belde papa en zei dat hij Lori wilde spreken. Ze liep naar haar werkkamer en deed de deur dicht. Ik hield me gedeisd in de logeerkamer en tekende wat op knutselpapier. Een tijdje later kwam Lori naar me toe.

'Je vader is aan de telefoon,' zei ze. 'Hij wil je spreken. Ga maar naar mijn werkkamer, daar heb je privacy.'

Ik voelde een steek van angst in mijn maag en keek mijn tante aan, die glimlachte. Haar gezicht stond zachter dan anders en meer bemoedigend. Ik liep naar haar kamer en ging in haar leren fauteuil zitten.

Mijn vader haalde diep en moeizaam adem aan de andere kant van de lijn.

'Hallo?' zei ik.

'Tracy? Met papa. Hoe gaat het, meid?'

'Goed hoor, pap. Geloof ik.'

Ik vroeg me af waarover hij belde. Een week eerder had Lori, die me kwam ophalen, me betrapt toen ik op het schoolfeest stond te roken. En ze had de pest aan mijn date, een jongen die ik me nu herinner als een beetje een albino, in een babyblauwe smoking met een geplooid frontje. De volgende morgen had ze mijn ouders gebeld en gezegd dat ik niet waardeerde wat mensen voor me deden.

'Nou, ik wilde je spreken,' vervolgde mijn vader. 'Voordat je moeder en ik naar Oregon komen, begrijp je?'

Stilte.

'Trace? Ben je er nog?'

'Ja, pap, ik ben hier.'

'Oké,' zei hij. 'Niet huilen, oké?' Hij huilde zelf. Ik wilde niet huilen.

Nog een lange stilte, zeker een minuut. Ik staarde naar de rij familiefoto's – Lori en Nick aan het strand, de bruiloft van Lori en Nick, Lori met de baby's – op het bureau van mijn tante en zei niets. Als mijn vader me iets belangrijks te vertellen had, wilde ik hem daar alle tijd voor geven. Maar toen de stilte nog langer voortduurde, zei ik: 'Ik ben er nog, papa. Ik luister.' Hoewel hij me niets gevraagd had.

'O, Tracy… Goed. Ik wilde je zeggen, voordat ik… voordat wij, je moeder en ik, je komen halen… voordat we alle drie weer thuis zijn en onder hetzelfde dak wonen… dat ik je iets gedaan heb. Dat is zo. En daar heb ik spijt van, zoveel spijt, daar heb je geen idee van. Ik heb iets gedaan en jij hebt me betrapt en je bent weggelopen. Hoe heb ik iemand van wie ik zoveel hou zoiets ergs kunnen aandoen? Hoe heb ik dat kunnen doen?'

Toen hij uitgesproken was, viel er weer een lange stilte. Ik zei niets, omdat ik niet wist wat ik moest zeggen. Het leek of hij me een vraag stelde en een antwoord wilde dat ik hem niet kon geven. Ik hield de telefoon bij mijn oor vandaan om te ontsnappen aan de snikken die ik uit het toestel hoorde. Maar iets in me zei: *niet ophangen. Dit is belangrijk.* Dus bleef ik aan de lijn en wachtte.

Maar dat was alles. Papa snoof en snotterde nog wat en hapte naar lucht. Ik zat met mijn voeten onder me getrokken, als een vogel op een tak.

'Trace? Ben je er nog?' vroeg papa.

'Ja, pap. Dan zie ik jullie wel over een week.'

Graag had ik willen zeggen dat dat telefoontje het einde van mijn problemen was. Maar familietradities zijn hardnekkig. De eerste plek waar mama en papa me mee naartoe namen, nog voordat we naar huis reden, was een winkelcentrum. Mama wilde me duidelijk maken hoeveel spijt ze had door een paar dingen voor me te kopen waarin ik me mooi kon voelen. Ik wilde zo hip mogelijk thuiskomen, dus ging ik graag mee – op haar kosten. We stapten naar de dichtstbijzijnde kledingwinkel, waar ik een paar shirts uitzocht, een witte katoenen zomerjurk en een paar witte laarzen met franje aan de achterkant. Mama zei dat ik er zo goed uitzag, dankzij het hardlopen, dat ik ook maar een nieuw badpak moest kopen. Ik koos een wit, eendelig nylon badpak met een diepe v-vormige hals en een verleidelijke zwarte rits tot aan mijn navel.

'Ik weet het niet, mam,' riep ik uit de paskamer.

'Laat eens zien!' riep ze terug.

Ik tuurde door de kier en zag mijn ouders samen staan. Vreemd, maar alles leek helemaal in orde. Ik had niet geweten hoe ik me zou voelen als we eindelijk weer bij elkaar zouden zijn, maar voorlopig vond ik het heerlijk om samen te winkelen. En hun innigheid maakte me blij.

Maar niet zo blij dat ik in badpak uit de paskamer wilde stappen om me aan mijn vader te laten zien. Ik duwde het deurtje ver genoeg open om mijn hoofd om de hoek te steken.

'Mam? Kun je even komen? Ik heb je nodig,' riep ik.

Toen ze naast me stond, liet ik mijn stem dalen, zodat papa me niet kon horen. 'Is het wel een goed idee dat ik zo naar buiten stap, in badpak, waar papa bij is?'

'Natuurlijk, kind!' zei ze. 'Wat denk je dat hij zal doen? Je ziet er zo schattig uit. Laat hem naar je kijken. Hij is trots op al je inspanningen, net als ik.'

12

Nieuwe rol, nieuwe regels

Op mijn vijftiende, met grote ogen en in topconditie door al dat hardlopen, keerde ik naar Twin Falls terug om te bewijzen dat niemand de kracht van dit meisje met de ranzige vader zou kunnen breken.

Op weg vanuit Oregon, langs twee rivieren, de Columbia en de Snake, was ik op de achterbank van de Toyota Camry van mijn ouders al bezig mijn terugkeer voor te bereiden. Eenmaal thuis en geïnstalleerd, zou ik naar het winkelcentrum gaan met mijn riem laag om mijn heupen gegespt, en me aansluiten bij de alternatiefste groep, over wie ik al had gehoord uit brieven van Erin Cecil en Angie Nichols. Als mijn oude vriendinnen de banden wilden aanhalen met deze slankere, wereldwijzere Tracy, zouden ze moeten aansluiten achter Reed, de Antichrists en de buitenlandse beursstudenten.

Die dingen gingen door mijn hoofd toen we op 17 juni 1986 onze oprit opdraaiden. De hitte sloeg van de straat. Mijn vader was alweer thuis sinds het begin van de lente en had het gras gemaaid tot een perfect groene mat. Door fanatiek te sproeien en te snoeien had hij zelfs een paar stakerige tulpen uit de droge, hete aarde opgekweekt.

Maar achter die bloemen doemden de ramen op waarvan papa de gordijnen altijd gesloten had gehouden zodat hij ongezien mijn beha kon losmaken. Zodra ik ze zag zonk de moed me in mijn sandalen. Zijn spijtbetuiging in dat telefoontje naar tante Lori had me niet echt overtuigd. Hoe ik ook had gedroomd over de dag dat we met het hele gezin weer de camper zouden inpakken voor ons volgende kampeertochtje naar de Sawtooths, ik wist ook dat onze problemen nog lang niet voorbij waren.

Zo beklom ik het trapje naar de bakermat van al mijn ellende en verdriet – hoewel het misbruik feitelijk was begonnen bij Redfish Lake. Als ik de voorwaarden had gekend die de jeugdzorg aan mijn vader had gesteld, zou ik me misschien geruster hebben gevoeld. Maar niemand had mij verteld hoe mijn vader was bevolen zich voorbeeldig te gedragen, nu we weer onder één dak zouden wonen. Niemand had me de verklaring van de rechtbank laten lezen, die mijn vader verbood om zonder toezicht zelfs maar met mij te práten over het misbruik.

BEPALING

Met goede redenen WORDT HIERBIJ VASTGESTELD dat de bepaling van 27 augustus 1985 op de volgende wijze dient te worden aangepast:

1. Dat het contactverbod van Donnie Lee ten opzichte van Tracy Ross wordt gewijzigd in een verbod op contact zonder passend toezicht. Dat de bepaling voorts wordt aangepast in die

zin dat de heer Lee in hetzelfde huis mag wonen als Tracy Ross en haar moeder, Doris Lee.

2. Dat Tracy Ross naar de staat Idaho zal terugkeren om bij haar moeder en stiefvader te wonen, en de staat Idaho niet mag verlaten zonder nadere order van het hof.

3. Dat, tot nadere bepaling door de therapeut van meneer Lee en de jeugdzorg, de heer en mevrouw Lee zich aan de volgende beperkingen zullen houden:

    a. Zowel de heer Lee als Tracy mag zich uitsluitend geheel gekleed door het huis bewegen.
    b. De heer Lee en Tracy mogen geen tijd samen doorbrengen zonder toezicht van een ander familielid of volwassene.
    c. De heer Lee zal het misbruik [sic] niet met Tracy bespreken anders dan in aanwezigheid van de therapeut.
    d. De heer en mevrouw Lee zullen hun therapie voortzetten en de aanwijzingen van hun therapeut opvolgen om Tracy's veiligheid en welzijn te garanderen. Tracy Ross zal aan de therapie deelnemen zoals noodzakelijk geacht door de therapeut.
    e. Dat alle andere voorgaande bepalingen tot nader order van kracht blijven.

Als ik nu dat rechterlijk bevel – dat ik pas vijfentwintig jaar later in een stapel papieren bij mijn ouders thuis had teruggevonden – doorlees, kan ik er maar weinig concrete beschermende maatregelen in ontdekken. Zelfs toen al twijfelde ik of mijn vader wel echt 'genezen' was. Het sloeg ook nergens op. Ik wist hoe moeilijk het was om iemand op te geven op wie je verkikkerd was, ook al was dat niet wederzijds. Mijn vader had regelmatig fysieke bevrediging aan mij beleefd. Waarom zou hij daarmee stoppen als er niemand bij was om te voorkomen dat hij mij misbruikte?

Papa en ik pakten mijn koffers en brachten ze naar binnen. We haalden mijn kleren, boeken en een stuk of tien boodschappentassen uit de kofferbak van de Camry en zeulden ze het trapje op. Bij de deur bleef ik staan en dacht nog eens aan het zelfmoorddreigement van mijn vader, mijn poging om van huis weg te lopen en de ondervragingen door mijn moeder. Papa moest de angst op mijn gezicht hebben gezien, want hij wierp me zo'n warme, geruststellende blik toe dat ik achter hem aan naar binnen stapte.

In de donkere, door airco gekoelde huiskamer snoof ik de lucht op van pas gereinigde tapijten en met was geboende meubels. Mijn ouders hadden alles gedaan om me welkom te heten. Maar ik mocht niet te vroeg juichen. Snel liep ik de gang door naar mijn kamer.

Mama stond in de deuropening met haar armen uitnodigend gespreid. 'Nou?' zei ze. 'We zijn er een week mee bezig geweest.'

Mijn ogen puilden uit. De hele kamer was opnieuw ingericht. Mijn witte, geplooide sprei had plaatsgemaakt voor een pluizige, blauwe donsdeken, en papa wees me de illustraties uit het 'Bearly Ballet' (met dansende teddyberen) die hij aan de muur boven mijn toilettafel had gehangen. Mama knikte naar een nieuwe stereo voor mijn luisterplezier.

Ik keek om me heen en lachte als een klein kind op een verjaardag. Maar mijn hart hield pas op met bonzen toen ik de deurpost inspecteerde en zag dat het slot met de grendel dat ik na papa's vertrek had gemonteerd nog op zijn plaats zat, klaar voor gebruik.

Mijn vader en ik begrepen al snel dat onze relatie voorgoed was veranderd. Dat gold dus ook voor de mooie dingen, zoals de dagen dat we samen op forel hadden gevist of door de South Hills hadden getrokken, onder de stuivende ratelpopulieren. In de weken na mijn thuiskomst probeerden we nieuwe verhoudingen te scheppen, maar zonder hulp van buitenaf bij de verwerking van onze emoties liepen de conflicten – versterkt door de spanning die we nog altijd voelden in elkaars nabijheid – soms hoog op. De signalen die hij uitzond als we alleen waren, overtuigden me ervan dat mijn veiligheid slechts tijdelijk was. Ik voelde het onmiddellijk als we alleen waren. Ik stond bijvoorbeeld in het licht dat door de glazen schuifpui viel en zag hoe hij naar een bepaald deel van mijn lichaam keek. Die blik, die zich als een laser door mijn nachthemd boorde, deed me verstijven, niet van opwinding, maar van angst.

Of ik zei dat ik met Reed naar de Potholes wilde, een favoriete zwemplek boven Shoshone Falls, of naar een feestje in de woestijn. Als mijn vader dan nee zei, of kritiek op me had, kreeg ik een driftbui die in geen verhouding stond tot de directe aanleiding.

'Wie geeft jou het recht om mij te commanderen?' schreeuwde ik. 'Jij bent de reden waarom iedereen in dit gezin elkaar haat. Daar heb ik totaal geen schuld aan! En ik hoef niets te doen wat jij me zegt!' Mijn beide ouders schrokken terug voor de gedachte wat ik zou kunnen doen, nu de jeugdzorg hen officieel als een groot risico had bestempeld. Eén telefoontje van mij en mijn vader kon in de gevangenis terechtkomen. Misschien weerhield dat hem ervan mijn kaak te breken als ik zijn wangen openkrabde.

Maar zelf kon hij ook opvliegen als mijn gekrijs hem te veel werd. Dan greep hij me bij mijn polsen en drukte me tegen de muur. Zo stonden we, met onze bovenlijven tegen elkaar, en zag ik iets in zijn ogen: afkeer van zichzelf om de dingen waartoe hij in staat was en wanhoop over alles wat niet meer ongedaan kon worden gemaakt. Zodra hij besefte dat hij me hardhandig door elkaar rammelde liet hij me weer los en veegde met onbeschrijflijke tederheid het zweet van mijn voorhoofd.

In juli van die zomer was het te heet om je buiten te wagen, behalve om te gaan zwemmen. Maar tegen de tijd dat ik thuiskwam uit Oregon was ik verslaafd geraakt aan hardlopen. Toen die behoefte te sterk werd, begon ik 's avonds te lopen. Papa en mama zaten voor de tv naar het nieuws van tien uur te kijken, terwijl ze watermeloenpitten in een tupperwarebakje spuwden, toen ik riep: 'Tot straks!' en in mijn zijden sportbroekje de deur uit glipte. Maar de routes die ik koos waren soms twee uur lang en mijn vader vond het niet prettig dat ik in mijn eentje liep. Dus sprong hij op zijn Honda 750 motor en reed in het donker met me mee. Dat was een overtreding van het eerste voorschrift van de jeugdzorg: geen contacten zonder toezicht.

Tijdens die expedities leek papa rustiger dan op enig ander moment van de dag. Ik voelde me nooit verplicht met hem te praten en ik betwijfel of hij zijn gevoelens over mij onder woorden had kunnen brengen. Kilometers legden we zo in stilte af, behalve als hij mijn tussentijden riep of me aanmoedigde: 'Goed zo, meid. Hou vol!'

Wij waren onderweg terwijl de rest van de wereld sliep en daar putten we enige troost uit. Ik denk nog graag aan hem terug zoals hij op zijn motor zat, met de wind door zijn bakkebaarden. Ik wist dat hij het moeilijk had, ook al zei hij dat nooit. Hoe ernstig zijn misbruik ook was geweest, toch deelden we iets wat niemand ons kon afnemen. Ik vond het vreselijk wat hij met me had gedaan en wilde dat nooit meer meemaken, maar ik wist instinctief hoe mijn vader worstelde met zichzelf. Ik hoopte dat hij me ooit naar mijn eigen worsteling zou vragen.

Hardloopster, vicepresident van mijn jaar... Hoe hard ik ook probeerde de plaatselijke versie van Nancy Spungen te worden, ik bleef een frisse jonge meid met te veel ambitie. In oktober 1986 werd ik gekozen in de leerlingenraad, liep ik goede en regelmatige tijden in het veldloopteam en werd ik gekozen om Twin Falls High School te vertegenwoordigen bij de Hugh O'Brien Youth Ambassador Conference in Boise. Ik sloot me aan bij het declamatieteam, dat samen met het debatingteam de staat rondreisde, maar gespecialiseerd was in spreken in het openbaar. Dat gaf me een excuus om de deur uit te gaan en te feesten met mijn vrienden. We reden in grote, luxueuze bussen met airco en diepe, pluchen stoelen. Mijn onderdeel was Dramatische Interpretatie, waarvoor ik heftige, tranen trekkende monologen schreef over meisjes die door hun vaders waren misbruikt. In dat eerste jaar won ik bijna elke wedstrijd waaraan ik meedeed.

Maar hoe positief het ook allemaal leek, vanbinnen had ik problemen. Thuis heersten nog steeds spanning en verwarring. En het ergste was dat ik niets kon zeggen over mijn gevoelens. Sinds ik weer thuis woonde bij mijn vader en moeder hadden we het verleden officieel achter ons gelaten. Mama maakte duidelijk dat we niet meer zouden praten of denken over de gebeurtenissen die 'ons allemaal in monsters hadden veranderd'. We mochten er zelfs niet meer om huilen.

'Het is een nieuw jaar,' zei ze de eerste keer dat we weer samen aan de eettafel zaten. 'En alles zal beter gaan.'

Maar het ging niet beter; niet voor mij. Ik was beducht voor mijn vader als ik naar bed ging. Dan sloot ik de gordijnen en deed de deur op slot voordat ik me uitkleedde. Maar als ik verstrooid was en per ongeluk in ondergoed van mijn slaapkamer naar de badkamer liep, voelde ik me schuldig, alsof ik mijn vader opzettelijk probeerde uit te dagen.

Ik wilde met iemand – wie dan ook – praten over de angstige signalen die me wakker hielden, luisterend naar voetstappen voor mijn deur. Maar ik had niets concreets om over te klagen. Papa betastte me niet, verraste me niet als ik in bad zat en vroeg me niet zijn rug te kietelen, maar ik had heel wat ervaring met seksuele spanning. En die vóélde ik gewoon als ik met mijn vader in de huiskamer zat.

Misschien verwachtte ik dingen waartoe mijn ouders niet in staat waren, ik wilde bijvoorbeeld dat ze niet zoveel aandacht zouden besteden aan mijn uiterlijk. Ze hadden beter moeten weten dan steeds over mijn gezicht of mijn lichaam te praten. Maar mijn moeder vond dat ik er zo knap uitzag sinds ik mijn babyvet was kwijtgeraakt in Oregon. En ze vroeg mijn vader nog altijd om hulp bij dingen zoals het dichthaken van mijn jurk voor het schoolfeest of het uitdrukken van een puistje op mijn rug waar ik niet bij kon.

Als schoolmeisje, halverwege de jaren tachtig, kon ik daar met niemand over praten, zelfs niet met Reed. Hij scheen er trouwens niet langer in geïnteresseerd. Ik vroeg me zelfs af of hij nog wel mijn vriendje wilde zijn. Hij flirtte met andere meisjes en zei soms dingen die me het gevoel gaven dat ik dom of dik was, zoals zijn kwetsende opmerking dat mijn buik tijdens de seks golfde als een waterbed. Maar ik weigerde dom genoemd te worden, zeker nadat ik had gezien hoeveel moeite hij met Engels had en ik daarom maar zijn opstellen schreef. Zijn

verbaasde leraar heeft nooit begrepen hoe hij binnen het tijds-
bestek van twee opstellen van een vier naar een negen ging.

Ik liep nog een tijdje bij een therapeut, maar daar hield ik al
snel mee op omdat hij zijn nagels schoonmaakte terwijl ik mijn
verhaal deed en heel blasé en bevooroordeeld reageerde. Papa
en ik zijn nooit samen in therapie geweest, dus konden we ook
niet praten over onze gevoelens voor elkaar. Ik ging naar school
en probeerde me normaal te voelen, maar in werkelijkheid zat
ik vol zelfhaat. En zonder een uitlaatklep voor mijn woede
begon ik te drinken, te blowen en cocaïne te snuiven.

Het bier en de wiet kreeg ik van Reed, maar de cocaïne van
oudere leerlingen, tijdens de declamatiewedstrijden. Omdat ik
zo vaak won, mocht ik van mijn declamatieleraar ook naar
feestjes van ouderejaars met wie ik dronk, cocaïne snoof en
soms zelfs seks had. Bij de wedstrijden lulden we de deelnemers
van andere scholen onder tafel en vierden onze overwinning
dan met bier in de hotelkamer van een ouderejaars. Maar als
we genoeg kregen van dronkemansspelletjes snoven we het fijne
witte poeder, waardoor ik me meteen veel lichter en mooier
voelde – tot meer in staat.

De eerste keer dat ik lsd probeerde, was op een feestje met Reed
bij Darren Bolster thuis. Ik dronk borrels met mijn vriendinnen
toen hij naast me kwam zitten en me het witte, geperforeerde
stripje op de top van zijn wijsvinger liet zien.

'Wat is dat?' vroeg ik.

Hij pakte mijn hand en nam me mee naar de badkamer.
'Het lichaam en het bloed van acid.'

Reed was de eerste die de witte verf van de badkamermuren
zag bladderen. Ik keek naar mijn hand en zag een miljoen poriën, die me aanstaarden als oogbollen. We negeerden de men-

sen die op de deur bonsden en riepen: 'Opschieten! Anders pissen we op de grond!'

'Doe het maar in de struiken!' riep Reed terug. Zo geestig was het niet, maar we lachten tot de tranen over onze wangen liepen.

Een tijdje later gingen we naar buiten. De regen op de straat was glinsterend en helder. Vijf of zes anderen slenterden achter ons aan met starende, vochtige pupillen, zonder met hun ogen te knipperen. Ik weet niet waarom het zo lang duurde voordat ik de sterren ontdekte; waarschijnlijk omdat ik de halve nacht met mijn neus in een tulp lag. De tulpen stonden rond de tuinen als theekopjes vol vreemde, omgekeerde spinnen. Ik snoof er zo hard aan dat ik zaadjes in mijn neus kreeg.

Na een tijdje begon het effect weg te ebben. Reed rookte wiet voor een zachte landing. Vanuit een leunstoel zag ik hem zitten blowen. Ik had in een onrustige, onprettige slaap kunnen vallen, maar Reed pakte mijn hand en trok me mee naar de slaapkamer van Darrens moeder.

Ik wilde niet, maar ik wankelde achter hem aan terwijl ik tevergeefs de zoom van zijn shirt probeerde te grijpen. Reed had me al duizend keer gezegd dat ik hem meer 'seksuele aandacht' moest geven, omdat hij anders een meid zou vinden die er wel pap van lustte.

Aan de andere kant was Reed altijd bij me gebleven, in mijn hoogtijdagen als de ster van het schoolfeest tot aan mijn diepste dalen als iemand met geen enkel respect meer voor anderen of zichzelf. Hoewel hij grof en bevooroordeeld kon zijn, vond ik het heel belangrijk dat hij betrokken was en dat ik hem kon vertrouwen.

We lieten ons op het bed vallen en Reed tastte naar de vochtige plek in mijn broekje. Hij fluisterde dat acid zijn lichaam zowel gevoeliger als minder gevoelig maakte, waardoor hij on-mogelijk een orgasme zou kunnen krijgen. Ik lag onder hem en staarde naar zijn zwarte t-shirt dat ritmisch boven me bewoog. Door de acid vormde zich een herinnering tegen mijn oogleden. Het waren oude familiebeelden, gefilmd in Super-8. Chris en ik waren acht en vier, en we renden rondjes over het gras van oma Liz. Mijn vader stond op de oprit toe te kijken en dronk een Budweiser. Chris sprintte over het gras en ik rende hem schreeuwend achterna.

Ik keek er een tijdje met plezier naar. Het deed me beseffen dat we ooit blije, gekke kinderen waren geweest. Maar hoe langer ik keek, des te meer de beelden op mijn oogleden be-gonnen af te wijken van de werkelijke film, die mijn moeder had bewaard in een kartonnen doos in onze kelder. Ik zag dat mijn vader zijn bierblikje neerzette en het gras op kwam. Ik rende langs hem heen en riep dat hij me moest vangen. Ik had glanzende, krullende vlechtjes opzij van mijn hoofd, die op en neer dansten toen mijn vader achter me aan kwam. Hij had me al snel ingehaald, maar in plaats van me op te tillen en te omhelzen, stak hij een voet uit om me beentje te lich-ten. Ik sloeg met een klap tegen het gras en hij liet zich boven op me vallen.

Toen ik mijn ogen weer opende, zag ik Reed, die lag te be-wegen alsof hij probeerde de punten van mijn heupbeenderen glad te schuren. 'Yeah, baby,' mompelde hij, 'ik voel je ver-krampen. Kom maar. Laat me voelen hoe je komt.'

Maar ik was helemaal niet bezig om klaar te komen. Ik dreigde te worden meegezogen naar de donkerste plek waar ik ooit was geweest. Ik probeerde Reed te zeggen dat hij me pijn deed en dat hij moest stoppen, zodat ik kon nadenken over de betekenis van de film. Maar voordat ik iets kon zeggen, vloog de deur van de slaapkamer open en stormden vijf Antichrists naar binnen.

Ze renden langs het bed en begonnen te schreeuwen.

'Het moet hier ergens zijn!' riep iemand. 'Ja, daar! Ik heb het gevonden!'

'Smerige kattenstront!' riep een ander.

Ze dromden rond het voeteneind van het bed, waar Darrens kat zijn stinkende boodschap had achtergelaten, blijkbaar terwijl Reed en ik seks hadden. Het stonk zo vreselijk dat de lucht op de gang was te ruiken. De Antichrists hurkten rond de kattenpoep om de drollen te inspecteren. Iemand kokhalsde, en een ander schreeuwde: 'Niet kotsen! Dan wordt het nog smeriger!'

Op dat moment realiseerde iemand zich dat Reed en ik nog onder de lakens lagen, op het bed van Darrens moeder.

Ze kwamen om ons heen staan. 'Hé,' zei een jongen die Justin heette. 'Lig je haar nou te naaien? Wat ben je ook een smeerpijp, man! Ik ga over mijn nek.'

Reed kwam overeind en trok de lakens van me af. De blikken van de jongens gleden als laserstralen over me heen. Ik voelde me als een koe die gebrandmerkt ging worden. Haastig draaide ik me op mijn zij en drukte mijn gezicht in het hoofdkussen van Darrens moeder; het was wit, met een lichtblauwe sierstrook eromheen.

Die afwerende beweging was voor de jongens gelukkig een teken om niet zo te staren. Ze snoven nog eens, vol walging. 'Smerig!' riep iemand weer, voordat ze elkaar de kamer uit duwden en nog een paar blikken in mijn richting wierpen. De laatste die vertrok was Darren, de leider van de Antichrists. Hij keek om en zei: 'Kom mee, Reed. Een belangrijke vergadering in de kelder. Alleen voor Antichrists.'

Reed stapte uit bed, met een liefdevolle knipoog naar mij. Hij trok zijn Levi's en zijn shirt aan en volgde zijn vrienden. Ik bleef liggen waar ik lag, weggedraaid van het plafondlicht, en probeerde in het niets te verdwijnen.

Vijf minuten later – of drie uur, ik had geen idee – stond ik op en zocht rond het bed naar mijn kleren. Alleen mijn beha en slipje kon ik niet vinden. Die zouden later worden teruggevonden door Darrens moeder, die hem de les las, waarna hij bij mij kwam klagen. Ik trok mijn spijkerbroek aan, veel te ruw aan mijn huid, en stak mijn armen in het verschoten groene legerjack dat ik in december als vervroegd kerstcadeautje van mijn vader had gekregen.

De nacht ging al bijna over in de ochtend toen ik eindelijk Darrens huis verliet. Snel liep ik door Twin Falls, in de hoop dat ik mijn kamer zou kunnen binnenglippen voordat mijn ouders opstonden om thee en koffie te drinken in de keuken. De zon kwam net boven de horizon uit toen ik de hoek van Pole Line Road om kwam. Dat was de straat die ik had genomen toen ik van huis was weggelopen om mijn vader te ontvluchten. Ik staarde door de zijstraatjes met rijen nieuwbouwhuizen, verbaasd dat ik opeens weer terug was op mijn vertrekpunt.

Moest ik nog dieper zinken? Waarvoor? Het jaar daarop werd ik betrapt toen ik wegsloop bij een journalistieke conferentie in Sun Valley om te feesten met mijn vrienden. Het enige wat we deden was rondhangen en een fles Bacardi delen. Maar toen ik op mijn hotelkamer terugkwam zat mijn lerares, mevrouw Barry, al te wachten.

'Zo, daar hebben we het feestbeest,' zei ze. 'Waar heb jij gezeten?' En snel er achteraan: 'Nee, laat maar. Ik kan hier je kegel al ruiken.'

'Waar hébt u het over?' antwoordde ik met dubbele tong. 'Ik ben niet dronken, maar u bent gek.'

Natuurlijk was ik wel dronken, maar ook verbaasd. Mevrouw Barry was de enige docent die ik niet voor me had kunnen innemen sinds mijn terugkeer uit Oregon. Hoewel ik drie keer de gouden medaille voor jonge dichters had gekregen en de Portland Trail Blazers Creatieve Schrijfwedstrijd had gewonnen, was ik een van de slechtste leerlingen in haar klas. Jessica Tingey wist in de lunchpauze drie hele krantenkolommen tekst te schrijven, terwijl ik niet eens het wie-wat-waarom-waar-en-wanneer van een eenvoudig verslag op papier kon krijgen. Heel ironisch, omdat ik mezelf toch als schrijfster beschouwde. Die lessen in journalistiek ondermijnden mijn hele vertrouwen in het schrijven.

'Niet zo brutaal, jongedame,' herinner ik me haar antwoord. 'Je hebt geluk dat het morgen weekend is, maar op maandag weten we allebei waar jij naartoe gaat. Naar de kamer van de rector. Samen met mij.'

Ik wilde protesteren dat mevrouw Barry me niet kon straffen, omdat ik al was gestraft op manieren waarvan zij zich geen voorstelling kon maken. Ik wilde haar zeggen dat zij, noch de rector, noch iemand op Twin Falls High School het recht had me nog meer te beschadigen dan ik al was. Maar zodra ik mijn mond opendeed, leken de woorden als gal op mijn lippen te branden. De enige mensen tegen wie ik het misbruik ooit als argument had gebruikt waren mijn ouders. Sinds mijn thuiskomst uit Oregon had ik iedereen laten geloven dat ik een perfect leven had. En het was maar goed dat ik niets zei, want mevrouw Barry was niet in de stemming voor een discussie. Ze stond op en vertrok, terwijl ik dronken achterbleef. Toen de kamer niet ophield met draaien, rende ik naar de badkamer, waar ik Bacardi-kots over de hele linoleum-vloer braakte.

De volgende morgen stapte ik in de bus, terug naar Twin Falls. Mijn hoofd tolde, door een zware kater. Mevrouw Barry strooide zout in de wonden door me te dwingen vlak achter haar te gaan zitten. Ik gehoorzaamde, maar maakte wel van de gelegenheid gebruik om laserstralen van haat in haar gepermanente, zwart-harige achterhoofd te schieten.

Het liefst zou ik die krullen uit haar kop hebben gerukt en haar hoofd naar achteren hebben getrokken, totdat ze me on-dersteboven moest aankijken. Was het zo moeilijk, wilde ik haar toeschreeuwen, om te zien dat ik iemand nodig had om mij van mezelf te redden? Het waren niet alleen drank en drugs. Ik heb nog een bleekroze litteken op mijn onderarm, waar ik met een scherp stuk hout de letter R in mijn vlees kerfde. Ik had cross tops, pillen met speed, op mijn bureau liggen en werkte die naar binnen met slokken Diet Coke. Hoe kan het dat mijn leraren nooit hebben gemerkt dat ik soms zo high was dat mijn haar rechtovereind leek te staan?

Twee uur later stopte de bus met de leerlingen van de jour-nalistenklas op het parkeerterrein van Twin Falls High School. Ik stapte uit, liep naar mijn auto en reed langzaam terug naar mijn ouderlijk huis.

Daar aangekomen opende ik de deur, deed twee of drie stap-pen en zakte op het kleed in elkaar.

'Gaat het?' vroeg mijn moeder. Ze zat in haar makkelijke stoel de zaterdagkrant te lezen. Toen ik geen antwoord gaf, kwam ze naar me toe.

'Trace? Wat is er? Ben je dronken?'

In plaats van op te staan begon ik te kreunen.

'Tracy? Wat is er aan de hand? Zeg iets. Je doet zo raar.'

Maar ik kon niet met haar praten. Als ik maar één woord zei, zou ik ook haar emoties nog moeten verwerken. En ik had al te veel jaren met haar gevoelens rekening gehouden ten koste van mezelf. Als ik sterker was geweest, zou ik overeind zijn gekomen en naar mijn kamer zijn verdwenen voordat ik weer het gevoel kreeg dat ik verdronk. Maar mijn armen en benen waren als lood. Ik kreeg ze niet omhoog.

Voordat ik het wist, lag mama boven op me, met haar vlezige borsten tegen mijn hals. Ik probeerde me los te wurmen, maar ze greep me nog steviger vast. Toen ik besefte dat ze niet los zou laten, hield ik me slap en gaf me over aan haar omhelzing.

Ze fluisterde lieve woordjes en wiegde me tegen zich aan. Toen ze daar genoeg van had trok ze me overeind, op haar schoot.

'Ik heb het niet gedaan,' jammerde ik. En toen: 'Ja, ik heb het wél gedaan, maar het was niet mijn schuld.'

Mama voelde blijkbaar aan dat ik haar verder niets zou vertellen, want ze trok me omhoog en nam me mee naar haar slaapkamer. Daar bleven we op de rand van haar bed zitten totdat mijn laatste, huiverende snik was weggeëbd. Toen de schemering viel bracht ze me naar mijn kamer, waar ze me zonder het te vragen in bed legde. Daarna kroop ze bij me en sliep de hele nacht in mijn bed.

13

Vlucht naar de kunstacademie

Er woonden ook engelen in Twin Falls. Er zat er een tegenover me. Haar naam was Mayz Leonard en ze was zongebruind, maar niet zo overdreven dat ik haar niet vertrouwde. Een krans van goudblond haar omlijstte haar engelachtige gezicht met hoge jukbeenderen, roze wangen en rode lippen. Haar ogen waren hazelnootbruin, zoals die van mijn oude labrador, Jigger.

'Ik zal bidden voor je knie,' zei ze.

Het was 1987 en hoogzomer, en Mayz en ik zaten in City Park, tegenover St. Edward's Church. Ik speelde mee in de opvoering van *Seven Brides for Seven Brothers* van de JUMP Company. Dat gezelschap – voluit de Junior Musical Production Company – was de professioneelste kindertheatergroep van Twin Falls. Ik had voor het eerst meegedaan in de zomer van 1986, met een rol in het koor van *Bye Bye Birdie*. Nu, een jaar later, was ik een stap vooruitgekomen in de wereld en mocht ik Dorcas spelen.

Maar een paar weken na het begin van de repetities probeerde ik een radslag en kwam verkeerd neer, waarbij ik een pees in mijn knie half afscheurde. Mijn hele lichaam sloeg dubbel en ik gilde van de pijn. Onze regisseur, Robyn McCracken, riep dat ik moest opstaan en verder dansen. Dat probeerde ik, maar ik ging opnieuw door mijn knie en zakte kreunend en kronkelend in elkaar. Ik denk dat Robyn niet meteen doorhad dat het echt mis was.

Mayz wel. Ze rende naar me toe en bleef bij me zitten totdat mijn vader kwam om me naar de spoedeisende hulp te brengen. Ik had haar nooit ontmoet, maar ze had mij wel in de gaten gehouden. Ze was vijfendertig, getrouwd en moeder van vijf prachtige, witblonde kinderen, van wie de oudste nog geen negen was. Net als wij gingen ze naar St. Edward's Church en Mayz had me door het gangpad zien sloffen voor de communie. Ik deed alsof ik 'Holy, Holy, Holy' zong, net als iedereen, maar in werkelijkheid dacht ik *Anarchy in the UK*. Ik viel ook wel op, natuurlijk. Geen enkel ander meisje in de kerk verfde haar haar paars of droeg Doc Martens onder een witte katoenen zomerjurk.

Mayz legde haar handen om mijn paarse, grotesk opgezwollen knie, die heet aanvoelde en bonsde. Het leek wel een puddingbroodje, zo dik, rond en glad. Toen ik ernaar keek, besefte ik ook hoe wanstaltig ik mezelf had laten worden.

In het jaar sinds mijn terugkeer uit Oregon was ik gestopt met hardlopen en had ik al mijn buitenschoolse activiteiten opgegeven (behalve declamatie, waar ik mee doorging omdat ik dan kon feesten). En ik had nauwelijks meer vriendinnen over. Toen ik acid ging gebruiken, lieten mijn 'brave' vriendinnen me vallen als een stuk stinkkaas. En Reed ging bij het leger. Nu ik geen motivatie meer had om de coolste meid van Twin

Falls te zijn, hield ik op met trainen en lijnen. Ik verloor het respect voor mijn eigen lichaam.

Maar om de een of andere reden zag Mayz iemand anders voor zich dan het waardeloze schepsel dat ik was. Ze legde haar handen om mijn knieschijf alsof het een baby-schildpad was, heel voorzichtig, om me geen pijn te doen. Ik wilde haar zeggen dat ze me nooit pijn zou kunnen doen, zelfs als ze dat wilde, omdat ik al te zwaar beschadigd was om nog gevoel te hebben. Maar ze boog haar hoofd, haalde diep adem en begon te bidden.

Ik verstijfde en deed mijn best een beeld van Jezus op te roepen.

'Lieve Heer,' zei Mayz, 'ik weet niet waarom U me naar dit mooie meisje hebt gebracht. Maar ze is heel lief. Ik bid U om Uw licht te laten schijnen over haar knie en waar ze verder nog gewond is. Zie op ons neer, o Heer, op deze prachtige dag, met de zon die stralend door de iepen valt. Toon ons Uw genade en koester ons in het mysterie van Uw wond, zodat wij genezen mogen worden in het beeld van Uw eigen lijden.'

Toen Mayz uitgesproken was, haalde ze nog eens diep adem. Het kostte haar ruim vier minuten om uit haar trance te komen. Ik probeerde te bepalen of ze een spionne was die door mijn ouders was gestuurd om vast te stellen hoe diep ik was gezonken, of dat ze werkelijk een van Gods boodschappers was. Op dat moment opende ze haar ogen en keek me aan alsof ze vond dat ík nu moest gaan bidden.

O nee, vergeet het maar, dacht ik. Het was een spontane reactie, vanuit een hete plek, diep in mijn buik. Ik had die blik al eerder gezien, zo'n blik die veel meer zegt dan woorden. Maar Mayz kon doodvallen als ze dacht dat ik tot een onzichtbare god zou bidden die zich totaal niets aan mij gelegen liet liggen.

Ik was gestopt met bidden in de nacht dat ik naar de Perrine Bridge was gevlucht. De wind had als Gods adem om me heen gehuild, maar ik wist dat God me al verlaten had. Nu, op mijn zestiende, vrat de schaamte zich door mijn binnenste als een snel woekerende kanker. Maar ik kon mijn gevoelens van angst en eenzaamheid niet onder woorden brengen tegenover Mayz. Dus sloot ik mijn ogen en hoopte dat ze me niet rechtstreeks zou vragen om te bidden.

Als door een wonder deed ze dat niet. Maar zíj bad wel, opnieuw, met haar ogen dicht en haar gezicht naar de zon gekeerd. Door de kalme uitdrukking om haar mond sloot ik zelf ook mijn ogen en zag een beeld van God die mijn knie opereerde. Hij stond over de operatietafel gebogen met een paar vrouwelijke engelen in bikini's van witte veren. Zijn lange, grijze haar viel op de kraag van een glimmend, metallic jack met de tekst HELLO, I'M GOD op de rug. Toen hij klaarstond om te snijden, gebruikte hij een scalpel van licht op mijn knie. Het hele visioen was zo grappig dat ik onwillekeurig begon te lachen.

O, verdomme, dacht ik. *Mayz doet me wat! Zij probeert me te helpen en ik maak alles belachelijk.* Meteen kneep ik mijn lippen weer op elkaar. Maar Mayz begon ook te giechelen. Toen ik mijn ogen opende, had ze haar gezicht vlak bij het mijne. 'Ik weet niet wat er zojuist gebeurde,' zei ze met een lach, 'maar opeens kreeg je honderd procent meer kleur op je wangen.'

En het volgende moment zaten we te gieren van het lachen. Hoe harder zij lachte, des te meer ik het uitschaterde, totdat we allebei onze handen tegen onze buik drukten. Ik schaamde me wel omdat ik me zo liet gaan, maar we lachten totdat de tranen over onze wangen stroomden. Heel even hielden we op, maar meteen begonnen we weer.

Ik denk dat we geen van beiden wisten waarom we pas konden stoppen toen we allebei uitgeput neerzegen onder een iep, op die snikhete zomerdag. Maar het was leuk en ik voelde me verbonden met iets groters dan Mayz. Ik vond het fijn dat ze me accepteerde zoals ik was, zonder bijgedachten. Het was juist die slappe lach, meer nog dan het gebed, die onze vriendschap leek te bezegelen.

Later dat jaar kwam ik nog een engel tegen in Twin Falls. Hij heette Andrew Durham en we speelden samen in toneelstukken op school en bij de JUMP Company. Andrew had haar tot op zijn schouders, een huid als verbrande boter en boven zijn broeksband uit stekende botten. We dansten graag tussen de korenaren. Ik pikte hem op in mijn Volkswagen en we reden tot vijftien kilometer buiten Twin Falls.

'Kijk!' riep Andrew dan, om mijn aandacht te trekken. Hij hield zijn altviool achter zijn nek en probeerde zo te spelen, hinkend op één been. Ik klapte in mijn handen en zei wat hij graag wilde horen: dat hij ooit eerste violist bij het New York Philharmonisch zou worden. Later lagen we languit in het onkruid waar de klitten in onze huid prikten.

Ik was niet verliefd op Andy, die erop stond dat ik hem Andrew noemde, omdat het wat serieuzer en lyrischer klonk. Hij was te vreemd en te mager, en hij geloofde in dingen als chakrareiniging en *breathetarians* (een soort vegetariërs, die niet van broccoli en tomaten, maar van de lucht leven). Maar hij kende ook een school in het noorden van Michigan, de Interlochen Kunst Academie, waar kinderen zoals wij – acteurs, schrijvers, musici, wevers – vijf uur per dag aan hun kunst konden werken. Andrews broer Paul zei dat Interlochen net zoiets was als Fame, maar dan ouder en meer gerespecteerd. De vier-

honderd leerlingen die er werden aangenomen waren ondergebracht in studentenhuizen in de bossen, rondom een meer. Het
was wel duur, tienduizend dollar per jaar, maar dat deerde me
niet. Ik had veel meer op mijn bankrekening – geld dat mijn
echte vader me had nagelaten toen hij stierf.

Er was geen enkele logische reden waarom ik zou worden
toegelaten, maar toch waagde ik het erop en vloog naar het
noorden van Michigan met mijn regisseur van de JUMP Company, Robyn McCracken. De dag dat we aankwamen, kregen we een rondleiding over de campus, een terrein van vijf-
honderd hectaren onder een dak van coniferen, eiken en essen.
Het was er koel, en kleine vogels fladderden tussen de takken.
Zandpaadjes liepen naar kleine gebouwen, zoals de textiel-
werkplaats, waar ik door een reusachtig glazen raam een jongen
met lang haar een tapijt zag weven op een houten weefgetouw.
Sprietige meisjes met beenwarmers zigzagden langs leerlingen
die hun neus in Stanislavski's *An Actor Prepares* hadden gestoken. Tegen lunchtijd wist ik dat ik tot alles bereid was om te
worden toegelaten.

Maar daarvoor moest ik eerst auditie doen. Dus meldde ik
me de volgende dag bij een klein, bruin gebouw, het Grunow
Theater. Ik wist dat de regisseurs van het theater, Jude Levinson
en David Montee, al klaarzaten. Jude was de grote, onderne-
mende leider van de toneelafdeling, die haar oogleden met
helderblauwe oogschaduw plamuurde en altijd, altijd zwart
droeg. David, een tengere, erudiete man met springerig bruin
haar en grote, dikke brillenglazen, was in het voorjaar naar Interlochen gekomen en gespecialiseerd in iets wat bekendstond als
de Lee Strasberg-techniek.

Ik wachtte tussen de coulissen totdat David mijn naam af-
riep. Toen kwam ik op en deed Blanches monoloog uit *A Street-*

car Named Desire. Ik zong 'I Met a Boy Named Frank Mills' uit de musical *Hair*. Daarna bleef ik in de schijnwerpers staan tot Jude en David iets zouden zeggen, wat dan ook, om aan te geven of ze iets in me zagen. Maar het enige wat David zei was: 'Dank je, Tracy.' Trillend als een boodschappentas in een storm stapte ik de donkere zaal weer uit.

Mijn toelatingsbrief kwam op een dag in mei, toen de wind mijn haar duizend verschillende kanten op blies. Ik rende naar de brievenbus en duimde fanatiek. De glanzende witte envelop leek de koude, stalen bus te verwarmen. Ik hield mijn adem in en opende de flap, die moest zijn bevochtigd met het speeksel van een creatief genie; dat kon niet anders.

Tegen de tijd dat ik het woord 'gefeliciteerd' las, stond ik al te juichen.

Mijn ouders reden Andrew en mij naar Interlochen. Ze offerden er hun hele vakantie aan op. Ik herinner me nog dat ik zat te zingen toen we de landelijk gelegen campus op reden. Zongevlekte blokhutten stonden verspreid tussen zuilen van reusachtige pijnbomen. De hele school lag weggestopt in de bossen, tussen twee glinsterende meren in. Futen riepen door de mist, begeleid door de muziek van viool, fluit en bas.

Mijn jaargenoten stapten uit auto's met nummerborden uit New York, Californië en Rhode Island. De meesten, zou ik later ontdekken, waren als eerstejaars aan Interlochen begonnen, maar volgden hun roeping al vanaf de tijd dat ze nog niet eens hun eigen naam konden schrijven. Ik had ongeveer twee amateurtoneelstukken gedaan toen ik daar eind augustus 1988 arriveerde. Maar ondanks mijn gebrek aan professionele ervaring maakten Jude en David me toch deel van het toneelgezelschap. Die eerste week deed ik auditie en werd gecast als understudy voor de rol van Ruth Hunsdorfer in *The Effect of Gamma Rays on Man-in-the-Moon Marigolds*. Ruth was de ideale eerste rol voor mij; ook zij was misbruikt.

Van het ene moment op het andere stapte ik een totaal nieuw leven binnen in Interlochen. Nee, het was geen stap, maar een sprong. Alles aan de academie leek erop gericht door mijn schil van schaamte heen te breken. Ik wist dat ik was ontsnapt aan een gevaarlijke, mogelijk dodelijke, situatie in Twin Falls. Mijn roekeloze gedrag had me op het randje van zelfvernietiging gebracht, een extra reden om dankbaar te zijn dat ik deze artistieke Hof van Eden in Interlochen had gevonden.

Op het muffe podium van het Grunow Theater gaf Jude ons oefeningen in improvisatie en visualisatie, bedoeld om ons van onze belemmeringen te bevrijden. We lagen op de grond en beeldden ons in dat we heel iemand anders waren, in een ander bestaan. Dat had ik het grootste deel van mijn leven al gedaan, dus lukte me dat moeiteloos. In de loop van het jaar kreeg ik de rollen van Tiresias, de blinde ziener in *Antigone* die door de goden wordt gestraft als hij hun geheimen verraadt en Hattie, de strijdlustige, alleenstaande moeder van vier kinderen uit James McClures *Laundry and Bourbon,* die de mannen in haar leven die haar hebben misbruikt de rug toekeert. Steeds opnieuw prezen Jude en David mij om mijn talent om een karakter te 'bewonen', terwijl ze me tegelijkertijd aanspoorden om nog beter te worden. Ik vond de vrijheid om mezelf, het meisje dat ik was, opnieuw op te bouwen en Jude gaf me de middelen om dat proces te bespoedigen.

Het hielp dat de campus werd omgeven door dichte, donkere bossen. De meeste leerlingen trokken zich daar terug voor verboden zaken zoals drank en wiet, maar zelf ging ik er vooral heen om bij te tanken. Naast de Sawtooths had ik nog nooit zulke dichte, geheimzinnige bossen gezien. Met mijn vriendin Jessica glipte ik ons studentenhuis uit en reed op mijn mountainbike naar het natuurpark, dat aan de campus grenst.

We fietsten over de met bladeren bezaaide paden, totdat we een plek vonden die voldoende beschut was. Met de rijke, vochtige geur van regen en rottende eikenblaadjes in onze neus gooiden we onze fietsen neer en begonnen te acteren. Jessica speelde graag scènes uit *The Lost Boys*, dat de voorafgaande zomer was uitgekomen.

Maar meer nog dan de personages die we kozen herinner ik me de geur van die frisse, koude herfstavonden. Jess en ik rookten graag een sigaret, dus zweeft die rook ook door mijn herinneringen. Ik zie de zon achter het meer zakken, terwijl de vogels – mezen, gekuifde spechten – tussen de naald- en loofbomen fladderen. In Interlochen vond ik een wereld die schoon was, onbezoedeld, bevolkt door mensen die zich wijdden aan een hogere macht. Die macht was de kunst. En in de weerspiegeling daarvan zag ik mijzelf.

Dat jaar nam ik met Kerstmis de trein terug naar Twin Falls. Ik droeg mijn marineblauwe broek en lichtblauwe shirt, het schooltenue van Interlochen. Dat hoefde niet – eigenlijk had ik blij moeten zijn dat ik iets anders kon dragen nadat ik daar vier maanden dagelijks in had rondgelopen – maar ik klampte me zoveel mogelijk aan Interlochen vast, in de hoop dat het me zou beschermen bij mijn thuiskomst.

De reis vanuit het noorden van Michigan duurde drie dagen. En niets aan mijn oude leven in Twin Falls sprak me nog aan, niet het football, niet de schoolfeesten, niet de Antichrists. Hoe zou ik dáár naar kunnen terugkeren nadat ik me op Dostojevski had gestort? Chris nam me mee naar feestjes en sneed op over zijn kleine zus, die aan dezelfde academie studeerde als de moeder uit *Family Ties*. 'En vergeet die acteur niet die Mozart speelde in *Amadeus*,' deed ik er nog een schepje bovenop.

Op een avond tegen het einde van mijn vakantie vroeg papa me om mee naar buiten te komen. Het had gesneeuwd en we schopten tegen de vuile sneeuwhopen aan. Papa zocht in zijn zak en haalde een flesopener en een koud flesje Bud tevoorschijn, dat ik leegdronk terwijl hij me vertelde over een baan bij een aardgasbedrijf in Las Vegas waarnaar hij had gesolliciteerd. Toen het mijn beurt was om hem bij te praten, declameerde ik een paar regels uit *Arsenic and Old Lace*.

Papa stond met zijn handen in zijn zakken. Hij schudde zijn hoofd en keek op naar de straatlantaarn boven ons hoofd, waar grote zachte sneeuwvlokken uit het donker neerdaalden, dwarrelend naar het licht.

'Ik ben trots op je, Tracy,' zei hij, terwijl hij een slok bier nam en de brok uit zijn keel hoestte die er al zat sinds de avond dat ik was weggelopen en hijzelf was aangehouden. 'Niet alleen omdat jij het beste bent wat deze stad ooit heeft voortgebracht, maar ook omdat je jezelf van deze ellende hebt bevrijd.'

Na Kerstmis lag Interlochen begraven in de sneeuw. Wekenlang huilde de wind en schommelde de temperatuur rond het nulpunt. De meeste van mijn jaargenoten bleven op hun kamers, dronken kamillethee en luisterden naar James Taylor. Maar in mij werd een oude hartstocht wakker. Bij het eerste bleke zonnetje ontvluchtte ik mijn kleine kamer naar de sneeuwvlakte van de campus, in joggingbroek en een dik fleecejack. Onder mijn voeten bond ik een paar nieuwe langlaufski's die ik van Reed had gekregen voor mijn achttiende verjaardag, en zo stak ik de hoofdweg over naar het bos – terug naar de bomen, de rotsen en de sneeuw, de basis van deze wereld, die me zo dierbaar was en waarop ik ooit had vertrouwd. Onder het skiën werd ik overvallen door een grote droefheid, maar dat gevoel was welkom, omdat ik het op de campus niet kon toelaten.

Mijn verdriet was als een oude vijver waarin schilfers boombast dreven en zacht wit dons. Als ik erin keek, zag ik het meisje dat ik ooit was. Ik kende haar – ook toen nog – omdat ze me nooit verlaten had. Ondanks mijn succes in Interlochen dwaalde mijn oude, gewonde zelf nog altijd langs de randen van mijn psyche.

Dat meisje wilde bepaalde dingen: vergelding, een spijtbetuiging, een niet-seksuele knuffel. En die wilde ze van haar vader, niet van haar moeder. Ze voelde zich eenzaam, ook al stuurde haar moeder haar kaarten op haar verjaardag, Valentijnsdag en zelfs Hemelvaartsdag. Ze had behoefte aan één persoon die haar zou kennen en begrijpen, iemand die nog steeds van haar zou houden als ze fouten maakte of zich bestolen of beschadigd voelde.

Ik skiede in grote lussen door het bos om de pijn in mijn borst weg te branden – pijn om een verloren vader, gevolgd door een slechte vader, gevolgd door al die mensen die niet wilden helpen. Maar de bomen weken geen moment.

Toen ik eind juni 1989 in Interlochen mijn diploma haalde, was ik al geaccepteerd door de Los Angeles American Academy of Dramatic Arts en het Cornish College of the Arts in Seattle, en stond ik op de wachtlijst van het Hampshire College. Mijn nieuwe beste vriendin, Amy Burtaine, was toegelaten tot Brown, Harvard, Hampshire en Sarah Lawrence College. Aarzelend wat we die zomer moesten doen, regelde ik baantjes voor ons allebei in de Escalante Desert in het zuiden van Utah. Hoewel we geen enkele ervaring hadden met woestijnreizen of counseling, had The Challenger Foundation ons aangenomen om probleemjongeren te begeleiden op tochten van tweehonderd kilometer door de woestijn. We zouden te maken krijgen met de lastigste pubers: jongeren die overvallen hadden gepleegd, verslaafd waren, van huis weggelopen of seksueel losgeslagen. Hun ouders betaalden onze nieuwe werkgever vijftienduizend dollar om hen midden in de nacht te 'kidnappen'. Geblinddoekt en nog in pyjama werden ze in een vliegtuig gezet en onder toezicht van een paar stevige kerels naar een afgelegen landingsbaan in het midden van de woestijn gebracht. Daar werden ze opnieuw geblinddoekt en tot diep in de Escalante gereden, waar onze toekomstige bazen, Horsehair en Wallwalker, op hen stonden te wachten. Horsehair en Wallwalker leken me namen van mensen uit de Anasazi Pueblo. Het bleken dikke, blanke ex-militairen te zijn, die enig succes hadden geboekt met dagmarsen en gedoseerde uithongering om kinderen wat discipline bij te brengen. In elk geval hadden ouders voldoende vertrouwen in hun reputatie om hun kinderen aan hen uit te leveren, als een laatste redmiddel.

Het programma was berucht om de laatste uitdaging, de 'Handkar', waarbij de jongeren drie weken lang een bijna vijfhonderd kilo zware, houten handkar (van het type waarmee de eerste mormonen in de 19de eeuw hun bezittingen naar Utah hadden gebracht) door de verzengende hitte moesten voortduwen. Om beurten namen ze plaats achter een ijzeren stang om de wagen door de woestijn te rollen. Aan het einde van de drie weken, na een helse tocht van tweehonderd kilometer, renden ze over een tweebaansweg de uitgestrekte armen van hun hoopvolle ouders tegemoet.

Amy en ik zouden duizend dollar per maand verdienen om

de delinquenten te helpen overleven in de zwaarste omstandigheden: een temperatuur van tegen de vijftig graden, in een omgeving met schorpioenen, ratelslangen en nog een heel stel andere, gevaarlijke schepsels. De bedenkers van het programma geloofden dat dit regime de kinderen zou doordringen van wat werkelijk belangrijk was in het leven en zo hun vijandige, destructieve gedrag corrigeren. Ik vroeg me heimelijk af wie ik wel was om als rolmodel voor deze jongelui te fungeren. Ik wist niet goed of ik nu jaloers moest zijn of opgelucht dat mijn ouders te onwetend en te arm waren geweest om mij naar zoiets als Challenger te sturen. Maar ik gaf gehoor aan de lokroep van de wildernis en kocht een nieuw stel wandelschoenen, haltertopjes en shorts. Van mijn vader leende ik een oude militaire rugzak.

Al bij onze eerste ontmoeting, tijdens de overgang van het Primitieve Kamp naar de Handkar, voelde ik een kameraadschappelijke band met de 'kampeerders'. Een jongen met een vuile rode haarband fluisterde me toe: 'Mijn ouders trekken zich geen flikker van ons aan, maar ze vinden wel dat mijn zus en ik engeltjes moeten zijn.' Hij was slim en goedgebekt, het soort jongen met wie ik graag omging. Toen wees hij naar een broodmager meisje dat op een handvol jeneverbessen stond te zuigen. Hij rolde met zijn ogen en schudde zijn hoofd. Ik keek om me heen om te zien of Horsehair me niet in de gaten hield en knikte toen. De meesten van die kinderen zagen eruit alsof ze wel een stevige biefstuk – of tien – konden gebruiken om weer wat vlees op hun botten te krijgen. Een deel van ons werk was de jongeren te laten afkicken van drugs en drank, maar ik wist ook hoe hongerig ik zelf was na een paar dagen in de woestijn. Het enige wat we aten en dronken tijdens die hele tocht van drie weken was water met een halve kop havermout als ontbijt, een droog pakje eiernoedels als lunch en een kop rijst met ingeblikte maïs of erwten als avondmaal. Het was dus belangrijk dat iemand wist waar je wat extra's kon krijgen. Wallwalker waarschuwde ons dat de jongelui de neiging hadden om weg te lopen, zichzelf uit te hongeren of allerlei ziekten voor te wenden. Maar vanaf het eerste moment was wel duidelijk dat ze behoorlijk moesten boeten voor hun wangedrag.

Op mijn eerste avond kroop er een schorpioen naar mijn bed – met mij erin. Met 'bed' bedoel ik één enkele wollen deken. Niemand van de jongelui of de lagere instructeurs mocht een slaapzak of luchtbed meenemen. We sliepen op de koude, rode aarde, huiverend onder die ene deken. De grootste lastpost van het hele stel, een jongen die Xavier heette en die bij iemand zou hebben ingebroken om een stereo te stelen, kwam mij te hulp. Min of meer.

'Ik stamp hem dood, die klootz… als hij te dicht bij je komt. Maar als hij je steekt, zuig ik echt niet het gif uit de wond,' verklaarde hij. Ik reageerde heel begripvol op zijn vijandigheid. Mijn eigen ervaringen met misbruik en de meelijwekkende manier waarop ik daarmee probeerde om te gaan (door mezelf te bevrijden, er overheen te komen en dan weer toe te geven, steeds opnieuw) maakte mij een geschikte tussenpersoon voor Xavier en de rest van de jeugdige delinquenten.

Ik was me pijnlijk van die overeenkomsten bewust toen een klein meisje dat Chicken heette me vroeg om met haar mee te lopen naar de top van een rots. We waren al dagen onderweg en Chicken had voortdurend problemen veroorzaakt. Ze liep te vloeken en weigerde de gemeenschappelijke klussen te doen, zoals koken en afwassen. Wie vloekte, moest als straf een vier kilo zware steen dragen terwijl hij naast de handkar liep. Niet alleen was dat vreselijk vermoeiend, maar het wekte ook de woede van de andere kinderen op, die nu een paar handen minder hadden om de kar te duwen.

Tegen de tijd dat Chicken naar me toe kwam, fluisterend dat ze met iemand moest praten, was ze vel over been. Ze had overal blauwe plekken en wondjes op haar armen en benen. Haar lippen waren gebarsten en haar ogen veel te groot en helder. Ik kon natuurlijk niet tegen Horsehair zeggen dat ik vond dat Chicken meer te eten moest krijgen, maar ik mocht wel met haar mee, de heuvel op. Voorzichtig zochten we onze weg naar de top van de zanderige rode rots, die uitkeek over een uitgestrekte zoutvlakte, geteisterd door de wind.

'Geweldig, vind je niet?' zei ik, terwijl ik een plek koos met een uitzicht van wel een miljoen kilometer, zo leek het. Chicken kwam zo dicht naast me zitten dat onze zonverwarmde armen elkaar raakten. Ik keek naar mijn eigen arm: rood maar gezond. Die van Chicken vertoonde korstjes en nachtblauwe plekken.

'Wat is geweldig?' vroeg Chicken.

'De woestijn. Al die ruimte, waar niemand is.'

Chicken keek me aan alsof ik zojuist een eenhoorn uit een suikerspin had getoverd en die op de rots had laten landen waar we zaten. Ze pulkte aan een korstje midden op haar onderarm. Ik keek naar haar en zag nog meer korsten, insectenbeten en kneuzingen.

'Serieus?' vroeg ze.

'Ja, echt. Ik ben hier graag, ook al is dit bepaald geen vakantie. In de woestijn voel ik me klein en onzichtbaar, als een mug of een schilfertje roos.'

'Roos?' Weer wierp Chicken me een blik toe alsof ik gek was. 'Toe nou! Roos is smerig. Waarom zeg je zoiets?'

Ik dacht erover na en verweet mezelf in stilte dat ik zoiets stoms had gezegd. Ik maakte maar een geintje, om Chicken te laten zien wat ik ook zag. De woestijn voor ons uit was heel anders dan die bij Twin Falls, met veel zachtere, rondere vormen, zonder die scherpe lava waaraan je je voeten opensneed.

Wat ik bedoelde was dat ik hield van gewoon de hele dag lopen en mijn hoofd in het zand leggen als de zon onderging. Ik keek graag naar de sterren, glinsterend boven mijn hoofd. De woestijn was dodelijk voor mensen die niet wisten hoe je schaduw of water moest vinden. Maar de woestijn was niet haatdragend en vergreep zich niet aan zijn bezoekers, zoals vaders zich soms vergrepen aan hun dochters.

We keken hoe de schaduwen van richting veranderden. De zon kroop een paar centimeter langs de horizon en de wind bracht de geur van fossielen mee. Zo nu en dan keek Chicken op van een kever die ze door het zand duwde en leek ze iets te willen zeggen. Ik wachtte tot ze eraan toe was.

Tien minuten verstreken, misschien een kwartier. Toen was ze zover.

'Wat ik wil weten is hoe jij je school hebt afgemaakt zonder hier terecht te komen,' zei ze. 'En waarom ik niet kon opgroeien zoals jij. Dan was ik hier misschien ook niet geweest.'

Ik voelde me een leugenaar. Het liefst zou ik Chicken de waarheid hebben verteld over mij en mijn omstandigheden, om haar te laten weten dat ik álles had meegemaakt. Nou ja, alles behalve te worden verkracht en zwanger gemaakt door mijn eigen vader, zoals in de allerergste gevallen van misbruikte meisjes. Maar ik wilde haar duidelijk maken dat zelfs een probleemkind als ik, dat ernstig was afgewezen en die leegte had willen opvullen met zogenaamd zondig gedrag, een kier had gevonden en het licht had gezien aan de andere kant van haar leven. Als Chicken dat wist, zou het haar belangrijkste les zijn van de hele Challenger. Maar de 'regels' van mijn werk verboden me haar het enige te vertellen wat haar had kunnen helpen. Als counselors mochten we alleen onze stralende buitenkant laten zien.

Terwijl ik daar zat, hoog boven de woestijn, boog ik me opzij en stootte Chicken aan. 'Je bent helemaal niet zo waardeloos als mensen beweren,' zei ik. 'En geloof me, de enige reden waarom jij denkt dat ik het beter heb gedaan dan jij, is dat je me niet kent.'

Aan het eind van 'Handkar' renden de jongelui een weg van twaalf kilometer af, tot in de armen van hun ouders. Amy en ik hoefden niet mee te lopen, maar dat deden we toch. We renden totdat we de vage silhouetten van de groen gespoten auto's van Challenger zagen opdoemen, omringd door volwassenen: Wallwalker, Horsehair, plus de ouders van de meeste kinderen.

Toen we het gele lint naderden dat het einde markeerde van de verschrikkelijkste negen weken uit het leven van de deelnemers, lieten de meesten zich in de armen van hun vader en moeder vallen, totaal uitgeput, ontredderd, maar ook een stuk wijzer. Het was voor het eerst dat een groot aantal van hen de mensen zag die hen van hun bed hadden gelicht en in een vliegtuig hadden gezet, op weg naar Utah. Ik voelde hun woede, maar ook hun opluchting.

Amy en ik sprintten achter hen aan en deelden enigszins in de emoties om ons heen, hoewel we ons afvroegen of we er iets mee te maken hadden. Amy had al besloten om met nog twee Challenger expedities mee te gaan, terwijl ik de rest van de zomer in Twin Falls wilde doorbrengen. We feliciteerden elkaar met onze eigen prestaties en omhelsden elkaar. In de woestijn hadden we geleerd om geduldig, open en onbevreesd te zijn.

Challenger had ons leiderschap bijgebracht, vriendelijkheid en volharding. Hoewel ik nog steeds actrice wilde worden, zette ik nu ook 'jeugdconsulente, wildernisgids en maatschappelijk werkster' op mijn lijstje van mogelijke beroepen. Ik wist dat ik nog meer successen op mijn naam had geschreven dan Amy. In de loop van een jaar had ik mezelf uit de goot van het puberleven omhooggewerkt tot een van de beste studenten van mijn jaar. En ik wist ook dat mijn verleden me deze keer geen parten had gespeeld, maar me de gave van empathie en begrip had geschonken. Ik was trots en dankbaar voor de kansen die Jude, David, Wallwalker en Horsehair me hadden gegeven; het bewijs dat ik ver boven mijn omstandigheden was uitgegroeid.

Amy en ik waren misschien een beetje té zelfvoldaan, want op dat moment hoorden we schuifelende voetstappen op de stoffige weg achter ons.

Xavier sjokte naar de finish toe, zijn shirt doordrenkt van zweet. Hij pompte met zijn vuisten langs zijn zijden. Eerst dacht ik nog dat het een gebaar van vreugde of trots was, maar toen zag ik dat hij fronste. 'Daar is hij, de jongen op wie we hebben gewacht!' hoorde ik een vrouwenstem achter me zeggen. Een andere, zwaardere stem vulde aan: 'De eerste keer in god-mag-weten hoelang dat ik hem zie rennen zonder dat hij achternagezeten wordt.'

Xavier hoorde niet wat ze zeiden. Hij liep naar de menigte toe, speurend naar zijn ouders. Ik ving zijn blik en glimlachte, maar Xavier had alleen aandacht voor zijn vader, die een zware, met een Rolex versierde arm naar hem uitstak voor een – in mijn ogen – nogal formele handdruk. In plaats van hem de hand te schudden, deinsde Xavier terug, spuwde zijn vader in het gezicht en schreeuwde: 'Val dood! Val dood met de vuile streek die je me hebt geleverd!'

Voordat Amy, ik of wie dan ook kon reageren, had Wall-walker Xavier al bij zijn nek gegrepen. Xavier kronkelde en verzette zich alsof hij Wallwalker wilde raken. Maar onze leider was te sterk, zelfs voor een grote, stevig gebouwde puber, die ziedde van woede. Hij duwde Xavier in een van de groen gespoten Challenger auto's, stapte in en startte de motor. Toen ze terugreden naar Sheep Camp, waar Xavier aan zijn tweede heropvoedingstocht van negen weken door de wildernis zou beginnen, ging ik op mijn tenen staan en tuurde over de stofwolk achter de wagen heen.

Fluisterend, maar in de hoop dat mijn stem toch tot hem zou doordringen, zei ik: 'Het is oké, Xavier. Hou vol. Ik weet nu dat ze het recht niet hebben om je te vragen je ouders te vergeven.'

14

Ziekenhuisblues

De klap kwam tijdens een improvisatieklas in de derde week van mijn tweede semester aan Cornish College. Ik sprong, mijn knie sloeg dubbel en ik ging tegen de grond, gillend als een speenvarken. Een dokter van de universiteit van Washington zei dat het een zware operatie zou worden en dat ik twaalf volle weken van mijn enkel tot aan mijn heup in het gips zou liggen. Ik viel bijna flauw, maar er wachtte me een nog grotere verrassing.

Ik had iemand nodig om me door de operatie heen te helpen dus belde ik mijn moeder, die me doorgaf aan mijn vader. Mama kon me niet helpen: ze had het te druk, of ze had vliegangst, of ze kon geen vrij krijgen van haar werk bij de reclassering. Ik wist wel beter dan me te beklagen over haar laffe houding als ze me te hulp moest snellen. Mam kon niet komen, punt uit. Maar mijn vader wel. Hij zei dat hij vrij was in de dagen voor de operatie, de dag van de operatie zelf, en de nasleep.

Het maakte me wat nerveus dat hij zou komen, maar ik was ook blij dat een van mijn ouders zo ver wilde rijden om aan mijn bed te zitten in het ziekenhuis en mijn hand vast te houden. Op mijn negentiende had ik nog steeds moeite mijn weg te vinden in de wereld. Het was goed gegaan in Interlochen en bij Challenger, deels omdat het in beide gevallen een gecontroleerde omgeving was, met duidelijk aangewezen leiders. In de stad voelde ik me verloren. Misschien kwam het door de voortdurende regen of het feit dat ik weer geestverruimende middelen gebruikte, maar in Seattle viel ik weer terug in een depressie. De komst van mijn vader was een geruststellend maar ook angstig vooruitzicht. Dit zou de eerste keer worden dat we alleen zouden zijn, sinds hij me de laatste keer had misbruikt, vijf jaar geleden. Maar toen de dag van de operatie naderde en ik weer vaker in het verleden wroette, nam ik me voor om flink te zijn. Natuurlijk was dit niet dezelfde papa die naar Seattle zou komen.

Ik woonde in een tweekamerappartement op Capitol Hill. Toen papa arriveerde, stond hij erop om buiten te slapen. Om zijn nieuwe Toyota Camry tegen inbraak te beschermen, zei hij. Maar dat voornemen wekte juist mijn achterdocht. Zijn weigering om in het appartement te logeren bij mij en mijn flatgenote, wekte bij mij de indruk dat hij nog steeds bang was voor wat hij me zou kunnen aandoen. Nu hij er eenmaal was, had ik half de neiging tegen hem te zeggen: bedankt voor je komst, maar ik ben van gedachten veranderd. Ga maar naar huis, dan zie ik je met Kerstmis.

Maar natuurlijk zat ik nog altijd gevangen in mijn rol van liefdevolle, vergevingsgezinde dochter. En papa was in alle opzichten een adorerende vader. De ochtend voor de operatie klopte hij om halfvijf op de deur van mijn appartement. Ik weet nog dat ik twee dingen dacht toen zijn gebons me wakker maakte, terwijl ik nog maar net sliep: dankbaarheid voor al die keren dat hij me had laten snurken tot het laatst mogelijke moment en angst om wat me te wachten stond.

In het ziekenhuis vulde papa mijn papieren in, terwijl ik naast hem zat te jammeren. Hij wachtte buiten toen ik mijn ziekenhuispyjama aantrok. Toen er een verpleger binnenkwam met een vijftien centimeter lange naald die hij in mijn wervelkolom stak om mijn hele onderlichaam te verdoven, bleef mijn vader zenuwachtig in de buurt. Het laatste wat ik me herinner voordat ik naar de operatiekamer werd gebracht was dat ik huilde terwijl papa met de brancard meeliep. 'Maak je geen zorgen, meid,' zei hij. 'Voor je er erg in hebt, is het alweer voorbij.'

De operatie duurde drie uur. Niet alleen had ik mijn pees gescheurd, maar ook een stuk kraakbeen ter grootte van een zilveren dollar van de onderkant van mijn dijbeen afgerukt. Mijn twee dokters zeiden tegen mijn vader dat ieder ander met zo'n blessure de afgelopen acht weken op krukken zou hebben rondgehobbeld. 'Dat kan wel kloppen,' zei mijn vader. 'Ze heeft haar eigen pijn altijd goed kunnen verdragen.'

Was mijn vader maar de vader van iemand anders geweest toen de verpleger me naar mijn ziekenhuiskamer terugreed met een zware dosis morfine in mijn lijf. Ik herkende hem nauwelijks zoals hij in een leunstoel tv zat te kijken. Ik rilde zo hevig door de verdoving dat ik letterlijk klappertandde. Papa wenkte een zuster en vroeg haar om me meer dekens te brengen, die hij om me heen wikkelde als een papieren servetje om een burrito uit de magnetron. Toen ik wat later wakker werd, hoestend en kokhalzend, hield hij een roze, niervormig bakje onder mijn mond.

174

De duisternis van de nacht werd steeds dieper. En al die tijd staarde ik naar mijn vaders handen in zijn schoot en dacht dat de verleiding om me aan te raken moordend voor hem moest zijn. Ik probeerde wakker te blijven, voor mijn eigen bescherming, maar elke keer als ik jammerde – want de pijn van mijn been sloeg door mijn hele lichaam – drukte papa op de knop van mijn infuus voor een nieuwe dosis morfine in mijn aderen. De opluchting was zo groot dat ik hem niet kon zeggen daarmee op te houden. Ik had elke druppel van die morfine nodig om de nacht door te komen.

Ik sliep onrustig, schrok regelmatig wakker en was dan blij dat mijn vader naast me zat. Hij glimlachte en bette mijn voorhoofd met een koel, nat washandje. Of hij stak een hand uit en kietelde mijn arm. Ik wist dat hij van me hield en het vreselijk vond dat ik pijn had. Maar ik was ook doodsbang voor het monster dat in hem huisde.

Algauw kreeg dat besef de overhand en in de mist van mijn morfine verlamming raakte ik ervan overtuigd dat ik op het punt stond door mijn vader te worden aangerand. Ik probeerde bij hem vandaan te komen, maar het gips van mijn heup tot aan mijn enkel maakte elke beweging onmogelijk. Ik kromde mijn nek, speurend naar papa's handen, om me ervan te overtuigen dat ze nog in zijn schoot lagen. Ik wilde hem toeschreeuwen: 'Ga weg! Ik weet waarom je hier bent!' Maar voordat mijn hersens met mijn lippen konden communiceren gleed er een schaduw door de gang. Een verpleegster stak haar hoofd om de deur en vroeg: 'Alles oké hier? Hoe gaat het met Tracy? Heeft ze nog iets nodig?'

En weer, zoals altijd, wilde ik zeggen dat ik meer nodig had dan iemand me ooit zou kunnen geven, maar mijn vader sprong uit zijn stoel en antwoordde voor mij.

'Ze heeft geslapen als een roos,' zei hij. 'Als ik denk dat ze pijn heeft geef ik haar nog wat morfine.'

'Nou, ze mag zich gelukkig prijzen, toch?' zei de zuster. 'Niet iedereen heeft een vader die bereid is om de hele nacht in het ziekenhuis aan je bed te zitten en op je te passen.'

De volgende keer dat papa naar me keek stroomden de tranen over mijn slapen. Hij boog zich naar me toe en veegde ze weg met zijn duim, zodat ze niet in mijn haar zouden druipen. Ik wilde hem vragen de zuster terug te roepen, omdat ik bang was de hele nacht daar te liggen met hem aan mijn bed. Maar ik deed waartoe ik voor eeuwig veroordeeld scheen: ik keek hem aan en overtuigde mezelf ervan dat hij er enkel was om mij te helpen.

'Gaat het?' vroeg hij.

Ik knikte, maar de tranen bleven stromen.

Te angstig om mijn vader te vragen wat er in het ziekenhuis was gebeurd – bang voor de mogelijkheid dat zich iets onsmakelijks had afgespeeld – sloeg ik weer op de vlucht. Ik moest zo ver mogelijk bij mijn ouders vandaan zien te komen omdat ik niet wist wat ze nu eigenlijk voor me betekenden. De angst die me had overvallen in het ziekenhuis ondermijnde een 'genezingsproces' van jaren, waarmee ik klaar meende te zijn. Ik dacht dat ik eindelijk op een punt was gekomen waar ik me van het verleden kon losmaken. Maar de herinneringen sloegen weer als een vloedgolf over me heen. Nog altijd vertrouwde ik mijn vader niet.

In januari 1991, drie semesters nadat ik aan Cornish was begonnen, stopte ik met mijn studie. Samen met een vriendin, Ladan, vertrok ik uit Seattle voor een lange vakantie. We reden naar het zuiden, op weg naar de bergen en sequoiawouden van centraal Californië en nog verder, tot aan de stranden van Baja, Mexico. Ladan was opgegroeid in Iran maar daar vertrokken toen ayatollah Khomeini in 1979 aan de macht kwam. In de bergen van de Sierra Nevada kampeerden we onder bomen die dikker waren dan een auto breed en in Baja zwommen we in het heldere, blauwgroene water van de Zee van Cortez, tussen pijlstaartroggen en fosforescerend plankton.

Zo ging het de hele zomer. Ik liet Ladan achter bij V-Jays en beloofde haar weer op te halen als haar dienst erop zat. Zelf reed ik naar de Gros Ventre Wilderness, speurend naar de berg die aan een slapende indiaan deed denken. Daaronder lag mijn favoriete zwemplek, waar ik me urenlang tussen het riet aan de oever kon verbergen. Wildwatervaarders verzamelden zich daar om reddingstechnieken te oefenen in hun kajaks en ik bedacht dat de bergen zelf mijn redding vormden, omdat ze me lieten zijn wie ik was. Ik hield ervan om naar de top van een berg te klimmen, waar ik hopelijk een sneeuwveld zou vinden om vanaf te glijden, skiënd op de hakken van mijn wandelschoenen. Als ik bij een rivier kwam waar niemand in de buurt was, kleedde ik me uit tot op mijn ondergoed en waadde erin, zoals ik als kind ook had gedaan. Regenboogforellen verstopten zich in de schaduw van de diepe poelen, terwijl slechtvalken in de bomen wachtten op de kans ze te verschalken. Als ik weer uit het water kwam bleef ik op de hete stenen liggen totdat de laatste waterdruppels van mijn huid waren verdampt.

Als ik aan die dagen denk, zou ik zo weer terug willen. De bergen en rivieren wasten niet alleen mijn lichaam schoon, maar ook mijn geest. Na zoveel jaren van slapeloosheid vond ik ironisch genoeg in een gebied van elanden en grizzlyberen de rust om eindelijk een hele nacht door te slapen. Onder de verspreide, glinsterende sterren verdween mijn onrust en viel ik in slaap – voor het eerst heel diep – zonder de angst dat iemand zich in de nacht aan mijn lichaam zou vergrijpen.

15

Search and rescue

Toen de laatste roze blaadjes van het wilgenroosje ver-droogd op de gebarsten grond vielen, wist ik dat het tijd werd om uit Wyoming te vertrekken. Ladan ging terug naar Seattle en ik besloot me in te schrijven bij St. John's College in Santa Fe, New Mexico, een kleine universiteit voor alfaweten-schappen. Het hele curriculum was gebaseerd op de grote boe-ken uit de westerse beschaving. Iedere student begon als eerste-jaars, hoeveel studiepunten je ook al aan andere universiteiten had behaald. Je leerde meetkunde door Euclides te bestuderen en je vertaalde de Bijbel vanuit het Oudgrieks in het Engels.

Toen ik mijn formulieren invulde, was ik meteen verliefd op St. John's. Na een maand echter wist ik dat het een verkeerde keuze was geweest. De sfeer was veel te academisch, waardoor ik me dom en nietig voelde. Het leek wel of één op de twee studenten genetisch was begiftigd met een instinctief inzicht in Plato's grotallegorie en Copernicus' retrograde beweging. Ik zweette door drie lagen katoen heen om de delen van een punt uit te leggen in de Euclidische meetkunde (hint: een punt is dat-gene wat geen delen bezit). Toen de studiedruk me te zwaar werd zocht ik mijn bekende uitlaatklep: feesten.

Maar de mensen met wie ik feestte aan St. John's gingen ver. Veel te ver. Een meisje overleed op mijn bed aan een overdosis heroïne. (Ik was er zelf niet, omdat ik die nacht met een vriendje doorbracht.) Een andere vriend werd dronken op een hoge rots, maakte een val van vijftien meter en brak zijn rug. Zelf bracht ik het er zonder kleerscheuren van af, hoewel het soms niet veel scheelde. Dat eerste jaar strandde ik met een vriendin in een sneeuwstorm, op weg naar San Francisco. We namen lsd en deelden een krat bier in een goedkope hotelkamer. Toen we op de tweepersoonsbedden heen en weer sprongen, als kinderen op een trampoline, dacht ik dat ik mijn duim had verstuikt, hoewel ik niet eens gevallen was of me gestoten had. Toch wilde ik naar de spoedeisende hulp. Mijn vriendin reed slippend de besneeuwde straten door, totdat een medewerker van een 7-Eleven ons naar het indiaanse ziekenhuis in het Zuni-reservaat verwees. Toen ik aan de beurt was, wierp een geërgerde arts-assistent één blik op mijn vergrote pupillen en zei: 'Je bent niet gewond, je bent high. Verdwijn, alsjeblieft, zodat ik echte patiënten kan helpen. Jij hebt geen dokter nodig. Probeer je leven op de rit te krijgen.'

Maar het ging nog verder bergafwaarts met me. In San Francisco nam ik ecstasy, ging naar een house-party en kwam een vent tegen die me meenam naar de motorgarage waar hij woonde, in het Mission District. Daar hadden we onveilige seks, tijdens het hoogtepunt van de aids-epidemie. Toen ik weer terug was op de universiteit manifesteerde de angst zich in pijnlijke zweren, over mijn hele lichaam. Te bang om hulp te vragen, wachtte ik een week voordat ik naar de schoolverpleegkundige ging. In plaats daarvan dwaalde ik door een nieuwe reformzaak waar newagemuziek uit plafondspeakers klonk. Ik had geen geld, dus kon ik ook de verzachtende zalfjes en magische smeerseltjes niet kopen die genezing beloofden. Ik dwaalde rond de flesjes met Arnica, biologische druppels en rozenspray, in de hoop dat de liefde waarmee ze waren samengesteld uit de verpakking naar buiten zou sijpelen om mij te helpen.

Dat gebeurde niet en uiteindelijk ging ik naar onze verpleegkundige, die mijn zweren bekeek en zei dat het geen herpes was. Het bleek vrij goedaardig: krentenbaard, een bijzonder pijnlijke maar behandelbare uitslag.

Was ik misschien half teleurgesteld dat ik niet stervende was? Dat moet wel, want ik bleef proberen mezelf om zeep te helpen op andere, indirecte manieren. Maar terwijl ik maandenlang een behandeling onderging, gebeurden er drie dingen die me belangrijke lessen leerden over leven en dood. Terwijl ik in mijn bed lag, wist ik diep in mijn hart dat niemand me zou kunnen helpen als ik niet eerst mezelf hielp. Psychiaters en antidepressiva waren taboe, evenals elke vorm van gesprekstherapie. Prozac, Klonopin en Zoloft waren 'uppers' die me te veel aan mijn moeder deden denken. Bovendien wist ik heel goed dat er maar één ding was dat me uit mijn depressie zou kunnen halen. Het kostte me een week voordat ik weer op de been was. Toen stond ik op, depte de pus van mijn wangen en trok de bergen weer in. Deze keer met een missie. St. John's had een search-and-rescue team, waar ik graag bij wilde. Maar daarvoor moest ik wel een vuurdoop ondergaan. Als een student naar meer dan één bijeenkomst kwam, werd hij of zij automatisch als searcher aangewezen. Ik ging naar alle bijeenkomsten en veroverde binnen een paar weken een heel nieuw arsenaal aan vaardigheden, van kaart-en-kompas navigatie tot fundamentele spoedeisende hulp, reanimatie en eenvoudige trektocht-psychologie. Op woensdagavonden oefenden mijn teamgenoten en ik in basiskamp- en radiotechnieken. Ik had de grootste moeite om mijn meetkundesommen op tijd in te leveren, maar bij het SAR-team van St. John's leerde ik zoek-acties te coördineren met de politie en de helikopterdienst. 's Avonds legde ik mijn rugzak, mijn kleren en mijn wandel-schoenen al bij de deur van mijn kamer, zodat ik elk moment zou kunnen vertrekken.

Het jaar waarin ik bij het SAR-team kwam, 1991, was een slecht jaar voor trekkers in New Mexico. Al de eerste twee maanden moesten we vijf of zes keer uitrukken en niet één keer wisten we iemand levend te redden. Meestal arriveerden we pas als de persoon al overleden was, of konden we halverwege terug-keren omdat een ander team het lichaam had gevonden. Dat betekende niet dat wij ons werk slecht deden, maar dat we het geluk hadden om op het juiste moment op de verkeerde plaats te zijn.

Vroeg in de winter van 1992 kwam aan dat geluk een eind, toen we een melding kregen over een familie die met hun vliegtuigje was neergestort in een wei bij de wintersportplaats Taos. Vanuit de laadbak van de reddingstruck zag ik de inhoud van de Cessna over het terrein verspreid liggen: cassettebandjes, boeken, ijsmutsen en warme jassen. Dat kon ik nog verdra-gen, het waren spullen van volwassenen. Maar toen we dich-terbij kwamen ontdekte ik ook speelgoedbeesten en plaatjes-boeken, en besefte ik dat ik kleine jongens en meisjes zou moeten redden.

Iemand riep dat ik een verpleegster moest helpen die een ernstig verbrand jongetje van vijf behandelde. Ik rende naar haar toe, maar bleef stokstijf staan toen ik de lucht van geschroeid vlees en babylotion rook. Huidschilfers zweefden boven het kind. Nog weken daarna zou ik dromen dat ik zijn as in mijn handen hield, in een versierde asbak. 'Sta daar niet zo!' zei de verpleegster nijdig. 'Haal verband.' Ik kwam bij mijn positieven en haalde wit verband, een zuurstofmasker en drinkwater voor het jongetje. Maar hij kon niet meer drinken. Hij was te zwaargewond, te ernstig verbrand. Ik keek toe hoe de verpleegster probeerde zijn hart aan de gang te houden en was er getuige van toen ze besefte dat het geen zin meer had.

Dat jaar maakte ik niet alleen de verbrande familie mee, maar zocht ik ook een paar keer naar mensen die dood werden teruggevonden. Het was altijd griezelig – en spannend – om de school in het holst van de nacht te verlaten en de ruige uitlopers van de Sangre de Cristo Mountains in te trekken op zoek naar verdwaalde zielen. Op een van mijn meest gedenkwaardige zoektochten gingen we midden in de nacht op weg om twee jeugdige Italiaanse broers op te sporen die met een gehuurd vliegtuig in de bergen waren neergestort. Het noodbaken van hun toestel gaf ons een redelijke aanwijzing over hun locatie, het was volle maan en nevel steeg op van de velden.

Aan het begin van de tocht praatte en grapte iedereen nog, zoals we altijd deden om zo'n ernstige situatie wat te relativeren. Maar zoals gewoonlijk vervielen we ten slotte in een zwijgzaam tempo. We wisten allemaal dat als we het vermiste vliegtuig vonden dat een confrontatie zou kunnen worden die we nooit eerder hadden meegemaakt. Ik denk dat we altijd rekening hielden met het ergste.

Het maanlicht was zo helder dat ik geen hoofdlamp nodig had. Aan de horizon zag ik iets wat op een vrouw in een negentiende-eeuws nachthemd leek. Haar lange, zilveren haar wapperde achter haar aan in het schijnsel van de maan. Ik kon haar niet horen, maar aan de manier waarop ze haar handen naar haar bleke, uitgemergelde gezicht bracht zag ik dat ze schreeuwde.

Ik bleef staan en vroeg: 'Zagen jullie dat?' Maar niemand had het gezien. Ik liep verder en zag haar opnieuw. Deze keer liet ik de groep halt houden en vroeg hun te wachten tot de vrouw voor de derde keer zou verschijnen.

Blijkbaar had ik te veel de aandacht op haar gevestigd, want ze liet zich niet meer zien. 'Wacht nou! Ze komt wel,' zei ik. Maar iemand zei dat ik stil moest zijn zodat we de slachtoffers zouden kunnen horen als ze om hulp riepen. Ik hield mijn mond en liep verder.

We vervolgden onze zoektocht naar de vermiste piloten, die in een dichtbebost gedeelte van de bergen waren neergestort. Uiteindelijk werden ze gevonden door een ander team, maar we hoorden wel hoe de lichamen erbij lagen. Ze waren niet zwaar verminkt en hadden uiterlijk ook geen zware verwondingen. Maar bij het neerstorten van het toestel was een van de slachtoffers tegen een boom geslingerd, in een houding waarin het leek alsof hij de stam omhelsde.

De geestverschijning van de vrouw had diepe indruk op me gemaakt. Het was zo'n intense ervaring dat ik nog dagen geen woord kon uitbrengen toen ik weer terug was op de campus van St. John's. Maar na een tijdje verdween mijn fixatie en boog ik me weer over Euclides, Ptolemaeus en Plato. De volgende zomer, toen ik bij een onderhoudsploeg in het Bridger-Teton National Forest werkte, vertelde ik het verhaal aan een jongen uit New Mexico, die precies wist wat ik had gezien.

Of beter gezegd: wie. Hij zei dat het de geest was van La Llorona, die al door de arroyo's van New Mexico spookte sinds het einde van de zestiende eeuw. Er bestonden verschillende versies van de legende, vertelde hij me, maar in het verhaal uit New Mexico rouwde ze om de dood van haar twee zoons, die waren verdronken in de Rio Grande.

De oude Kelten geloofden dat er 'dunne plekken' in de wildernis bestaan, waar je God beter kunt horen en waar de doden gemakkelijker de levenden kunnen bezoeken. Nadat ik het verhaal over La Llorona had gehoord, dacht ik aan mijn eigen, echte vader en alle keren dat ik zijn aanwezigheid had gevoeld als ik door het bos liep of skiede, of doodstil zat te kijken hoe de regen zich verzamelde in de holte van een blad. Voor het eerst wist ik dat die ervaringen echt waren en dat zijn nabijheid net zo reëel was als wanneer hij nog zou hebben geleefd.

Tegen het einde van mijn eerste jaar aan St. John's was ik volledig aan de bergen verslaafd geraakt, dus meldde ik me in juni bij de Student Conservation Association, die fitte, jonge mensen aan terreinbeheerders uitleende om wetlands te herstellen en bossen op te knappen na een brand. Het betaalde slecht, maar ik kreeg een felbegeerde plek bij een driemansploeg om paden te herstellen die waren beschadigd door de brand van 1988 aan de randen van Yellowstone National Park.

We reisden met twee paarden en legden routes af van tien dagen achtereen, waarbij we op bedauwde velden bivakkeerden en met trekzagen de coniferen opruimden die de paden blokkeerden. Het was zwaar werk, precies wat ik nodig had om de demonen uit mijn jeugd nog verder te verjagen. Ik had het die zomer erg naar mijn zin omdat het zo'n simpel leven was, teruggebracht tot de basiselementen – opstaan bij zonsopgang, de paarden eten geven, zelf ontbijten, werken, eten, de paarden vastbinden, slapen. Of ik nu onderweg was of greppels groef met mijn hakbijl, mijn gedachten dwaalden voortdurend voor- en achteruit. Soms, zongebakken en uitgedroogd door al het gesjouw, fantaseerde ik dat ik een graf aan het graven was, waarin ik alle akelige herinneringen, momenten van doodsangst en verwarring en al mijn emoties over mijn vader begroef. Maar dan, bijvoorbeeld op een bijzonder koele avond, of als de zon schuin door de bomen viel, dacht ik alleen met tederheid aan de man die ik ooit als koning van mijn wereld had beschouwd.

De zomer vloog voorbij en toen ik aan het eind in de spiegel keek, herkende ik mezelf haast niet meer. Ik was bijna tweeëntwintig, sproetig en gebruind, met zongebleekt haar en stralende, heldergroene ogen. Voor het eerst in mijn leven zag ik schoonheid in mijn eigen spiegelbeeld: sterke schouders, harde biceps en lichtgebruinde benen. Nog steeds keek ik liever niet naar mezelf, maar ik had die zomer wel een lastige horde genomen en een belangrijke stap gezet naar zelfaanvaarding.

Eind augustus was ik klaar met mijn laatste expeditie door de bossen, en met overdreven zelfvertrouwen besloot ik na het afscheid van mijn team in mijn eentje naar de beschaving terug te lopen. De Thorofare Region, waar wij hadden gewerkt, bestaat uit een verwarrend netwerk van onderhouds-, wandel- en ruiterpaden en op een gegeven moment verdwaalde ik. Ik kwam in een wildbaan terecht, waar ik bijna werd vertrapt door een hert. Het hert moest doodsbang zijn geweest voor heel iets anders dan ik, om zo dicht bij een mens te komen. Dat besefte ik wel, maar toch liep ik verder, me niet bewust van de honderdvijftig kilo zware grizzlybeer die zich honderd meter verderop stond op te winden.

Eindelijk drong het tot me door dat er, heel dichtbij, een gevaarlijk dier op de loer moest liggen en het angstzweet brak me uit. Ik dacht aan een poema, omdat ik wist dat die hier voorkwamen, ook al waren ze erg schuw. Zo nu en dan besprongen ze een trekker, van wie dan niet veel overbleef. Het waren snelle, efficiënte roofdieren en ik was de eerste om toe te geven dat het hún gebied was en dat wij mensen daar eigenlijk niets te zoeken hadden.

Hopelijk zou antiberenspray ook tegen een poema werken, dus pakte ik de bus pepperspray die nog aan mijn rugzak hing en liep door.

Ik wist dat ik verdwaald was en ik hoorde takken kraken, ergens voor me uit. Zonder te weten of het een poema of een beer was, sloop ik verder. In een ijdele poging mezelf te beschermen begon ik te schreeuwen: 'Hé, klootz...! Pas maar op! Het is niet alleen Tracy Ross hier, maar ik ben met een hele groep! Dus geen geintjes, want wij zijn groot en gemeen en we vloeken je stijf!' En daarna vuurde ik de langste en smerigste serie vloeken af die ik maar kon bedenken.

Grizzly's zijn blijkbaar immuun voor vloeken, want toen ik een kleine heuvel beklom en naar beneden keek, zag ik een middelgrote, donkerbruine beer uit een bosje komen. Ik wist dat het een grizzly was, vanwege de duidelijke bochel op zijn rug. Hij keek op naar de heuvel, waar ik nu stond te schreeuwen en met mijn armen te zwaaien. De beer bleef staan en draaide zich naar me om.

Ik had een paar dingen geleerd over ontmoetingen met beren, zowel van mijn teamleider bij de Forest Service als uit een boek dat ik las, *Bear Attacks*, door Stephen Herrero. Dus toen de beer zich naar me omdraaide, keerde ik hem mijn profiel toe. Ik kon me niet herinneren of ik had gelezen dat ik groter – en gevaarlijker – zou lijken met mijn rugzak of dat ik dat alleen maar dácht. En ik bleef met mijn armen zwaaien en vloeken.

Maar de beer liet zich niet verjagen. Ik was de indringer in zijn domicilie, een potentieel gevaar voor zijn voedselvoorraad. De grizzly bleef een paar seconden staan en stampte toen met zijn poten op de grond. Daarna maakte hij een paar sprongen en ging in de aanval, recht op me af. Hij deed drie uitvallen, maar hield steeds halt op korte – veel te korte – afstand van mijn bibberende lijf. Maar al te goed kende ik de verhalen over trekkers die waren verscheurd, verslonden en teruggevonden als 'maaginhoud'. Toen die beer tegenover me stond, zag ik mijn eigen dood zich al voltrekken.

De grizzly bleef staan, dertig meter van me af, en deed weer een schijnaanval. Maar deze keer was ik te bang om stand te houden. Tegen alle veiligheidsadviezen in liet ik me op mijn knieën vallen, begroef mijn hoofd in mijn armen en begon 'Yellow Submarine' te zingen.

Ik hield mijn hoofd omlaag en wachtte af. Als ik hier moest sterven, wilde ik mijn moordenaar niet zien aankomen. Het was beter dat hij me zou bespringen en zo snel mogelijk af-maken, zodat de pijn een onverdraaglijke schok zou vormen voor mijn lichaam. Ik dacht aan mijn ouders, die nu waarschijn-lijk voor de televisie zaten in Las Vegas; aan mijn broer, ergens in Georgia; en aan mijn echte vader, die hopelijk nog ergens in de buurt was en over me waakte.

Blijkbaar deed hij dat, want de beer naderde me tot op een meter, cirkelde een paar keer om me heen en verdween toen weer, zonder zelfs een likje van mijn zonnebrandcrème te heb-ben genomen. Ik bleef zingen totdat ik zijn poten niet langer over de grond hoorde schrapen. Toen stond ik op en begon te rennen. Ik maakte een paar rondjes over een heuvelrug voordat ik het pad vond waarlangs ik was gekomen. Ik volgde de route terug naar mijn team. Toen mijn teamleider me zag rennen onder het gewicht van een volle rugzak, wist hij meteen wat er was gebeurd.

Lachend wees hij naar mijn zweetdoordrenkte shirt en zei: 'Welkom in Wyoming, waar zelfs kleine hippiemeisjes door grizzly's worden aangevallen.'

Die herfst ging ik terug voor nog een jaar aan St. John's. Maar al voor het einde van mijn eerste college op maandagavond wist ik dat de 'maatschappij' voor mij had afgedaan. De wildernis was voor mij de volmaakte meditatie, pijnstiller en de enige ontsnappingsmogelijkheid. Iedere vorm van een relatie met mijn ouders zou me weer terugwerpen in het duister. De lente daarop, na twee jaar aan St. John's, stapte ik in mijn auto en reed naar een plek waar het, in elk geval 's zomers, de hele dag en de hele nacht licht zou blijven.

16

Verdwijntruc

Alaska. Ik ging erheen toen een vriendin me had verteld dat de mensen in de negenenveertigste staat feesten tot het ochtendgloren in het eindeloze licht van de poolzomer. Ik wilde over gletsjers lopen en langs de oevers van rivieren die wemelden van zalmen zo groot als kleine hondjes. Misschien zou ik werk zoeken, misschien ook niet. Het dorp waar ik naartoe ging, McCarthy, had geen telefoon en was 's winters alleen per vliegtuig bereikbaar.

In mei leverde ik een aantal verhuisdozen bij de opslag af, haalde een vriend op die Dan heette en vertrok in een stofwolk uit New Mexico. Dan en ik waren wel met elkaar uitgegaan aan St. John's, maar we wisten allebei dat we onze eigen weg zouden gaan zodra we in McCarthy aankwamen. Een heel continent gleed onder onze wielen door toen we dwars door Amerika en Canada reden. Benzinestations maakten plaats voor roadhouses, waar melkblanke diensters Kokaneebier en pannenkoeken als ontbijt serveerden. Ik at aardig wat pannenkoeken om niet achter te blijven bij de stoere mannen en vrouwen die daar rondliepen met olievlekken van hun twee-taktmotoren op hun broek. Ik dronk ook veel Kokanee, maar meestal pas na de lunch.

Bij Tok sloegen we af naar het zuiden, bij Glenallen naar het oosten. We kwamen op een zandweg en schakelden terug, tot-dat we drie uur later vastliepen bij een snelstromende rivier van smeltwater en slib. Een groepje aftandse trucks en stationcars stond met de assen op cementblokken. Een klein bordje wees naar een kabelbaan met een vijf centimeter dik takelkoord, boven het kolkende water. Zoals ik het me herinner, luidde de tekst als volgt: WELKOM BIJ HET EINDE VAN DE WEG. DRAAG HANDSCHOENEN EN VAL NIET IN DE RIVIER.

Aan de overkant slingerde een smal pad zich door een dicht elzenbos met vogels en zoemende muggen. Het was dinsdag maar zo stil als op een zondagmiddag, afgezien van het gejank van een kettingzaag in de verte en een kind dat liep te joelen in het bos. Ik worstelde me tussen de elzen door en zag een groep houten gebouwen met wilde bloemen tussen de balken: het dorpsplein. Toen ik daar stond, aan de rand van een wildernis van vijf miljoen hectaren, het einde van de beschaving, voelde ik wat de meeste mensen beseffen bij hun kennismaking met het culturele centrum van het Wrangell-St. Elias National Park: dat McCarthy als een soort aanhangsel aan de rest van de we-reld lijkt geplakt.

Ik voelde me onmiddellijk thuis in Alaska, alsof ik er geboren was. Vanaf juni woonde ik in een blokhut van vier bij vier meter aan de rand van een reusachtige gletsjer die zich vanuit de bergen uitstrekte naar McCarthy. Mijn vriendin Thea, die ik kende van St. John's, had geregeld dat ik daar mocht wonen als hulp van de familie Miller. Ik moest Jeannie Miller helpen in de tuin, op de jongste Millers – Matthew van dertien en Aaron van zeven – passen en bedienen in de pizzeria die de Millers in het dorp wilden openen.

Jim en Jeannie waren in de jaren zeventig naar McCarthy verhuisd, nadat Jim in Vietnam was besproeid met het gif Agent Orange. De Millers bleken beroemd te zijn in Alaska, deels vanwege hun rode Ford truck, die Sylvester Stallone voor vijfhonderd dollar had gekocht en vervolgens van een brug af had gereden in de film *Cliffhanger*, maar meer nog omdat ze de dag in 1983 hadden overleefd toen een zekere Lou Hastings het grootste en mooiste huis in McCarthy's zusterdorp Kennicott in brand had gestoken en zes inwoners van McCarthy had neergeschoten. Het incident was klein begonnen, toen Lou bij de buurman van de Millers, Chris Richards, aanklopte en zei dat hij hem kwam vermoorden. Bij de schietpartij die volgde had Chris schotwonden in zijn oog en onderarm opgelopen. Hij overleefde het, maar Lou stak het huis in brand en vermoordde een handvol van Richards' buren. Chris vertelde me het verhaal tijdens een feestje op een van mijn eerste avonden in McCarthy. De bloederige details werden overschaduwd door de boodschap die ik in het verhaal herkende – dat het leven na een trauma doorgaat en dat er weer wilgenrozen bloeien op de plek waar de aarde met bloed is doordrenkt.

Toen ik in McCarthy arriveerde was Jim Miller bezig een drainageveld te graven, terwijl Jeannie het restaurant inrichtte als een ouderwetse kleermakerij. De bedoeling was dat ik na de opening van de zaal dikke pizza's zou serveren aan goudzoekers en bergbeklimmers, terwijl achter het restaurant zwarte beren in het afval wroetten. Maar tot aan de opening was ik vrij om te doen en laten wat ik wilde.

Soms liep ik wel drie keer per dag de acht kilometer lange weg tussen McCarthy en Kennicott op en neer, luisterend naar het gekraak en gekreun van de Root-gletsjer in de verte. Of ik ging joggen bij de Fourth of July Creek, langs de oude huizen van de kopermijnwerkers aan Silk Stocking Row, achter het vervallen ziekenhuis en de mijn van de Kennicott Copper Corporation. Op zonnige dagen beklom ik de met stenen bezaaide morene van de gletsjer, nog altijd bang om me op het ijs te wagen, vanwege de peilloos diepe spleten en de gladde, blauwe wormgaten die gletsjermolens worden genoemd. Iemand die in zo'n molen valt is niet meer te redden, hoewel er over honderd jaar misschien nog een schoenzool, een roestige skistok of een lap verweerde, door het ijs geconserveerde huid wordt teruggevonden.

Op dagen dat ik er niet op uit ging, hielp ik Jeannie Miller bij het onkruid wieden in de tuin. Ze was een kleine vrouw, maar sterk als een os. We kropen over de vettige, zwarte aarde om de paardenbloemen tussen haar regels met kropsla en Chinese kool weg te halen. In de kas liet ze me zien hoe je een bloeiende courgette met een verfkwastje moest bewerken om zo de omringende bloesems te bestuiven. Ik volgde haar aanwijzingen en zag de courgettes tot leven komen in de dichte aarde, die rijk was aan mineralen.

Jim en Jeannie werkten zo snel als ze konden om de pizzeria nog voor het einde van de zomerdrukte te kunnen openen, maar er moesten vergunningen worden verleend en leningen worden gesloten bij banken in Anchorage. Ik paste op Matthew en Aaron, hield hen bij naaktzwemmers vandaan en bevrijdde hen uit de slikpoelen waarin we zwommen, als ze gingen staan en in de modder bleven steken.

Als ik niet ging zwemmen, reed ik op Matthews fiets de

acht kilometer lange zandweg af, staande op de pedalen als ik een heuvel tegenkwam. Zo voelde ik me elke dag sterker worden. Ik at bijna niets – geen ontbijt, zelden lunch, soms avondeten – waardoor ik nog meer tijd overhield om de omgeving te verkennen. Ik had jarenlang ervaring met zo'n dieet, vooral met het vermijden van vet, waarin niet alleen kankerverwekkende stoffen worden opgeslagen, maar ook zaken als schaamte en verdriet. Maar in McCarthy zag ik een nieuw lichaam ontstaan, niet anorectisch, maar 99 procent slank en strak. Soms fantaseerde ik over de dingen die met mijn nieuwe lichaam mogelijk zouden zijn, als het helemaal volmaakt was. Ik kon naar de top van de hoogste berg in Alaska klimmen; of een warme, gezellige blokhut bouwen; of iedere man die te lang naar kleine meisjes gluurde de ogen uitkrabben.

's Avonds, wanneer ik klaar was met al mijn klussen, zat ik aan de bar van de McCarthy Lodge, genietend van het gevoel van gletsjerslik en tuinaarde op mijn huid. Jonge kerels brachten me bier, oude mannen vroegen me ten dans. Ik liet me al die aandacht graag aanleunen, heupwiegend op de krakende houten vloer. Tien of twaalf mannen keken toe hoe mijn shirt en dat van de andere meisjes langzaam opkropen over onze buik. Soms dansten we dicht bij hen, dan weer ver bij hen vandaan, zodat ze een beter uitzicht hadden. Ik zorgde ervoor dat ik hun aandacht vasthield, maar probeerde vooral duidelijk te maken dat ik niet beschikbaar was als het tijd werd om naar huis te gaan. De enige met wie ik wel naar huis wilde was Matt Hambrick.

Matt was Thea's parttime minnaar, of haar ex, of wat dan ook. Ze had me gezegd waar ik hem kon vinden als ik in

McCarthy was, nadat ze zelf een telefoontje had gekregen dat ze de zomer in Anchorage moest doorbrengen om haar moeder te helpen, die kanker had. Ik wist niet dat het Matt was toen ik hem zag, maar ik herkende wel iets hongerigs in zijn blik. Hij keek naar mij en ik naar hem, en we sloegen onze ogen neer.

Ik wist dat Matt de gletsjer wilde beklimmen om de kou in zijn schoenen te voelen kruipen en over de rand van die beangstigende ijsspleten te kunnen kijken. En ik wist ook dat hij mij graag mee wilde hebben. De St. Elias Range, bedekt met enorme platen ijs, verheft zich achter Kennicott tot een hoogte van zesduizend meter, ver boven de wolken, de vogels en de meeste begroeiing. Hij is groot genoeg om zijn eigen klimaat te genereren en bergbeklimmers keren van hun driewekelijkse expedities terug met verhalen over *white-outs* en lawines, als het in McCarthy nog zomer is.

Op een dag, toen Matt en ik aan de bar stonden en de met bloed opgezwollen muggen op onze armen platsloegen, vroeg ik hem voor een date.

'Wil je met me backpacken?' zei ik.

'Met jou?' Hij dacht even na. 'Hm.'

'Wat zei je?'

'Ik zei "hm".'

'O, ha-ha, ik dacht dat je "mmm!" zei.'

We moesten lachen omdat het zo absurd en onnozel was maar ook zo dicht bij de waarheid. Daarna staarden we in ons bier, alsof er iets in het schuim dreef. De barman draaide 'Scarlet Begonias' en alle gasten deinden mee. Iemand riep Matts naam en hij liep erheen. Toen hij terugkwam, gingen zijn ogen weer door met waar ze gebleven waren – alsof hij een suikerpatiënt was en ik een zoete lekkernij.

'Ja,' antwoordde hij eindelijk. 'Ik ga met je backpacken.'
'Oké… Wanneer?'
'Geen idee. Dit weekend, misschien?'

Drie dagen later troffen we elkaar aan de rand van de gletsjer, ver van de bar en op klaarlichte dag waardoor we ons heel anders voelden: formeel en stijf. Terwijl hij aan zijn riemen prutste, wachtte ik zenuwachtig op het vertrek, bang dat ik niets zou weten te zeggen. Maar zodra we onderweg waren, kwamen de woorden vanzelf. We praatten over boeken en muziek, over vriendjes en vriendinnetjes van wie we hadden gehouden maar die we nu het liefst van een rots af wilden gooien. We bespraken de sterke punten van Idaho en North Carolina en beargumenteerden waarom onze eigen staat de beste was.

'North Carolina, geen enkele twijfel,' verklaarde Matt. 'Wat is Idaho nou helemaal? De aardappelstaat!'

'Já, aardappels. Het brood des levens.'

'Nou, zoek dat nog maar eens na.'

We liepen door tot aan de feitelijke gletsjer, waar we halt hielden, speurend naar spleten en dodelijke gletsjermolens.

'Wat denk je?' zei Matt. 'Durven we het aan?'

'Ik weet het niet. We hebben geen klimijzers of een touw.'

'We redden het wel. Ga jij maar voorop. Kies voorzichtig je route, dan komt het goed.'

Matt en ik hadden allebei een heilig ontzag voor gletsjers die de aarde kunnen kraken en splijten zoals een frees zich door een bloemenperkje vreet. We hadden gehoord hoe ze zich in één keer wel een meter omhoog en naar voren konden stuwen, om zich dan weer terug te trekken. En we kenden de verhalen van klimmers die voorover in een spleet waren gestort terwijl de wanden zich alweer om hen heen sloten. Als je geluk had was je al bewusteloos voordat je klem kwam te zitten. Soms lukte het iemand zich nog terug te wringen, geholpen door touwen en takels. Maar de verschrikkelijkste verhalen gingen over mensen die heel langzaam steeds verder in zo'n smalle schacht zakten. Dikwijls heb ik me het moment voorgesteld waarop ze zich rekenschap gaven van hun situatie, in het besef dat de gletsjer hun doodskist zou worden en dat ze niets anders konden doen dan afwachten totdat hun bloedvaten zouden scheuren, terwijl hun vrienden van bovenaf riepen: 'Het komt goed. Ik hou van je. Sluit je ogen.'

Ik weet niet hoe, maar ik zag een route tussen de spleten door en volgde die in goed vertrouwen. In de zomer waren de dodelijke valkuilen goed te zien. We konden langs de rand van een spleet lopen tot we een smal gedeelte vonden om overheen te springen. Het gidsen viel eigenlijk wel mee: ik volgde gewoon mijn instinct en keek een paar passen voor me uit om een fatale misstap te voorkomen.

Zo zigzagden we over het ijs omlaag, tot laat in de avond, toen we bij een klein meertje kwamen dat ingeklemd lag tussen de gletsjer en het land. We klommen over de morene en sloegen ons bivak op in een veld met lupines. Een raaf liet zich op de thermiek drijven, cirkelde omhoog en dook omlaag. De stilte dwong tot bezinning op het moment.

In het noorden zagen we Mount Blackburn, met zijn trappen van ijs. Naar het zuiden lag niets anders dan de gletsjer zelf, met daarachter een eindeloze, ruige wildernis. Matt zei dat hij van Thea hield; ik zei dat ik dol was op mijn honden. Het duurde een hele tijd voordat we zin hadden om aan het eten te beginnen of iets anders te doen dan gewoon naast elkaar te zitten, zo dicht dat de haartjes op onze armen elkaar raakten.

Op een gegeven moment verkleurde het wazige blauw naar roze kwarts en lichtte er een ster op. We keken ernaar totdat het kouder werd. Toen gingen we naar bed, verlangend naar elkaar, maar keurig in onze eigen slaapzak. Zo lag ik nog een hele tijd toen Matt al sliep, luisterend naar de wind over de gletsjer en dankbaar dat de passie tussen twee mensen zo hoog kon oplaaien dat ze in vlammen opging.

De volgende morgen trok Matt zijn kleren uit, liep naar de rand van het meertje en dook erin. Ik keek naar hem en probeerde van zijn lichaam te genieten zonder mezelf een gluurder te voelen. Hij plonsde een paar seconden rond en kwam toen uit het water met kippenvel op zijn gladde, bleke huid.

Daarna wilde hij mij ook naakt zien zwemmen. Ik stond op, vechtend tegen de aandrang om hysterisch te gaan lachen of als een dwaas in de rondte te springen. Mezelf naakt aan een man laten zien zou voor mij nooit normaal zijn, en ik was heel strikt in wie mij naakt zag en wanneer. Eigenlijk wilde ik het helemaal nooit, in elk geval niet bij daglicht, onder welke omstandigheid dan ook. Ik verkleedde me zelfs in een badhokje als er alleen vrouwen bij waren. Ik meed sauna's en massages, en seks had ik altijd in het donker. Ik had nooit eerder naakt gezwommen op klaarlichte dag. Maar toch wilde ik best mijn short uittrekken, naar het meer lopen en een duik nemen. Ik wilde me mooi voelen voor mijn nieuwe vriend.

Matt probeerde me gerust te stellen. 'Er kijkt helemaal niemand, behalve ik,' zei hij grijnzend. Hij trok een wenkbrauw op en wees met zijn kin naar het meertje. Ik bleef een paar minuten onnozel staan en dwong mezelf toen mijn t-shirt uit te trekken en uit mijn short te stappen.

Toen ik naakt was voelde ik twee dingen: een huivering van angst die me herinnerde aan alle andere keren dat ik naakt met een man was geweest, en de elektrische spanning van het moment. Ik moest mezelf dwingen om te blijven staan, maar toen ik het niet langer uithield, sprong ik in het meer van de gletsjer.

Na het zwemmen liepen we de gletsjer op en sprongen over de kleine blauwe riviertjes die in het ijs waren geëtst. Op een willekeurig punt keerden we om en liepen we warm en plakkerig terug om wat te eten. We praatten over onze families en de afstand die we tot hen voelden. Terug bij het bivak wisten we allebei dat er iets veranderd was.

Het was het meertje. Of beter gezegd, het wateroppervlak.

Het lag niet waar we het hadden achtergelaten. Het was een halve meter gezakt.

Later zouden we ontdekken dat de wetenschap een verklaring heeft voor die verdwijntruc. Het heeft iets te maken met evenwicht en de druk van het water die de gletsjer omhoog stuwt. Op een gegeven moment stort al het water zich uit zijn ijzige gevangenis, waardoor de rivierbedding overstroomt en de bruggen stroomafwaarts worden weggeslagen.

Een hele tijd, misschien wel uren, zaten we te kijken hoe het meertje zakte. Ten slotte gingen we naar bed. De volgende morgen zagen we enkel nog een grote kom waar het meer had gelegen. We lieten ons erin zakken, woelden het slik om en ademden de laatste duizend jaren in. Een muur van ijs verhief zich tegenover ons, zestig meter hoog en een hele vallei breed. We kropen op handen en voeten, groeven met onze vingers in de rijke zwarte aarde en gooiden kluiten modder naar de zon. Matt vond een schacht van bamboe, het restant van een tijdloze skistok. Heel even voelden we ons als kinderen, toegelaten tot de glinsterende blauwe gangen van de gletsjer met zijn spookachtige, ijskoude gewelven.

17

Vader en dochter, onderweg

M att en ik zagen elkaar nog maar een paar keer die zomer. Hij was nog altijd verliefd op Thea en ik voelde me rusteloos. Een vriendin haalde me over om een speciale EHBO-cursus voor de wildernis te gaan volgen in Crested Butte, Colorado. Het klonk ideaal. Wat mij betreft had ik de rest van mijn leven door Alaska kunnen trekken, maar aan het eind van de zomer gaat het dorp McCarthy gewoon dicht. Omdat het baantje van mijn vriendin langer doorging dan het mijne, zouden we op eigen gelegenheid naar Seattle komen om vandaar samen naar Colorado te rijden.

Dat betekende dat ik de 2300 kilometer lange Alcan, de hoofdweg door Alaska, in mijn eentje zou moeten afleggen en daar zag ik behoorlijk tegenop. Ik maakte briefjes om een reisgenoot te zoeken en hing die op in de McCarthy Lodge, het oude pakhuis en de hangar waar de St. Elias Alpine Guides toeristen voorbereidden op de beklimming van de gletsjer. Toen ik na twee weken nog geen enkele reactie had gekregen viel ik terug op mijn familie. Ik belde mijn moeder, die me meteen aan mijn vader doorgaf. 'Verdomd, ja!' zei hij. 'Ik zou het geweldig vinden om de Alcan af te rijden. Geef me een paar weken om een goedkope vlucht te vinden, dan zie ik je op het vliegveld van Anchorage.'

Eind augustus 1993 vertrokken mijn vader en ik vanuit Anchorage. Ik haalde hem van het vliegveld en gooide zijn spullen in mijn Subaru Justy. Ik zei het hem niet, maar hij leek me dodelijk vermoeid. Het was al maanden geleden dat we elkaar voor het laatst hadden gezien en omdat ik in die tijd mijn band met de natuur had hersteld, dacht ik vaag dat hij daar ook mee bezig was geweest. Niet erg logisch misschien, maar ik verwachtte dat er een versie van mijn vroegere vader uit het vliegtuig zou stappen, vol nieuwe energie door de vrijheid van de reis, de koele lucht en de stralend witte gletsjers van de Chugach Mountains die hij vanuit zijn plek bij het raampje had kunnen zien. Maar de man tegenover me zag eruit alsof hij stenen van tien kilo in allebei zijn broekzakken meezeulde. We stapten in mijn Justy en gingen op weg. Een zachte bries waaide door de raampjes naar binnen en bracht de geur van rotsen en mineralen mee. Papa hield zijn handen in de zakken van zijn windjack, hoewel het boven de twintig graden moest zijn. Ik schopte mijn sandalen uit en reed met blote voeten.

Als je Alaska wilt verlaten, moet je eerst naar het noorden om naar het zuiden te kunnen rijden. Dus namen papa en ik de Glenn Highway, terug naar de afslag naar McCarthy. We zagen elanden met algen aan hun gewei in de moerassen en steenarenden op nesten in telefoonpalen. In Glenallen kreeg papa honger, dus stopten we bij een benzinestation waar we ons volpropten met marsen en hotdogs voordat we doorreden naar Tok Junction. In het oosten lagen de Wrangell

Mountains, in het westen de 6300 meter hoge Mount McKinley, zo zwaar en massief dat hij een deuk in de horizon leek te maken.

Ik zag dat mijn vader genoot van het avontuur. Hij flirtte met de serveersters in elk roadhouse waar we stopten en hing rond bij kerels met grote, ruige baarden. Hij staarde naar de littekens op hun knoestige, donker verkleurde handen, overgehouden aan ongelukjes met vismessen of moersleutels. In een ander leven of in andere omstandigheden zou mijn vader zeker op zijn plaats zijn geweest in Alaska, waar kennis over het buitenleven – van het zuiver richten met een pistool tot het snel vervangen van een carburateur – belangrijker was dan dingen als lezen en schrijven. Eigenlijk had ik hem willen meenemen naar McCarthy, om hem de gletsjer te laten zien, de schuimende Copper River en het oude wisselstation, waar een vriend ooit zijn geweer over mijn hoofd had afgevuurd om me te waarschuwen dat ik werd achtervolgd door een zwarte beer. Toch stelde ik niet voor om af te slaan bij de splitsing, omdat ik de magische herinnering aan mijn leven daar niet wilde bezoedelen. Maar ook zonder iets te weten over mijn persoonlijke ontdekkingen kon mijn vader zijn opwinding nauwelijks bedwingen. Hij slaakte enthousiaste kreten bij iedere berg die voor ons opdoemde en riep meteen 'Stoppen!' als we een zwarte beer of een eland tegenkwamen. In British Columbia reden we minstens een kwartier achter twee slungelige kariboes die midden over de weg liepen. Papa kon niet beslissen of hij ze wilde neerknallen of op de foto zetten. Toen ik hem eraan herinnerde dat hij geen geweer bij zich had, nam hij genoegen met een foto. De weg was niet al te best, met veel vorstscheuren, en de naalden van de miljoenen dennen en sparren roken heel anders dan de dennengeur uit de luchtverfrisser die aan mijn spiegeltje bungelde. Toen we de kariboes hadden ingehaald, draaide papa zijn raampje omlaag, stak zijn hoofd naar buiten en riep: 'Hé, kariboes, hoe gaat-ie?' Ik moest zo lachen dat ik bijna in een greppel reed. Een van de hoefdieren draaide zijn kop om en keek ons door het raampje aan. Twee tellen later struikelde hij over zijn eigen hoeven en viel op zijn borst.

De uren regen zich aaneen. Wilde dieren doken op uit het struikgewas alsof ze onze reis bewust nog interessanter wilden maken. Op een traject van vijftig kilometer telden we vier zwarte beren, nog drie kariboes, een eland en een steenarend. Papa staarde naar de uitgestrekte wildernis om ons heen en zei: 'Er komt geen eind aan, is het wel?'

'Het heeft geen einde, geen begin,' antwoordde ik.

Maar het grootste deel van die lange rit zaten we zwijgend naast elkaar. En ondanks het indrukwekkende landschap werd ik na een tijdje toch onrustig. Ik wilde nog altijd dat mijn vader me de waarheid zou vertellen over wat hij in mijn puberteit met me had gedaan, maar aan de andere kant was ik liever niet degene die erover begon. Op momenten dat ik genoeg kreeg van de lange autorit leunde ik tegen het raampje, staarde naar die miljoenen hectaren zwarte sparren en voerde denkbeeldige gesprekken.

Nu pas besef ik hoe ik al die jaren mijn best heb gedaan het mijn familie naar de zin te maken. En hoe het me tegenstond om altijd degene te zijn die aan een goede, gezonde relatie werkte. Ik moest mezelf er voortdurend aan herinneren dat ík het slachtoffer was, dat ík gered moest worden. Na al dat onrecht werd het wel tijd voor mijn familie om iets goed te maken.

Achteraf weet ik dat ik te veel met mezelf in de knoop zat om mijn vader te vertellen wat ik werkelijk voelde. Op mijn

tweeëntwintigste had ik nog altijd een diepgewortelde, afhanke-
lijke behoefte om mijn vader tegemoet te komen. Waarom had
ik niet iemand anders gebeld voor die autorit over de Alcan of
een paar weken gewacht totdat de zomer officieel voorbij was? Ik
kénde nota bene studenten die een lift nodig hadden naar universiteiten in de Lower 48. Maar in plaats van te wachten of even
verder te zoeken, viel ik terug op wat ik kende en waarvan ik zo
vurig hoopte dat het ook leuk en onschuldig zou kunnen zijn.

De meeste nachten langs de Alcan sliepen we in het grind
langs de weg. We werden gestoken door zwermen muggen en
de regen kwam omlaag in zware bruine gordijnen. Iedereen
– mijn moeder, Chris en al mijn vriendinnen, misschien met
uitzondering van Ladan – zou me de huid hebben vol geschol-
den als ik hen op zo'n 'vakantie' had getrakteerd, maar als ik naar
mijn vader keek, glimlachte hij alleen. En onwillekeurig lachte
ik terug.

Die hele rit, van Alaska tot aan Seattle, wisten papa en ik niet de
woorden te vinden om te zeggen hoe we ons voelden. We bleven
allebei gevangen in ons eigen wereldje en staarden uit ons eigen
raampje. Bij het besef dat mijn vader ooit naar me had verlangd
en dat misschien nog wel deed, kreeg ik de neiging om hem te
slaan, zoals hij daar naast me zat. Maar even later had ik weer
met hem te doen. Ik dacht zelfs dat ik misschien wel net zo ziek
was als hij. Een zacht plekje in mijn hart vond dat hij nog een
kans verdiende. Ik wist dat de dag zou komen dat ik sterk en on-
verbiddelijk moest zijn om hem te dwingen zijn misbruik onder
ogen te zien, in alle details. Die wetenschap – en het feit dat ik
nog altijd naar eenvoudige, aanvaardbare antwoorden zocht –
gaf me de kracht om vijfduizend kilometer naast hem te zitten
en bijna niets te zeggen.

Honderdzeventien uur nadat we uit Alaska waren vertrokken reden mijn vader en ik het parkeerterrein op van een Motel 6 in het centrum van Seattle. Papa liep naar het kantoortje, terwijl ik op de stoep een paar push-ups deed. Even later kwam hij terug. 'Ik heb een tweepersoonskamer genomen,' zei hij. 'Dat vind je toch wel goed?'

Nee, dat vond ik niet. Niet echt. Maar dat zei ik hem niet, op dat moment. Het leek me gemakkelijker om mijn mond te houden en toe te geven. We gingen aan verschillende kanten van de twee grote bedden zitten en laafden ons aan de televisie. Toen het tijd werd om te eten, liepen we naar Pike Place Market, waar papa wat vette fish-and-chips kocht en ik een grote tros druiven. We aten onder het lopen en keken naar de winkels, de koffiedrinkers en de zee. Ik voelde me trots en blij, maar ook droevig en verward.

Ik wist dat ik vroeg of laat zou willen douchen. En ik had geen idee hoe andere vaders en dochters het vonden om in elkaars gezelschap te douchen, maar ik wilde mijn vader echt niet in de buurt hebben terwijl ik me uitkleedde en onder het hete water stapte. Dus wachtte ik zo lang mogelijk voordat ik mijn kleine flesje Clairol shampoo uit mijn rugzak haalde en mijn paarse handdoek uitvouwde. Toen ik de zweetlucht van mijn eigen oksels niet meer kon verdragen stond ik op en leunde tegen de deur van de badkamer.

Papa had natuurlijk niets in de gaten. Het kostte hem al genoeg moeite zijn ogen open te houden om tv te kunnen kijken.

Toen ik het zo lang mogelijk had uitgesteld en papa's ogen begonnen dicht te vallen, stapte ik toch maar de badkamer in. Maar zodra ik mijn beha en broek had uitgetrokken, deed ik ze weer aan. Ik vond het doodeng om naakt in een hotelkamer te zijn met mijn vader, zelfs met een muur tussen ons in. Ik trok mijn Teva's aan, stapte de kamer weer binnen en maakte mijn vader wakker.

'Eh… papa?'

Hij opende zijn ogen, pakte zijn bril van een tafeltje en zette hem op. Toen hij me bij de badkamerdeur zag staan met een handdoek in mijn hand, zei hij: 'O, sorry, Trace. Jij wilt douchen. Ik pak mijn portemonnee, dan ga ik een eindje wandelen.'

Omdat ik de woorden 'jij' en 'douche' liever niet in één zin hoorde uit de mond van mijn vader, staarde ik naar het kleed. 'Ja,' mompelde ik. 'Klopt. Maar… is dat oké? Ik bedoel, sorry, pap. Het punt is…'

'Zeg het maar niet,' antwoordde hij. 'Ik ga gewoon weg. Een eindje lopen. Nu meteen.'

Toen er genoeg tijd was verstreken en ik zeker wist dat hij niet terug zou komen, liep ik naar de badkamer, kleedde me uit en legde mijn kleren op de wastafel. Voordat ik onder de dampende straal stapte, hing ik mijn handdoek nog over de deurknop, hoewel er niet eens een sleutelgat zat.

18

Rebound

Nog geen jaar later woonde ik weer in Alaska. Ik wist dat mijn wonden niet waren geheeld en dat mijn destructieve impulsen nog dicht onder de oppervlakte lagen. Maar ik wist ook dat de uitgestrekte, onbewoonde wildernis van Alaska de kracht bezat om me te inspireren en rust te geven. Dus ging ik in januari 1994 weer terug en woonde korte tijd in McCarthy, bij een zekere Mark.

Tot Marks ergernis waren we meer huisgenoten dan geliefden. Ik was niet verliefd op hem, omdat hij me te veel aan een grootmoeder deed denken. Hij was forsgebouwd, met lang rood haar en een baard tot op zijn sleutelbeenderen. In zijn provisiekast had hij kilo's zalm opgeslagen die hij bij volle maan met netten uit de Copper River viste en in potten deed. Zijn multiplex keukenkastjes puilden uit van de gedroogde groente – exotische paddenstoelen, boerenkool, rapen, wortels en spinazie – allemaal uit eigen tuin. Als ik hem tien jaar later zou hebben ontmoet zou ik zijn pure leefwijze wel op prijs hebben gesteld, plus het feit dat hij om aan de kost te komen prachtige, complexe wandtapijten weefde uit de haren van zijn husky's, waar hij zelf eerst draad van spon. Ook bouwde hij reusachtige elandsculpturen uit wilgentenen, het belangrijkste voedsel van de eland. Maar in die tijd vond ik het uiterlijk van een man nog belangrijker dan zijn creativiteit of heldere geest. Als ik mannelijke aandacht wilde, skiede ik naar het stadje en trok ik me een uurtje of een paar dagen met een van de jongens terug. Ik wist dat ik misbruik maakte van Mark en dat ik van twee walletjes at. Ooit zal ik hem om vergiffenis vragen, want die dagen in McCarthy behoren tot de mooiste perioden uit mijn leven.

Die hele winter kwam ik alleen maar mensen tegen die het niet kon schelen waar ik vandaan kwam, hoelang ik wilde blijven of wanneer ik weer vertrok. Van mijn buren kreeg ik zelfgebakken brood, kaas uit de winkel en andere kostelijkheden. We zaten in houtgestookte sauna's en dronken groen, halfgebrouwen bier, terwijl we plannen maakten voor de spannendste avonturen en het noorderlicht in heldere groene, rode en blauwe tinten van de ene kant van de hemel naar de andere zagen golven. Ik staarde naar de ruige, winterse gezichten van die onbekenden en meende daar iets te zien wat ik kon vertrouwen.

Maar het volgende jaar had ik toch een nieuw onderkomen nodig. Dus verhuisde ik in de herfst van 1994 naar Fairbanks, de koudste plek op aarde. Ik kreeg een baantje als trainer van veertig husky-puppy's voor een fanatieke hondenmenner, Jeff Conn. Jeff werkte voor het ministerie van Landbouw en besteedde dertigduizend dollar per jaar aan zeventig magere husky's die nooit een sledenhondenwedstrijd wonnen.

Voor het eerst in mijn leven was ik verantwoordelijk voor andere wezens dan mijzelf: vier nesten pups, genoemd naar Griekse goden (Hera, Zeus, Athena en Achilles), het ruimtevaartprogramma (Sputnik, Armstrong, Buzz) of messen (Butter, Jack, Ulu). 's Ochtends vertrokken we uit de kennel en legden tussen de berken een parkoers van acht kilometer af. Toen de herfst was overgegaan in de winter kwam de zon nooit meer boven de horizon uit. Ik gaf de pups te eten en te drinken, en spande ze voor een slee. Ze renden krachtig en snel, met hun tong wapperend uit de bek. Ik riep de commando's die ik had geleerd van de professionele hondenmenners, die deelnamen aan de Iditarod en de Yukon Quest. Beide rennen zijn meer dan vijftienhonderd kilometer lang en lopen door enkele van de zwaarste gebieden van Noord-Amerika. Als ik 'gee' riep, trokken de honden naar rechts, bij 'haw' naar links. Het bleef me verbazen dat zo'n heel team van twaalf maanden oude pups op het geluid van één enkele stem reageerde.

Maar hoe dol ik ook op de pups was, Jeff mocht ik niet erg. Ik moest me een ongeluk werken voor kost, inwoning en een klein bedrag – dat ik nog een tijdje aanvulde door 's avonds bij een supermarkt in Fairbanks te werken, waar ik glazuur op donuts smeerde. Onnodig te zeggen dat het werk overdag me door slaapgebrek nog zwaarder viel, maar ik hield vol uit liefde voor de pups. Ik besefte het niet, maar door ze te trainen fungeerde ik ook als hun scherprechter. Elke zondag bij het avondeten vroeg Jeff me hoe ze het deden en bracht ik verslag uit over hun gang, hun reacties en hun gehoorzaamheid. Ik had geen idee van het oordeel dat ik daarmee over de honden uitsprak, totdat Jeff op een dag omstreeks Kerstmis het erf op stapte en alle 'kneuzen' bijeendreef. Eerst probeerde hij ze nog aan andere hondenmenners te verkopen, maar de pups die hij niet kwijtraakte gingen naar het asiel. Kort daarna ging ik op zoek naar een ander baantje.

Een dag na mijn vertrek bij Jeff zat ik een biertje te drinken in een kroeg, de Captain Bartlett, toen er een andere honden-menner binnenkwam. Hij droeg een reusachtige gevoerde parka, een rafelige Carharrt-overall en een paar kniehoge sneeuwlaar-zen, afgezet met bont.

Colin James zei dat hij uit Schotland kwam en naar het basiskamp op de Mount Everest was geweest. Als volgende 'kleine avontuur' wilde hij deelnemen aan de Yukon Quest, de duizend mijl lange sledehondenwedstrijd die als de zwaarste ter wereld geldt. Om het geld voor die onderneming bijeen te brengen nam hij Britse en Schotse toeristen mee op slede-hondentrips ten noorden van Fairbanks. Toen ik hem voor het eerst ontmoette, leek hij me een Britse versie van Jack London. Hij had een rood gezicht van de kou en miste twee voortanden door een ongelukje bij het klimmen. Ik had wel plezier in zijn accent, de verhalen over zijn avonturen (waaronder een zeiltocht over de Noordzee in een zelfgebouwde boot, kajakken over de grootste rivieren van Europa en een reis door Afghanistan, als tiener samen met zijn broer ten tijde van de Russische invasie). Bovendien was ik blij dat hij me warm kon houden in een slaap-zak als we buiten sliepen, zelfs bij temperaturen van dertig gra-den onder nul.

Maar het duurde niet lang voordat zijn ware karakter boven-kwam en dat was minder sprookjesachtig dan de alpengloed van de Himalaya. Nauwelijks twee maanden na onze eerste date werd hij agressief en bezitterig in een dancing in Fairbanks, de Crazy Loon Saloon. Een vriend van de universiteit van Alaska wilde met me uit en ik vroeg Colin om mee te gaan. In de club aangekomen zei hij dat hij niet danste. 'Ik drink wel een biertje aan de bar. Gaan jullie gerust je gang,' zei hij. Ik kuste zijn wang en stapte de dansvloer op.

Ik denk dat ik me zo amuseerde dat ik Colin compleet vergat, want toen we een tijdje hadden gedanst stootte mijn vriend me aan en wees. Colin stond aan de rand van de menigte naar me te gebaren.

Ik glimlachte en wenkte hem. Toen hij niet kwam, draaide ik flirtend met mijn heupen en stak mijn wijsvinger naar hem uit. 'Kom bij me, lekker ding,' was wat ik bedoelde. Maar hij staarde me aan en schudde zijn hoofd. Toen de lichten die over de dansvloer gleden hem weer hadden bereikt, zag ik dat hij eindelijk naar me toe kwam, maar met een frons op zijn gezicht. Hij zigzagde tussen de dansende stellen door en greep me bij mijn bovenarm. Ik dacht dat hij zich naar me toe wilde buigen voor een vette kus, maar hij sleurde me van de dansvloer af, een hoek in.

Dat had ik als een teken moeten zien om te vluchten – niet alleen uit de dancing, maar ook bij Colin vandaan. Maar op mijn vijfentwintigste zat ik nog steeds gevangen in een lange, donkere tunnel. Voortdurend herhaalde ik mijn cyclus van liefde en wanhoop, mijn meest vertrouwde emotionele ritme.

'Je doet me pijn,' zei ik, een tekst die de herkenningsmelodie van mijn leven leek te worden.

'Mooi zo,' zei Colin. 'Als dat de enige manier is om je aandacht te trekken.'

Het duurde even voordat ik geloofde wat ik hoorde. Ik had een paar biertjes op en voelde me een hele komiek, dus misschien stak ik wel mijn vingers in mijn oren, alsof ik ze wilde schoonmaken. Toen Colin daar niet om lachte, besefte ik dat hij het serieus meende. Ik draaide hem mijn rug toe en liep naar de dansvloer terug.

Colin greep me opnieuw en trok me mee, de deur uit, helemaal naar het parkeerterrein. Ik wierp een blik om me heen om te zien of er iemand keek. Een paar mensen staarden, maar ze waren dronken en wendden hun hoofd af, duidelijk gegeneerd. Colin bleef aan me sleuren totdat we in mijn auto zaten, starend door de voorruit. Hij knipperde met zijn ogen en wreef erin alsof hij op het punt stond in huilen uit te barsten.

'Colin?' zei ik, terwijl ik me afvroeg of ik echt iets gedaan had om hem te kwetsen. Dat deed ik soms, als ik zelf zoveel lol had dat ik geen rekening meer hield met de gevoelens van de mensen die ik had meegesleept. Had ik geflirt? Had ik met mijn lichaam te koop gelopen? Ik probeerde mezelf niet te verdedigen, maar ik kon gewoon niet begrijpen waarom een twee-endertigjarige kroegvechter zo van streek was dat hij bijna in tranen leek.

'Wat is er nou?' vroeg ik.

'Had je me niet gezíén? Ik heb uren aan de rand van de dansvloer naar je staan zwaaien. Ik moest hier weg, maar jij zag me niet eens. Je hebt echt geen idee wat je me aandoet, of wel?'

Ik probeerde het te volgen, maar tevergeefs.

'Ierland,' verduidelijkte hij. 'Weet je dat niet meer? De oorlog? De bommen? Ik heb je toch vertéld wat ze met me hebben gaan?'

'Het spijt me,' zei ik. 'Ik kan het me niet herinneren.'

'Niet te geloven. Echt, niet te geloven, verdomme! Je vertelt iemand van wie je houdt het belangrijkste verhaal uit je hele leven en ze kan het zich niet herinneren?' schreeuwde Colin. 'Zoiets belachelijks heb ik nog nooit gehoord.'

Ik schoof wat dichter naar het zijraampje toe en stamelde: 'Het spijt me, Colin, maar je hebt me zoveel verteld. En al die verhalen zijn zo ongelooflijk. Hoe kan ik nou alles onthouden?'

'De rest doet er helemaal niet toe. Ik heb het over de oorlog in Noord-Ierland, waarin ik heb meegevochten. Deze dancing lijkt precies op de club waar ik kwam toen er een bomaanslag was gepleegd. Overal lagen bloederige lijken, tieners nog maar, met afgerukte ledematen, soms met de gympen nog aan hun voeten.'

'O, Colin,' zei ik. 'Het spijt me verschrikkelijk.'

Het duurde een hele tijd voordat hij voldoende gekalmeerd was om mijn excuus te accepteren. Ik staarde langs hem heen en wilde dat ik weer kon gaan dansen. Maar als iemand je vertelt hoe gewond hij is, deels door jouw toedoen, dalen er ketenen uit de hemel op je neer die je samenbinden aan die persoon. Ik wist dat ik een grens was overgestoken en dat ik niet meer terug kon.

Met een glimlach pakte ik zijn hand en drukte die tegen mijn wang. Toen legde ik mijn andere hand om zijn nek, trok hem naar me toe en kuste hem.

'Het is oké,' zei hij ten slotte. 'Maar wil je me één ding beloven?'

'Natuurlijk. Zeg het maar.'

'Dat dit de laatste keer is dat we uit dansen zijn gegaan.'

Die nacht wachtte ik tot Colin lag te snurken voordat ik naar de huiskamer sloop en mijn ouders belde. Het moet vier uur in de ochtend zijn geweest. Mijn vader nam op. 'Chris?' zei hij. 'Tracy? Wie is daar? Wat is er aan de hand?' Even later hoorde ik mijn moeder op de andere lijn.

Ze klonk buiten adem, hoewel ik wist dat ze had liggen slapen. 'Trácy?' zei ze. 'O, mijn god. Alles in orde? Wat is er, schat? Wat is er gebéúrd?'

'Rustig nou, mam,' zei ik. 'Er is helemaal niets gebeurd.' Maar toen begon ik te huilen.

'Wat?' zei mijn moeder. 'Mankeer je iets? Ben je gewónd?'

Ik probeerde wat te zeggen, maar kwam niet verder dan een snik. Dapper dwong ik mezelf om door te gaan.

'Het gaat om Colin,' fluisterde ik. 'Ik word bang van hem. Ik denk dat hij gewelddadig kan zijn.'

'Gewelddadig?' zei mijn moeder. 'Hoe bedoel je, gewelddadig? Heeft hij je pijn gedaan? Wie is die Colin, eigenlijk – die hondenmenner met wie je omgaat? Is alles wel goed met je? Of lig je soms in het ziekenhuis?'

'Nee, mam!' fluisterde ik terug, op zo'n fluistertoon die aan schreeuwen grenst. 'Stil nou even, laat me uitspreken. Ik zeg alleen… Vanavond deed hij zo raar toen we gingen dansen. Hij greep me vast. En ik wil niet worden vastgegrepen, door niemand.'

'Natuurlijk niet, schat,' zei mijn moeder. 'Niemand hoort jou vast te grijpen. Wat bedoel je eigenlijk met vastgrijpen?'

'Jezus, mam,' zei ik. 'Gewoon, vastgrijpen! Je weet wel: beetpakken. Hij sleurde me van de dansvloer weg, waar iedereen bij was. Alsof hij wilde bewijzen dat ik zijn bezit ben! En dat beviel me niet, dat is alles.'

'O, god,' zei mijn moeder nog eens, maar ik wachtte eigenlijk op de reactie van mijn vader. Hoewel ik wist dat hij aan de andere lijn was, hield hij zich merkwaardig stil. Vroeger, als ik ruzie had met een vriendje, blies hij zich op en riep dat hij 'zo op die vent zou afstappen om hem manieren te leren'. Maar om een of andere reden mengde hij zich niet in dit gesprek.

'Wat vind jij dat ze moet doen, Don?' zei mijn moeder. 'Hoe kunnen we Tracy helpen?'

Ik kon bijna horen hoe mijn vader in gedachten zijn bankrekening naging – of hij nog genoeg geld had om mij naar huis te laten vliegen. Hij schraapte zijn keel, wat hij de laatste tijd veel vaker deed, en zei: 'Trace? Wat wil je dat we doen? Die

Colin lijkt me een probleem. Kun je ergens naartoe als hij echt gewelddadig wordt? Je weet dat we altijd voor je klaarstaan als je ons nodig hebt. Als je denkt dat Colin je kwaad zal doen, kom je gewoon naar huis.'

'Naar huis?' zei ik. 'Las Vegas is niet mijn thuis, papa, dat weet je wel. Bovendien kan ik niet naar jullie gaan, want Colin heeft al vliegtickets gekocht. Ik ga met hem naar Schotland.'

In juni 1995 vlogen we naar Edinburgh, waar ik een baantje vond bij een sportcentrum, Loch Insh, in een stadje in de Highlands. Colin kende een stel dat ons een appartement wilde verhuren. Terwijl ik aan het werk was – in de bediening, in de tuin van Sally Freshwater, de eigenaresse van Loch Insh, en soms in de bakkerij, heel vroeg in de ochtend – regelde Colin zijn 'zaken'. Hij reisde naar zijn huis aan de noordkust, waar hij zijn vriendin vertelde dat hij iemand anders had ontmoet en dat we samen verder wilden. Zij reageerde door te verklaren dat ze alles zou houden wat ze bezaten, ook Freya, zijn dochtertje van zes. Toen hij naar Aviemore terugkwam was hij te moedeloos om werk te zoeken of een beetje geduldig en lief tegen mij te zijn. Een paar dagen later, toen ik hem vroeg om samen met een nieuwe vriend naar een feestje te gaan, antwoordde hij: 'Jouw vrienden mogen me niet.'

'Hoe kom je daar nou bij?' vroeg ik. Mijn nieuwe vrienden en vriendinnen waren juist nieuwsgierig en belangstellend naar Colin.

'Ze hebben kritiek op me.'

'Welnee. Ze kennen je nog niet eens. Hoe kunnen ze kritiek op je hebben als ze je niet kennen?'

'Ze kijken naar mijn tanden. Ze vinden me lelijk.'

'Colin, ze vinden je helemaal niet lelijk. Bovendien, wat maakt het uit wat zij over je denken? Ik vind je niet lelijk.'

'Nou, ik heb er geen zin in. Ik wil gaan klimmen. Ga met me mee.'

'Toe nou,' zeurde ik, 'ik heb geen zin om dit weekend te gaan klimmen. Ik wil naar dat feest. Waarom bel je je vriend Allen niet? Dan blijf ik thuis en ga ik naar die fuif. Dan hebben we allebei plezier en zien we elkaar weer na het weekend.'

Als Colin een stripfiguur was geweest, zou er rook uit zijn oren zijn gekomen. Hij liep naar de kast en pakte zijn klimspullen en zijn slaapzak in een kleine gele plunjezak. Eén moment dacht ik dat hij me misschien voldoende vertrouwde om me wat ruimte en vrijheid te geven, maar blijkbaar wilde ik het te graag, want opeens draaide hij zich om en zei: 'Aha, nu begrijp ik wat erachter zit. Ik ken die vriend van jou. Dat is zeker die jongen uit British Columbia? Ik weet wel wat je van plan bent. Zodra ik mijn hielen heb gelicht, duik je met hem het bed in. Een beetje met je heupen draaien, zoals je bij mij ook hebt gedaan. Ik ben niet achterlijk. Pak je spullen. Jij gaat met mij mee.'

Deze keer liet ik mijn ouders een vliegticket voor me kopen, terug naar huis. Wat moest ik anders?

Ik had mijn auto verkocht, ik woonde weer 'thuis' en ik was bijna al het zelfvertrouwen kwijt dat ik had opgebouwd voordat ik Colin tegenkwam. Toen hij me belde om te zeggen dat hij een paar weken over onze relatie had nagedacht en nu pas besefte hoe bijzonder ik voor hem was, nam ik hem weer terug. Ik was gewoon een recidiviste en dat patroon had zich diep in me geworteld. Ik vroeg mijn ouders of hij bij ons in mocht trekken en dat vonden ze goed – voorlopig.

Twee weken later was Colin terug in Amerika. En twee maanden daarna vond hij dat we moesten trouwen. Hij hield er niet over op. Als we niet trouwden, zei hij, zou hij nooit geld verdienen, want zonder visum en werkvergunning zou hij het land worden uitgezet. Omdat ik zijn bewering geloofde dat ik hem had 'verleid' naar Amerika terug te komen, stemde ik ten slotte toe. Ik dacht dat ik geen andere keus had. Op 23 februari 1996 stapten we naar de burgerlijke stand in Las Vegas en zetten onze handtekeningen onder de huwelijksakte van King County. Het huwelijk zou twee weken later plaatsvinden.

Toevallig was Mayz, mijn engel uit Twin Falls, in die tijd net in Las Vegas. Jarenlang had ze me kaarten gestuurd, cadeautjes voor me gekocht en gebeden voor mijn welzijn. We hadden elkaar geschreven toen ik aan Interlochen en Cornish studeerde en Mayz had al mijn brieven bewaard in een extra grote envelop, die ze me uiteindelijk stuurde. Nu zou ze op bezoek komen en ik moest haar vertellen over mijn bruiloft.

Nog nooit was iemand met minder hoop en meer berusting in een huwelijk gestapt. Zodra ik thuis de telefoon opnam, wist Mayz al dat er iets mis was. Haar man Steve was naar een conferentie en Mayz wilde langskomen. We spraken af in een katholieke kerk bij de Strip, met beelden voor de ingang die op Power Rangers leken. Geen van beiden vonden we dat ik Colin moest meenemen.

Altijd als ik Mayz zag, wilde ik bij haar op schoot kruipen en huilen als een baby. Zij was de enige van wie ik overtuigd was dat ze het goed met me voorhad. Ik wist dat ze geschokt zou zijn als ik haar over Colin vertelde. Ze had hem al eerder ontmoet, voordat we naar Schotland gingen, en ze mocht hem niet. Zodra ik naast haar ging zitten, kwamen de waterlanders.

'Sorry,' zei ik.

Mayz keek me verbaasd aan. 'Hoezo, schat? Je hoeft je nergens voor te verontschuldigen.'

'Jawel. Want ik heb je niets over het huwelijk verteld.'

'Welk huwelijk?'

'Mijn eigen huwelijk,' antwoordde ik. 'Colin en ik gaan trouwen.'

Mayz keek me een hele tijd aan en schudde toen langzaam haar hoofd. Ze staarde naar het kruis van Jezus, dat voor in de kerk boven een glinsterend gouden tabernakel hing. Toen ze eindelijk iets zei klonk haar stem heel ernstig. 'Ik ken je, Tracy,' zei ze. 'En je lijkt me niet gelukkig. Weet je zeker dat je hiermee door wilt gaan?'

'Ik moet wel,' zei ik. 'Colin rekent op me.'

Maar Mayz was het niet met me eens dat ik er niet meer onderuit kon. Ze pakte mijn hand en keek me aan met die prachtige hazelnootbruine ogen. 'Zeg me alsjeblieft dat je niet zult trouwen als je dat niet echt wilt,' zei ze. 'Want je hoeft helemaal niets, Tracy. Heus niet.'

'Waarom niet?' huilde ik.

'Omdat niemand je ergens toe kan dwingen wat je niet wilt. Zolang je ze geen macht geeft over jezelf.'

'Maar Colin heeft wél macht over me,' zei ik. 'Hij rekent op me. Hij zou me vermoorden als ik me nu nog bedacht.'

Mayz sloeg een arm om mijn schouder en pakte met haar andere hand de mijne. Ik snotterde zacht en probeerde niet luid te hikken, voor het geval andere mensen zaten te bidden. Mayz hield me vast en fluisterde in mijn oor: 'Colin kan je niet vermoorden, schat. Dat kan niemand. Als je trouwt, dan alleen omdat je dat zelf wilt. Jij bent belangrijk, Tracy, geloof dat nou.'

Maar ik zei niets, omdat ik haar niet geloofde.

'Ik wil iets van je horen, Tracy,' ging Mayz verder. 'Zeg me het eerste wat bij je opkomt. Wat wil jíj? Doe je best en probeer het onder woorden te brengen.'

Ik sloot mijn ogen en wachtte tot zich een beeld zou vormen vanuit de gewelven van mijn grijze cellen. Moeilijk was het niet, want ik had het al zo vaak gedroomd. Wat ik wilde was zo simpel dat het voor iedereen mogelijk moest zijn.

Snikkend gaf ik antwoord: 'Het enige wat ik wil is... in de bergen wonen. Met een hond en een baantje om van te leven. Ik zou bij een reformzaak willen werken en fietsen, heel veel fietsen door velden met wilde bloemen. En gedichten schrijven. Ik denk niet dat het ooit zal gebeuren, maar het zou ook fijn zijn als ik iemand vond die echt van me hield.'

Ik wilde dat Mayz op dat moment mijn moeder had gebeld om mij te komen halen. Samen hadden ze me kunnen opvangen en ik had met Mayz kunnen teruggaan naar Twin Falls. Maar ik dacht dat ik me weer zodanig in de nesten had gewerkt dat er geen uitweg meer was. Te veel mensen rekenden op mij. Mijn moeder had al een jurk van vijftig dollar voor me gekocht bij de Gap.

Twee maanden na ons trouwen verhuisden Colin en ik weer naar Alaska. Deze keer kwamen we terecht in het stadje Talkeetna, dat zo'n vierhonderd permanente bewoners telt, maar 's zomers veel meer, als klimmers uit de hele wereld erheen komen om de 6300 meter hoge Mount McKinley te bedwingen. Ik kreeg een baantje bij Nagley's, een kleine supermarkt en slijterij. Colin vond werk als gids bij het wildwatervaren. De eerste paar weken kampeerden we in een tweepersoonstentje aan het einde van het kleine vliegveld van de stad. Terwijl Colin druk bezig was onze buren – berggidsen, beroepsvissers en rangers van het

Denali National Park – te leren hoe ze dingen moesten doen die ze al tientallen jaren deden, leerde ik de dorpelingen kennen.

Vooral een van hen viel op. Hij was een rustige raftinggids met warrig bruin haar en ogen als blauw glas. Hij leek me een jaar of twee-, drieëntwintig, terwijl ik inmiddels zesentwintig was. Toen hij bij Nagley's naar binnen stapte voelde ik meteen een vonk. Hij stelde zich voor als Shawn Edmondson en vertelde dat hij met Colin bij de Talkeetna River Guides werkte. Samen met zijn reusachtige zwarte malamute, Tank, was hij over de Alcan hier naartoe gereden vanaf de universiteit van Montana, maar hij had geen plannen om aan het eind van de zomer weer terug te keren naar de campus. Als het begon te sneeuwen, wilde hij met Tank naar de skihellingen van Colorado vertrekken.

De jongen met de kobaltogen bleef door mijn hoofd spoken. Hij kwam regelmatig bij Nagley's om zichzelf na een dag hard werken te belonen met een koel flesje bier. Als we alleen in de winkel waren bleven we voor de ijskast staan, met de deur wijdopen om wat verkoeling te vinden. Shawn vertelde me dat hij in zijn jeugd in Connecticut veel aan wedstrijdskiën had gedaan en dat hij was opgevoed door uitsluitend vrouwen – zijn moeder, zijn grootmoeder en twee zussen, Courtney en Shannon. Door de manier waarop hij over hen sprak, half lachend, half klagend, maar met duidelijk respect, vertrouwde ik hem meteen. En toen hij zei dat er maar één ding in zijn leven ontbrak – een meisje dat net zoveel van de bergen en van skiën hield als hij – had ik hem het liefst over de toonbank getrokken. 'Dat meisje ben ik!' wilde ik tegen hem roepen. 'Je hoeft het maar te zeggen, dan ga ik er zo met je vandoor!' Maar zo ver gingen onze gesprekken nooit. We praatten totdat de condens van zijn bierflesje droop. Dan rekende hij af en voelde ik zijn vingertoppen tegen mijn hand-palm, en gaf hij me een knipoog en een glimlach. 'Oké, pas goed op jezelf, ik zie je.'

Op mijn vrije dagen ging ik fietsen, plukte bosbessen en tuurde vanaf de oevers van de Susitna River naar Mount McKinley, ter-wijl ik droomde van de dag dat ik hem zou beklimmen. Maar elke avond moest ik weer terug naar Colin. Hoewel we pas ge-trouwd waren, gedroeg hij zich alsof ik elk moment bij hem kon weglopen. Misschien stuurde ik hem onbewust ook zulke signalen. Op een vage, aarzelende manier was ik al bezig mijn vlucht voor te bereiden.

In oktober kochten we met geld van mijn ouders een hectare grond met berken en sparren, even buiten Talkeetna. Daar bouwden we een kleine blokhut. Ik hielp bij de bouw en ver-zorgde ons groeiende team van husky's. Hoewel we nauwelijks genoeg geld hadden om zelf te kunnen eten, verzamelde Colin honden zoals een ander dure schoenen of buitenlands geld. Als ik niet bij Nagley's werkte, stond ik te timmeren en ruimde de bouwplaats op. Maar op een dag, toen ik problemen had om twee balken tegen elkaar te spijkeren, begon Colin te vloeken. Meteen had ik geen zin meer om te helpen.

'Hulp nodig?' vroeg hij. Hij stond achter me te kijken hoe het ging.

'Ik mankeer niks,' antwoordde ik.

'Verdomme, mens, ik vroeg niet of je iets mankeerde, ik vroeg of je hulp nodig had.'

Ik voelde mijn oren rood worden. Langzaam legde ik de hamer neer en vertrok op mijn fiets.

Maar vanaf dat moment kon Colin zo vaak en zo onvoor-spelbaar uit zijn slof schieten dat ik mezelf er voortdurend tegen wapende. Een vriendin die me toen kende zegt dat het leek alsof er twee verschillende mensen in mijn lichaam woonden. Als ik alleen was, vond ze me heel gezellig, creatief en vrolijk, maar als Colin bij me in de buurt kwam, leek ik zichtbaar kleiner te worden, ineen te krimpen. Ze had gelijk, in beide opzichten. Mijn nieuwe buren brachten het beste in me naar boven, maar als Colins schaduw over me heen viel, trok ik me in mezelf terug. Toen de blokhut klaar was, deed ik alles om die kleine, benauwde ruimte – waar Colins emotioneel veeleisende aanwezigheid overheerste – te ontlopen. Ik begon aaneensluitende diensten te draaien bij Nagley's, bouwde een klein netwerk van vriendinnen op en gaf yogalessen in het Talkeetna Community Center.

Ik wist alleen wat ik had geleerd uit mijn boek *Yoga for Runners*, maar in die tijd maakte het in Talkeetna weinig uit of je een expert was. Mijn cursisten hadden gewoon een remedie nodig tegen de klappen die hun lichaam te verduren had bij het houthakken, het vliegen met een Cessna, of het zeulen met loodzware netten vol levende krabben uit Cook Inlet, tijdens het seizoen. Ik begeleidde die ruige kerels en vrouwen bij zorgvuldig geplande asana's en leerde hen eenvoudige posities als Berg, Driehoek en Krijger. Daarna zorgde ik voor geestelijke en lichamelijke ontspanning middels kalmerende meditaties. Ik kreeg niet betaald voor de moeite, maar werd meer dan voldoende beloond door mijn cursisten, die gaven in natura brachten: tassen vol met lange scharen van de degenkrab, wanten gebreid uit eigen gesponnen huskybont en (van de beroemde bushpiloot en muzikant Doug Geeting) grote potten meloensap, dat beter smaakte dan welke milkshake ook.

Mijn yogalessen waren ook heilzaam voor mezelf, als ik me boog en strekte in de warmte van mijn houtkachel. Het zweet van wel duizend slechte herinneringen droop uit mijn poriën op de vloer. De trage, meditatieve bewegingen hadden een rustgevende uitwerking, waardoor ik voor het eerst in mijn eigen gevoel kon afdalen. Tot die tijd had ik mijn angsten altijd weggedrukt door te rennen, te klimmen, te wandelen of te skiën. Dankzij yoga kon ik die gevoelens nu ondergaan.

En wat ik voelde was de oude, diepe droefheid die in elk van mijn cellen huisde, zwaar en dicht, als kwik of chocoladepudding. Maar wat me verbaasde was hoe ik op dat verdriet gesteld was. Het leek wel mijn belangrijkste kenmerk. Weinig mensen die ik kende waren op zulke duistere plekken geweest als ik. Maar door mijn eigen reis naar de hel was ik waarschijnlijk ook beter in staat om mee te voelen met het lijden van anderen.

Dat gevoel strekte zich bijvoorbeeld uit tot een buurvrouw, Krista Maciolek, die mij in januari 1997 om hulp vroeg bij de training van haar sledehonden voor de bijna negentienhonderd kilometer lange Iditarod. Krista was dapper, maar bang. Haar vriend Pecos had terminale kanker. Om daarmee te kunnen omgaan bereidde ze zich voor op de op één na zwaarste ren op aarde. Ik zag dat ze, net als ik, haar fysieke grenzen opzocht om haar angsten te verwerken. Ik hielp haar door haar honden te voeren, ze aan de hoofdlijn voor haar slee te binden en ze voor haar te mennen bij races. Zo nu en dan, tijdens de training, volgde ik haar met mijn eigen hondenteam.

Om zich te kwalificeren voor de Iditarod moest Krista zich bewijzen in twee verschillende rennen. Half januari spraken we af elkaar te treffen bij de start van de Kuskokwim 300, bij de stad Big Lake. Zodra ik haar het parkeerterrein op zag rijden, wist ik dat ze gehuild had. Het was ruim dertig graden onder nul, de windfactor niet meegerekend. Ze huilde nog steeds toen we haar husky's uit hun boxen laadden en naar de startlijn brachten. Ze huilde toen we ze aanlijnden en ze hun boots aan-trokken. Ze huilde toen ze me bedankte voor mijn hulp, voor-dat ze haar slee loshaakte en *'Get up!'* schreeuwde naar haar team van blaffende, jankende husky's. Ze begon aan een vijf-honderd kilometer lange ronde naar de Kuskokwim River, waar de temperatuur nog eens tien graden zou zakken, tot veertig onder nul. Ik wist dat ze niet alleen huilde uit angst voor een race die vierentwintig tot achtenveertig uur ging duren, maar ook omdat ze een paar dagen geleden het bericht had gekregen dat Pecos nog maar enkele maanden te leven had.

Ik was zo geroerd door die één meter vijfenvijftig lange bi-bliothecaresse uit Talkeetna dat ik naar huis ging en een verhaal over haar schreef op de achterkant van een kruidenierszak. Colin en ik waren zo arm in die tijd dat we geen ander blanco papier in huis hadden. Terwijl ik het tafereel beschreef dat nog altijd mijn verbeelding gevangen hield, verbruikte ik ons laat-ste gas voor het licht van de Coleman lamp waarbij ik zat te schrijven. Toen de lantaarn doofde, zette ik mijn hoofdlamp aan en schreef zo verder, totdat het verhaal af was. De volgende morgen ging ik ermee naar het plaatselijke radiostation en las het voor.

Het verhaal over de bibliothecaresse met haar sledehonden was niet zo geweldig, maar wel oprecht. En in de weken nadat het was uitgezonden kreeg ik veel complimenten over de humor en compassie ervan. Niet alleen mijn buren in Talkeetna had-den ervan genoten, maar ook het Alaska Public Radio Network nam het over en zond het twee weken later uit, bij de start van de Iditarod – in Alaska vergelijkbaar met Super Bowl Sunday.

Dat was het moment waarop ik voor het eerst in mijn vol-wassen leven besefte dat ik misschien het talent bezat om te schrijven.

Krista en ik gingen naar Anchorage, waar tientallen hondenmenners zich hadden verzameld rond 4th Avenue en bezig waren hun sleden in te laden met de voorraden voor de lange, zware tocht. Ik verzorgde de poten van Krista's honden, terwijl zij ze nog een laatste hapje voerde voor de race. Ik smeerde de voetzool van elke poot in met zalf van eucalyptus en was, toen ik achter me de voetstappen van sneeuwlaarzen hoorde door de sneeuw. Ze behoorden toe aan een inheemse Alaskaanse vrouw, die zei dat ze in het dorpje Unalakleet woonde, een paar honderd kilometer naar het westen. Ze vertelde Krista dat ze op de radio een verhaal had gehoord over haar en haar hondenteam. Het was zo prachtig, zei de vrouw, dat ze het nooit zou vergeten.

Terwijl ik bezig was een hond zijn boots aan te trekken sloot ik mijn ogen en luisterde ik naar het compliment aan mijn adres. Ik had iemand bereikt. Ik had een verschil gemaakt.

19

De grote ontsnapping

Was dat verhaal maar het begin geweest van een nieuw leven, een mooi leven, met aardige mensen, echte liefde en grootse, ongelooflijke avonturen. Maar ik moest nog één obstakel overwinnen en dat was Colin.

In de winter van 1997 escaleerde Colins agressie tot het punt waarop ik bang werd dat hij me fysiek iets zou aandoen. Als we ruzie hadden, ging hij tekeer totdat zijn gezicht rood aanliep. Een van die ruzies was zo heftig dat ik op kousenvoeten het huis uit rende en een paar uur zat te huiveren in onze aftandse Subaru. Ik sloop pas weer terug naar mijn inmiddels gekalmeerde echtgenoot toen ik besefte dat ik anders aan onderkoeling zou bezwijken.

Vanaf dat moment begon ik serieus naar een uitweg te zoeken. Ik smeedde grote plannen, om bijvoorbeeld al mijn geld te sparen en te ontsnappen naar een yogakolonie ergens op Hawaii of in Costa Rica. Toen het tot me doordrong dat ik nooit een cent zou overhouden zolang ik voor Colin en onze (inmiddels vijfentwintig) sledehonden moest zorgen, begon ik heimelijk naar andere mogelijkheden te zoeken, samen met mijn buurvrouwen.

Een vriendin, Bonnie-Ann, vertelde me over een vacature voor ranger in Denali. Die baan was me op het lijf geschreven, zei ze, en ik moest zeker solliciteren. Het werk vereiste dat ik de hele zomer naar het park verhuisde. Familiewoningen waren er niet, dus Colin kon niet mee. En dat niet alleen, ik zou steeds zeven tot tien dagen achtereen door het bijna twaalf miljoen hectaren grote park van Denali moeten patrouilleren – lange trektochten over passen en door ongerepte rivierdalen, om te controleren of mensen hun eten wel in stevige boxen bewaarden, veilig voor de grizzly's. Ik werd bijna duizelig van geluk bij de gedachte om te werken en te leven in een gebied waar je het grootste deel van het jaar meer lynxen, wolven en veelvraten vond dan mensen. Begin maart zei ik tegen Colin dat ik een hele dag met Bonnie-Ann naar een yogacursus ging, en reed toen driehonderd kilometer met haar naar Denali.

Zodra we Bonnie-Anns vrienden op het hoofdkwartier van Denali hadden gesproken, wist ik dat ik daar ranger moest worden. Ik solliciteerde ter plekke. Permanente inwoners van Alaska hebben voorrang bij de sollicitatie naar ranger-functies in de parken, dus had ik een goede kans om te worden aangenomen tegen het vorstelijke salaris van elf dollar per uur.

Het enige probleem was dat Colin me nooit zou laten gaan. Dus wachtte ik tot ik daadwerkelijk was aangenomen voordat ik het hem zou zeggen. Van Bonnie-Ann mocht ik haar postbus gebruiken voor correspondentie. Als de brief kwam, met een aanbod of een afwijzing, zou ze bericht sturen via het programma *Denali Echos* op de plaatselijke radio, waarin boodschappen werden doorgegeven aan mensen in de rimboe die geen telefoon hadden.

De dag dat de brief arriveerde stuurde Bonnie-Ann me een Echo. Zoals we hadden afgesproken hield ze het kort en in code: 'Aan Tracy in Freedom Hills, van Bonnie-Ann. Het konijn is uit het water.' Colin hoorde het ook, maar toen hij vroeg wat het betekende, zei ik dat Bonnie-Ann me wilde laten weten dat ze een leuke date had gehad met iemand. Ik zag dat hij me niet geloofde, maar dat kon me niet schelen. Ik ging werken in Denali.

De vraag was alleen hoe. Als Colin erachter kwam dat me een baan was aangeboden, zou hij dreigen de directie van het park te bellen om te zeggen dat ik had gelogen bij mijn sollicitatie. Hij zou roepen dat ik te stom was om ranger te worden, dat ik geen richtingsgevoel bezat (dat is zo) en dat ik nog geen vuurtje kon maken, zelfs als iemand me een geprepareerd houtblok en een blik kerosine had gegeven. Ik wist dat hij mijn zelfvertrouwen zou ondermijnen totdat ik van het hele plan zou afzien. Daarom bereidde ik mijn grote ontsnapping zorgvuldig voor, samen met Bonnie-Ann en een andere vriendin, Cheri. Zij zouden naar mijn huis komen op de dag dat ik Colin wilde vertellen dat ik naar Denali ging. Cheri had geld en een goede auto. Samen met Bonnie-Ann zou ze aan het einde van het pad blijven wachten en ervoor zorgen dat Colin me niet achterna kwam. We waren alle drie zo benauwd dat Cheri zelfs aanbood een geweer mee te nemen.

Op de grote dag stuurden Cheri en Bonnie-Ann nog een Echo om te melden dat ze om elf uur zouden klaarstaan. Ik liep het pad naar mijn huis af totdat ik Cheri's rode terreinwagen ontdekte. Zij en Bonnie-Ann sprongen eruit, begroetten me met een haastige omhelzing en zeiden dat ik flink moest zijn. Ik ademde hun luchtje van gerookt hout en rozenwater in voordat ik naar de kennel liep, waar Colin bezig was de hokken uit te mesten.

Ik pakte een schep en hielp mee.

'Ik moet met je praten,' zei ik.

'O ja? Waarover?'

'O, een paar dingetjes.'

'Wat voor dingetjes? Prettig of onprettig?'

Ik wachtte even, omdat ik wist dat ik het ging zeggen. Ik spande mijn spieren onder mijn regenjack en prentte mezelf in dat het nu of nooit was. 'Ik wil je iets belangrijks vertellen,' zei ik. 'Laten we maar thee zetten.'

Dat had ik beter niet kunnen zeggen, omdat we meestal thee zetten ná een hevige ruzie. Ik wachtte op een teken dat Colin me doorhad, maar hij leek totaal niet achterdochtig.

'Thee? Oké, ik kom er zo aan.'

Ik ging naar binnen en zette thee, orange pekoe voor hem, earl grey voor mij. Terwijl de thee trok, tuurde ik door de deur en zag dat mijn rugzak klaarlag waar ik hem had verborgen, achter een boom. Alles wat ik nodig had zat erin, voor het geval Colin over de rooie zou gaan en me zou willen vermoorden.

Hij kwam binnen, trok zijn werkschoenen uit en ging in de schommelstoel bij het raam zitten. 'Oké, ik ben er. Waar gaat het over?' vroeg hij.

Heel even had ik bijna spijt. Colins ogen glinsterden vol verwachting. Misschien hoopte hij wel dat ik hem zou zeggen dat ik zwanger was, maar al voordat we trouwden had ik geweten dat ik hem nooit kinderen zou geven. Ik wilde niet voor eeuwig door ons nageslacht met hem verbonden zijn. Glimlachend schommelde hij in zijn stoel.

Nog steeds zei ik geen woord. Met bonzend hart leunde ik tegen de ladder naar de zolder. Als ik het hem nu niet vertelde, zou het nooit meer gebeuren. Ik mocht niet de moed – en daarmee mijn baan als ranger – verliezen. Ik wachtte zo lang als ik kon en zei toen: 'Ik...'

Buiten blafte een hond. Een ander begon te janken en algauw was het een heksenketel. Hopelijk hadden ze Bonnie-Ann en Cheri niet in de gaten gekregen. Het zou heel pijnlijk zijn als ik werd verraden door de honden.

'Wat?' vroeg Colin. De glinstering was uit zijn ogen verdwenen. Hij staarde me aan. Het haar op mijn armen en in mijn nek kwam overeind. Zeg het nou, spoorde ik mezelf aan. *Alsjeblieft, zeg het nou.*

Oké, daar gaan we.

'Ik ga in Denali werken.'

Colin hield op met schommelen.

'Wat?' vroeg hij weer.

Niet stoppen nu. Doorgaan. Bonnie-Ann staat te wachten.

'Ik zei... dat ik naar Denali ga. Ik heb gesolliciteerd op een baan als ranger. En ze hebben me aangenomen. Vind je dat niet leuk?'

Aanvankelijk bleef Colin nog kalm. Hij greep de leuningen van de stoel en begon weer te schommelen. Toen plantte hij zijn elleboog op de armleuning en steunde zijn kin in zijn hand. Een fractie van een milliseconde, of nog minder, dacht ik dat hij het goed zou vinden dat ik ging. Maar de volgende fractie van een milliseconde zei hij: 'Hoe wou je daar komen? Je hebt geen auto.'

Ik voelde mijn maag draaien, maar ik hield vol.

'Ik dacht dat Bonnie-Ann me kon brengen. Zij werkt daar elke zomer.'

Colins gezicht betrok. 'O, zit zij hierachter, *Boney Arm?* Heeft zij je opgestookt om bij je man weg te gaan? Waarom verbaast me dat nou niet?'

'Nee, niet Bonnie-Ann,' zei ik dringend. 'Het was mijn eigen idee. Ik wil graag ranger worden. Dat lijkt me geweldig leuk.'

'Leuk?' zei Colin. 'En waarom zou jij dat leuk moeten vinden? Het is veel leuker voor je om hier te blijven en mij te helpen met de honden. Wat is er zo leuk aan om weg te lopen en je man de hele zomer in zijn eentje te laten zitten?'

'Maar we hebben het geld nodig,' ging ik verder. 'En het zou goed voor me zijn. Ik ben steeds tien dagen op patrouille in het park. Om mensen te helpen en zo. Stel je voor...'

Toen ik het zei, wist ik al dat het de verkeerde opmerking was. Ik had het moeten voorstellen alsof het allemaal voor Colin was bedoeld. Dat ik een zomerbaantje had genomen zodat hij de kans zou krijgen om de hondenmenners van de kennel in het park te leren kennen. 'Denk je eens in,' had ik moeten zeggen. 'We kunnen naar Denali verhuizen, zodat jij de hele winter met de honden uit het park kunt racen.'

Maar dat zei ik niet. En dat was het moment waarop Colin opstond, de ladder naar de zolder beklom en mij met mijn eigen spullen begon te bekogelen. Schoenen, boeken en kleren daalden op me neer als grote hagelstenen. Ik ontweek een klein houten sieradenkistje dat ik van mijn moeder had gekregen. Het scheerde langs me heen en kletterde tegen de grond. Turkooiskettinkjes en grote oorringen vlogen rond mijn voeten. Toen ik weer opkeek, zag ik mijn gevoerde winterslaapzak op me afkomen, gevolgd door mijn dagboeken, alle vijf, bijeengehouden door een groot elastiek.

Zonder een woord bukte ik me om mijn bezittingen bijeen te rapen. Maar Colin stormde de ladder weer af en griste ze uit mijn handen. Hij liep naar de keuken en pakte een grote zwarte vuilniszak. 'Verdomme!' riep hij steeds, terwijl hij mijn spullen in de zak propte. 'Ik had het kunnen weten.'

Ik wachtte tot hij klaar was en nam heel behoedzaam de vuilniszak van hem over. Als dit zijn ergste reactie was, viel het nog mee. Omdat ik bang was hem recht aan te kijken, hield ik mijn hoofd gebogen. Daardoor zag ik dat hij zijn hand omhoog bracht, alsof hij me wilde slaan.

'Nee. Ik heb er de problemen niet voor over die ik me op de hals zou halen,' zei hij, voordat hij zich omdraaide en wegliep. 'Je bent het niet waard. Dat wist ik al sinds het moment dat ik je tegenkwam. Je bent gewoon een stom, waardeloos klein kreng.'

Ik heb dat woord in een doekje gebonden en ergens in mijn geheugen opgeslagen. Want hoe onaangenaam het ook was, toch had ik me geen beter afscheid kunnen voorstellen. Colin stormde nog achter me aan toen ik het pad af rende naar Cheri's vluchtauto, schreeuwend dat ik een kleine slet was die nooit geboren had moeten worden. Maar toen hij mijn vriendinnen zag, klaar om mij te steunen en te verdedigen als het nodig was, bleef hij staan.

Ik sprintte de laatste veertig meter naar de wagen, rukte het portier open en sprong op de voorbank. Bonnie-Ann drukte zich tegen Cheri aan om ruimte te maken voor mij en mijn vuilniszak. Cheri schakelde in de versnelling en we gingen er in de sneeuw vandoor. De achterkant van de terreinwagen slipte nog heen en weer, alsof hij Colin vaarwel zwaaide.

Het duurde tot we de steile helling van Freedom Hills Drive waren afgedaald en het omgeploegde wegdek van Comsat Road hadden bereikt voordat ik voldoende moed had verzameld om achterom te kijken.

Drie weken later woonde ik in Denali. Ik was verhuisd naar een kleine, rustieke blokhut op het complex voor het personeel, had een week ranger-training achter de rug en verdeelde mijn tijd nu tussen diensten van tien uur achter de balie van het bezoekerscentrum en patrouilles van tien dagen door het achterland. Samen met één of twee andere rangers trok ik door de uitgestrekte stroomgebieden van de rivieren en kruiste het pad van grizzlyberen, kariboes en elanden. Zonder vaste routes om ons aan te houden kozen we zelf ons pad, altijd met de Alaska Range in zicht. Zingend, zodat de beren in het park ons konden horen aankomen, kapten we ons door dichte, kleverige elzenbosjes heen en beklommen de met steenslag en sneeuw bedekte hellingen.

Alle grote rivieren van het park komen rechtstreeks van gletsjers in de Alaska Range. Soms waadden we heuphoog door het ijzige water. Eén keer viel ik met mijn zware rugzak in de McKinley River en verdronk bijna. Het met slik vertroebelde water zoog me onder voordat ik mijn heupriem kon losmaken. Eerst werd ik op mijn rug meegesleurd en zag mijn partners achter me verdwijnen, maar ten slotte wierp de stroming me op mijn buik, zodat ik vooruit kon kijken. Mijn voet bleef haken achter de stenen op de bodem en het water sloeg met kracht tegen me aan. Ik kreeg het benauwd en mijn vingers raakten gevoelloos. Ik wist dat het met me gebeurd zou zijn als ik me niet van mijn rugzak kon bevrijden, dus ramde ik op mijn heupriem totdat de gesp losschoot. Maar de borstriem zat nog vast. Een paar doodsbange seconden dacht ik dat ik zou verdrinken, daar in de schaduw van Mount McKinley, maar op het laatste ogenblik, toen mijn hoofd al bijna onderging, kreeg ik de bovenste gesp los, wurmde me uit de riemen en klom uit de rivier.

Hoewel ik wist dat de wildernis me letterlijk kon doden, weerhield me dat er niet van de rivieren over te steken. De volgende dag begon ik aan een patrouille in een ander deel van het park en was vier dagen onderweg in de stromende regen. Mijn groep en ik zagen de Chulitna River rijzen en dalen met iedere verandering in de kracht van de buien. We liepen de hele weg langs de oever en staken een paar keer de rivier over, tot ons middel of onze borst in het water, maar zonder problemen.

In de loop van mei en juni kreeg ik steeds meer ervaring en bedrevenheid in de patrouilles door het achterland. Het werd er nooit donker, maar ik nam altijd een zaklantaarn mee. Soms ging ik solo. Dan vertrok ik in mijn kriebelige grijze uniform uit het bezoekerscentrum, achter in de bus met backpackers, om op mijn favoriete plekken uit te stappen. Toeristen wezen naar mijn gouden badge en ik zag de bewondering – en verbazing – op hun gezichten. Je zag ze gewoon denken hoe een meisje zoals ik aan zo'n gevaarlijke en belangrijke baan als ranger in Denali was gekomen. Ik bemoeide me met niemand als we hobbelend de honderdvijftig kilometer lange weg naar Wonder Lake aflegden, maar er kwam altijd wel iemand naast me zitten, achter in de bus, om te vragen: 'Ben jij een ranger?'

Dan sloeg ik mijn armen over elkaar en zei: 'Yep.'

'Wat doe je dan nu?'

'Ik ga op patrouille.'

Inmiddels luisterden er al een paar mensen mee.

'Ga je alleen?' vroeg iemand.

'Daar ziet het wel naar uit,' antwoordde ik.

'Maar de beren dan? Ben je niet bang om te verdwalen?'

Ik nam de tijd voor mijn antwoord, in de wetenschap dat nu de hele bus aan mijn lippen hing. Ik had ook geen haast. De rit naar Wonder Lake duurde zes uur en nog langer als de chauffeur elke keer stopte als hij of zij een alpensneeuwhoen langs de weg zag. Dan verdrongen tachtig mensen zich voor de raampjes om foto's te maken van de pluizige vogel. Ik bleef zitten, zodat iedereen begreep dat ik al genoeg alpensneeuwhoenders – en steenarenden, wolven en lynxen – had gezien. Als het fotomoment voorbij was wachtte ik tot de toeristen ons gesprek weer voortzetten en gaf ik antwoord op hun vragen.

'Ik ben niet bang,' zei ik, 'omdat de beren van Denali aan mensen gewend zijn. In dit park is nog nooit iemand door een grizzly gedood. Laat ze duidelijk horen dat je eraan komt, dan blijven ze meestal uit de buurt. Je moet natuurlijk wel je eten goed opbergen en nooit op de vlucht slaan als er een beer op je afkomt, maar verder is het geen probleem. En de weg vinden is zelfs nog makkelijker. De weg door het park loopt van oost naar west. De Alaska Range ligt ten zuiden van de weg en alle rivieren stromen van zuid naar noord. Het is een groot en breed gebied, waaraan geen einde lijkt te komen. Verder weet ik er ook niets van.'

20

Liefde, zowaar

Het zou nog een jaar duren voordat ik me uit Colins klauwen had bevrijd en zo vaak echtscheidingspapieren had opgestuurd dat hij eindelijk begreep dat het me ernst was. Na de crisis in Talkeetna volgde hij me naar Denali, maar ik hield voet bij stuk. Onze relatie was voorbij. Hij woonde nog in onze blokhut, hoewel die technisch gesproken van mij was. Ik deed alles om hem daar weg te krijgen. Ik belde zelfs de politie en probeerde een contactverbod te regelen, ik meldde aan de immigratiedienst dat hij zonder visum werkte en ik viel op onverwachte momenten bij hem binnen. Ten slotte vertrok ik zelfs uit Alaska voor een reis van zes weken door Zuid-Amerika.

Toen ik terugkwam, bood een vriendin, Julia, me aan dat ik bij haar en haar zus kon komen wonen in Winter Park, Colorado, een klein, niet-commercieel wintersportstadje op ruim honderd kilometer van Denver. Het werd van Interstate 70 gescheiden door de vierduizend meter hoge Berthoud Pass. De eerste keer dat ik over die pas reed, nieuwjaarsdag 1998, was het noodweer in de Rocky Mountains. Lawines stortten zich langs de besneeuwde hellingen omlaag en blokkeerden de wegen. Gelukkig bleef de weg waarop ik reed lang genoeg vrij om in Winter Park te kunnen komen.

De avond dat ik daar arriveerde kreeg ik van een zekere Greg een gratis liftticket om te gaan skiën. De volgende dag ging ik van negen tot vier voortdurend met de skilift op en neer en had ik mijn nieuwe roeping gevonden. De derde dag meldde ik me bij het kantoortje en kocht mijn eerste seizoenskaart. Die winter stond ik elke dag op de ski's, zodra ik klaar was met mijn werk in de plaatselijke broodjeszaak, waar ik koffie inschonk voor toeristen en broodjes roomkaas smeerde. Colin volgde me ook naar Winter Park en ik woonde nog even met hem samen. Maar al snel besefte ik dat er niets meer te redden viel, dus trok ik in bij Julia's jongere zus Melanie. Zij gaf me een bank om op te slapen, vriendschap en liefde, en de moed om voorgoed afscheid te nemen van de tandeloze hondenmenner.

Omstreeks februari 1998 kreeg ik het gevoel dat de wereld me mijn vrijheid had geschonken. In oktober van het jaar daarvoor was ik uit Alaska vertrokken om zes weken door Ecuador te fietsen. Ik reisde met een digitale audiorecorder waarmee ik reisverslagen maakte die ik terugstuurde naar Talkeetna. Mijn verhalen konden overal over gaan, van wat we aten – gekookte vis met uitpuilende ogen – tot aan een vrouwengevangenis waar moeders zelf hun baby's grootbrachten. Ze waren zo populair dat het plaatselijke radiostation de hele serie zelfs twee keer uitzond.

Eindelijk begon ik het schrijven wat serieuzer te nemen. In de jaren die volgden haalde ik aan de universiteit van Alaska en later die van Colorado een graad in Engels, met de nadruk op creatief schrijven. Toen ik in Winter Park woonde, ging ik ook schrijven voor de plaatselijke krant. Daarna volgden verhalen in bladen als *Climbing, Skiing, Outside* en *Powder*. Dat alles sterkte me in mijn overtuiging dat ik het talent, de stem en de levenservaring bezat om een professioneel journalist te worden. Dat gebeurde ook en in een tempo dat ik zelf nauwelijks kon geloven.

Maar op die dag in februari was ik niet bezig met schrijven en dacht daar zelfs niet aan. Ik stond op het parkeerterrein van de Berthoud Pass, klaar om te gaan skiën. Er was vijfentwintig centimeter sneeuw gevallen en mijn vrienden popelden om van start te gaan. Ik bevestigde net mijn lawinebaken, dat reddings- ploegen vertelt waar je je bevindt als je in een lawine terecht- komt, toen er vanuit het niets een pluizige zwarte malamute opdook die met zijn kop tegen mijn zij sloeg. Hij rende het parkeerterrein rond, achter zijn eigen staart aan. Het duurde even voordat ik hem herkende, maar ik wist dat ik hem eer- der had gezien. Alaska… Koud bier… Een jongen met warrig haar en ogen met de kleur van blauw glas. Wacht! Die mala- mute was Tank Edmondson, en Tank was Shawn Edmondsons hond!

'Tank!' riep ik. 'Wat doe jij boven op de Berthoud Pass?'

De sneeuw viel in grote, platte vlokken en vormde een dik tapijt over de steile hellingen, omzoomd door donkergroene bomen. Overal om me heen verhieven reusachtige bergen zich boven de slaperige ansichtkaartvallei, waar ik inmiddels een handvol ski-maatjes en vrienden had verzameld. Bijna dagelijks reden we in iemands auto naar de Berthoud Pass om rondjes te skiën over de ongerepte sneeuw, die als rookwolken om onze bovenlijven dwarrelde.

Tank kwam teruggewaggeld. Zijn grote zwarte staart kwis- pelde boven zijn enorme, zwarte lijf. Ik knielde en kriebelde zijn voorhoofd, maar keek ook snel het parkeerterrein rond. Een warm gevoel kroop vanuit mijn buik naar mijn hals en mijn wangen. Ergens in de buurt moest de lieve, knappe jongen zijn over wie ik al sinds Talkeetna had gedroomd.

'Tracy Ross?' riep een stem vanaf de andere kant van het parkeerterrein. 'Waarom zit jij hier in Colorado mijn hond te aaien?' Ik volgde de richting van het stemgeluid totdat ik Shawn ontdekte. Hij droeg een marineblauwe skibroek, een heldergeel regenjack en een grote, zwarte skibril, maar onder al die lagen zag ik toch de contouren van het lichaam dat me zo'n prettige huivering had bezorgd in Talkeetna. Hoe dichter hij naar me toe kwam, des te meer ik de neiging moest onderdrukken om hem tegemoet te rennen en te omhelzen.

'Wat doe jij hier?' vroeg hij weer. 'En waar is Colin?'

Ik zei hem niet dat Colin me was gevolgd, omdat ik opeens zeker wist dat ik er binnen een paar dagen voorgoed een streep onder zou zetten. Ik zou het advies van Julia en Melanie opvolgen om hem in het openbaar te confronteren. Ik wilde hem meenemen naar een restaurant om alles 'openlijk' te bespreken en hem definitief duidelijk te maken dat ik wilde scheiden. Zodra hij zijn stem verhief, kon ik om me heen kijken en zeggen: 'Wil je me echt gaan uitschelden waar al die mensen bij zijn?' Dan zou ik mijn spullen pakken om in te trekken bij Melanie, een fotografe die ooit de fotoredactie van *Time* in het Midwesten had geleid.

Shawn en ik draaiden lachend om elkaar heen.

'Nou, zeg eens wat. Hoe gaat het met je? Ben je hier alleen?' vroeg hij.

Mijn hart bonsde en mijn hoofd duizelde. 'Colin is er wel, maar het is uit. Heb je zin om te skiën?'

Op onze eerste date skieden Shawn en ik de hele dag vanaf het moment dat de lift openging, om negen uur 's ochtends, tot sluitingstijd om vier uur. We doken tussen de bomen en namen de richels van opgewaaide sneeuw totdat we nauwelijks meer op onze benen konden staan. Shawn scheerde zo snel door de sparrenbosjes dat ik hem bijna niet kon volgen. Maar om de paar minuten hield hij halt en riep mijn naam om zich ervan te overtuigen dat ik nog steeds bij hem was.

Die hele winter deden we bijna niets anders dan skiën. Als we niet de lift naar boven namen, beklommen we te voet de steile, winderige hellingen rondom Berthoud Pass. Shawn wist waar de wind de sneeuw deponeerde in diepe, glooiende trajecten, die betrekkelijk veilig waren voor lawines. We skieden elk moment dat we de kans kregen en leerden elkaar kennen in de omgeving waar we ons allebei het energiekst en prettigst voelden.

Ik weet niet wanneer, maar al vrij vroeg in onze relatie vertelde ik Shawn over het misbruik. Waarschijnlijk stonden we op de ski's, want ik wilde er niet te veel nadruk op leggen. Toch vond ik dat hij het moest weten, voor het geval onze relatie serieuzer zou worden. Toen hij het hoorde, reageerde hij net zo rustig en beheerst als ik het hem had verteld.

Ik was blij dat hij niet over de rooie ging en riep dat hij mijn vader zou vermoorden of zoiets. Het is nooit mijn bedoeling geweest dat hij als een doldrieste ridder zijn zwaard zou grijpen om mijn eer te wreken. Misschien was ik er inmiddels aan gewend geraakt dat niemand echt in mijn problemen geïnteresseerd was; of misschien vertelde ik het alleen om hem duidelijk te maken dat mijn droevige buien – die me nog altijd onverwachts overvielen, hoeveel schoonheid en liefde ik nu ook om me heen had – niets met hem te maken hadden, maar met mij en mijn voorgeschiedenis.

Dat voorjaar ging ik terug naar Denali. Mijn werk als ranger wachtte en niets kon me tegenhouden. Shawn had niet gesolliciteerd in Alaska: hij had een goede baan bij een grondverzetbedrijf in Winter Park. We hadden samen een heerlijke winter doorgebracht, maar waren allebei vastbesloten ons niet halsoverkop in een relatie te storten. Toch hadden we bij de afsluiting van het skiseizoen geen van beiden haast om al een eind te maken aan iets wat nog maar nauwelijks begonnen was.

In de loop van de winter hadden mijn ouders een retourticket voor me gekocht van Las Vegas naar Alaska, waarschijnlijk om er zeker van te zijn dat ik nog op bezoek zou komen voordat ik weer voor onbepaalde tijd uit de Lower 48 zou vertrekken. Dus bood Shawn aan om me terug te rijden vanuit Winter Park. We vertrokken begin april en hielden halt in Crested Butte, Colorado.

Je kon daar gratis skiën aan het einde van elk seizoen. We gingen op weg en skieden over terrein dat ik vroeger nooit zou hebben aangedurfd. De Poma lift bracht ons omhoog voor een route over steenvelden waar je beslist niet mocht vallen, met hellingen van wel veertig graden. Shawn zei dat hij nog nooit zo'n stoere meid als ik had meegemaakt en nam een foto van me terwijl ik een sprong maakte met mijn armen en benen gespreid. Zelf keek ik hoe hij zich langs de rotsen omlaag stortte en zijn ski's richtte over met steenslag bedekte hellingen. Ik kon mijn geluk niet op.

's Nachts sliepen we achter in zijn pick-up en ritsten onze slaapzakken aan elkaar omdat het zo koud was. We ravotten wat en veroorzaakten genoeg vonken om een bosbrand te beginnen, totdat we eindelijk weer zij aan zij lagen, starend naar de sterren. Mijn slaapzak was eigenlijk niet bestand tegen temperaturen rond het vriespunt, maar met Shawn naast me bleef het warm genoeg.

We zeiden tegen elkaar dat liefde alleen voor sukkels was. Allemaal onzin, vond Shawn. Als je iemand moest zeggen dat je van hem of haar hield, deed je dat juist niet. Dat verhaal hielden we een tijd vol, op onze hele reis door Colorado, Utah en Nevada, terwijl het landschap veranderde van hoge toppen naar rode moddervlakten en een woestijn als een uitgebleekte zeebodem.

Daar, in die woestijn, op de avond voordat Shawn zou teruggaan naar Colorado en ik naar Denali, zeiden we ten slotte toch die vier woorden waarvoor we zogenaamd zo'n minachting hadden. En we zeiden ze bijna op hetzelfde moment. Zilte tranen stroomden over onze wangen toen we probeerden het naderende afscheid te verwerken. Maar de mijne droogden weer op toen Shawn zei dat hij me over een paar weken achterna zou komen naar Alaska.

Shawn en ik verkeerden nogal eens in levensgevaar. Tenminste, zo leek het, onze eerste zomer in Alaska.

Alleen al bij mijn eigen blokhut telden we tien grizzlyberen die door de planten langs de veranda aan de voorkant slenterden. Dankzij Colin hadden we een deur van versterkt multiplex, met ramen van plexiglas, geïsoleerd met piepschuim. Het slot van de deur was een stuk elastiek, vastgemaakt aan een deurkruk van sloophout. Op een dag hoorden Shawn en ik wat gejammer onder het huis – de pups van mijn sledehond Merlin. Toen we naar buiten keken, zagen we een reusachtig grizzlywijfje met twee adolescenten van zo'n negentig kilo zwaar. We openden de deur en stapten de veranda op, want zonder geweer of zelfs maar een bus zogenaamde antiberenspray, hadden de grizzly's gewoon de wand kunnen slopen om ons te verslinden. Steeds als de pups begonnen te janken kwamen de beren wat dichterbij, totdat Shawn en ik ze wisten te verdrijven door luid te schreeuwen. Ten slotte kwam Merlin terug van haar strooptocht door het afval van de buren, waarna de beren hun belangstelling voor de pups verloren.

Als we die zomer een dier als totem hadden gehad, zou het de grizzly zijn geweest. Ze wisten ons overal te vinden. Op een riviertochtje over de afgelegen East Fork van de Chulitna River, op ons kleine opblaasvlot, voeren we langs drie beren, die over de modderige oevers liepen. We hadden een geleend geweer bij ons, maar overwogen geen moment om het te gebruiken. Kwetsbaar als kleine kinderen, niet meer dan een snack voor de grizzly's, peddelden we geruisloos bij de oever vandaan totdat ze weer verder liepen, hopend dat ze ons niet hadden gezien.

Toen we genoeg angstige confrontaties met grizzly's hadden meegemaakt, belandden we in ons laatste avontuur, deze keer in de grizzlyvrije zone van de met sneeuw en ijs bedekte Alaska Range. Een van mijn bazen in het park had me toestemming gegeven voor een patrouille daar. Met drie andere klimmers vlogen we met een klein toestel naar het Ruth Amphitheater, niet ver van een kleine hut die opgebouwd was uit een stapel stenen in het midden van een gletsjer, bekend als Mountain House. Shawn en ik waren geen ervaren klimmers, dus vertrouwden we volledig op twee jongens uit Telluride, Colorado, die wisten hoe je met touwen de gapende kloven van de Ruth Glacier kon oversteken.

Vanaf het eerste begin hadden we problemen. De ervaring van onze 'gidsen' viel nogal tegen. We kwamen veilig over het gletsjerveld heen, maar toen we Mount Dickey wilden beklimmen, tegenover de beroemde Moose's Tooth, kwamen we in heuphoge poedersneeuw terecht op een ondergrond van spekglad zwart graniet. Als die sneeuw was gaan schuiven, zouden we te pletter zijn gevallen.

We trokken ons net weer terug toen onze piloot over ons heen vloog om contact te maken. Maar onze radio zat diep weggeborgen in iemands rugzak. Later hoorden we dat hij ons had willen waarschuwen voor zwaar weer, waardoor alle vluchten naar het gebied waren geschrapt. Daarom trokken we ons terug naar de 747 Pass waar we ons kamp opsloegen. Binnen enkele uren begon de temperatuur op te lopen, dreven er wolken binnen en ontdeden de bergen zich van hun 'huid' in lawines die met geen pen te beschrijven waren. Door de laaghangende wolken heen hoorden we aan alle kanten de sneeuw omlaag storten. Zelf dachten we dat we redelijk veilig waren, omdat we ons op een soort eiland bevonden. Maar we wisten niet wanneer en óf het ooit zou ophouden, zodat we ons eindelijk in veiligheid konden brengen.

Drie angstige dagen lagen we in ons tentje. Ik had vooral medelijden met onze tentgenote Julia, die de geluiden van Shawn en mij moest verdragen als we lagen te vrijen om de tijd te doden. De dagen tot aan het moment dat we zouden worden opgehaald verstreken en de spanning steeg, omdat we echt niet wisten of we het zouden redden of toch onder een lawine zouden worden bedolven. Al die tijd viel er geen onvertogen woord tussen Shawn en mij. Sindsdien hebben we nog vaak genoeg ruzie gehad en op het punt van scheiden gestaan, soms zo ernstig dat onze kinderen in tranen waren. Maar uiteindelijk vallen we altijd terug op het fundament dat we toen in Alaska hebben gelegd.

Op 10 juli 1999 trouwden Shawn en ik in Winter Park, op een veld met uitzicht over de Continental Divide. Hier en daar lag nog sneeuw op de bergen, glinsterend in de ijle hoge lucht. Naar alle kanten, zo ver als het oog reikte, waren we omringd door reusachtige kale toppen. Een roodstaartbuizerd scheerde over het veld, op zoek naar zijn avondeten. Plompenbladen dreven op het water van een vijver die iemand had gegraven om kleine vogels en zoogdieren aan te lokken.

Hoewel er die middag slecht weer was voorspeld bleef het licht en zonnig tot na de ceremonie, toen we de muziek harder zetten om te dansen. Ik droeg een lange, crèmekleurige jurk met een bescheiden queue de Paris aan de achterkant, Shawn een mooi groen pak. We hadden allebei grasvlekken op onze blote voeten.

Mayz had de leiding van de plechtigheid en stond tussen Shawn en mij in, omringd door een kring van onze vrienden en familie. Op een van de foto's gaat haar hand naar haar hart, als reactie op de huwelijksgeloften die wij voor elkaar hadden geschreven, heel teder, emotioneel en eerlijk. Maar wat niet op de foto is te zien, is het effect dat ze een paar uur voor de ceremonie op me had, toen ze me iets vertelde wat een geweldige domper betekende op de blijdschap die ik mezelf toch dwong uit te stralen. Het was zo vreemd en verontrustend dat ik bijna de hele bruiloft had afgelast.

In de jaren sinds die autorit met mijn vader over de Alcan waren zijn excuses steeds heftiger en oprechter geworden. Maar nog steeds beweerde hij eufemistisch dat hij me had 'gekwetst' en 'mij het leven moeilijk had gemaakt'. Ik deed alsof we het hadden bijgelegd, maar onder die vergevingsgezinde buitenkant smeulde ik nog steeds vanbinnen. Die woede vlamde dikwijls op naar allebei mijn ouders, maar afgelopen maart was ik vooral tegen mijn moeder tekeergegaan.

'Je laat je toch wel weggeven door je vader?' had ze gevraagd. Ze was naar Winter Park gekomen om me te helpen bij het kiezen van servetten en mijn trouwjurk. Anders dan mijn huwelijk met Colin moest dit een grote, echte bruiloft worden. Maar hoewel het nu beter ging tussen mijn vader en mij, wilde ik hem niet die rol in de plechtigheid geven.

'Weggeven?' riep ik terug. 'Als hij me wil wéggeven, moet hij me toch eerst hebben gehád, vind je niet? Ik geloof niet dat een van jullie beiden ooit íets heeft gedaan om de eer te verdienen mij te mogen weggeven!'

Twee volle dagen was Mayz getuige geweest van mijn bitse houding tegenover mijn ouders, die duizend kilometer hadden gereden en honderden dollars hadden uitgegeven om van mijn trouwerij iets bijzonders te maken. Ik begreep dat Mayz zich daaraan stoorde, maar ik kon er niets aan doen. Te midden van al dit heilige gedoe vond ik het tijd om mijn vader en moeder de waarheid te zeggen.

Nu, twee uur voor de bruiloft, wilde Mayz even met me praten. We zaten op het parkeerterrein van de kapsalon, waar een paar vriendinnen op me wachtten zodat ze konden toekijken hoe mijn haar en make-up werden gedaan.

'Tracy, ik moet je iets zeggen.'

Opeens voelde ik me schuldig. *Mijn gedrag.* Mayz had me van mijn onaangenaamste kant gezien en ze had alle recht me daarop aan te spreken.

'Ik weet het. Ik heb me vreselijk gedragen en daar heb ik spijt van, oké? Maak je geen zorgen, na de bruiloft zal ik wel mijn excuses aanbieden. Dat beloof ik je. Maar ik wil het er nu niet over hebben.'

Mayz stak een hand uit en pakte de mijne.

'Tracy, schat, luister eens. Dit heeft niets te maken met je moeder, maar met jezelf. En met Shawn. En met Don.'

Ik draaide me naar haar toe en verwachtte weer een spreuk, een laatste heilwens. Maar Mayz was in een heel andere stemming. Haar ogen lichtten op als laserstralen.

'Tracy…' zei ze. 'Het moment zal komen. Ik weet niet wanneer, maar er zal een deur voor je opengaan. Je zult de kans krijgen om je hart volledig aan Shawn te geven. En als die deur opengaat, zul jij er doorheen stappen. Je krijgt je kans om Don te vergeven.'

Verderop langs de weg waren vriendinnen bezig de tafels te dekken en fleurige bloemen te schikken in een cirkel op het gras. Familie van beide kanten had honderden kilometers gereden om de Berthoud Pass over te steken, beladen met cadeaus. Mama, papa en Chris stonden ergens in de groep en glimlachten verlegen, in afwachting van de dochter-zuster-bruid. En ik begon me steeds schuldiger te voelen omdat ik halsstarrig weigerde me door mijn vader te laten weggeven aan mijn nieuwe man. En nu legde Mayz ook nog Gods zware last op mijn schouders.

Ik zat daar zo'n twintig minuten, of misschien wel langer. Eerst dacht ik nog: val dood, Mayz, met je 'raadsel'. Maar toen bedacht ik een manier om het probleem te omzeilen. Ik zou dapper de cirkel binnenstappen waarin Shawn en ik gingen trouwen, ook al voelde ik me het meest verachtelijke schepsel op aarde. Ik zou glimlachen en doen alsof ik stralend gelukkig was. Niemand mocht merken dat Mayz het bijna voor me had verpest met haar slecht gekozen profetie, of wat het ook was. Als en wanneer ik mijn vader tegen het lijf liep, zou ik zeggen: 'Ik vergeef je.' Mijn manier om de situátie te vergeven, met of zonder hem.

Zo besloot ik op het laatste moment naar het midden van de cirkel te lopen, waar Shawn stond te wachten om mij liefde, steun en bescherming te beloven voor de rest van mijn leven.

21

Vallende sterren (of kraamverhalen)

Shawn en ik brachten het eerste jaar van ons huwelijk bijna uitsluitend skiënd door – of denkend aan skiën, of bezig met mogelijkheden om nog vaker te kunnen skiën. Vijf dagen per week, van december tot april, waren we 's ochtends op tijd bij de liften om de explosies van de lawinebommen te horen, en scheerden dan tot zonsondergang de hellingen af, tussen de bomen door. We bekostigden onze verslaving met slechtbetaalde baantjes in het Winter Park Resort. Toen het zomer werd, keerden we naar Alaska terug, waar Shawn werkte als rafting-gids en ik in Denali. Maar in de herfst waren we terug in Winter Park. Daar, in een groot en eenzaam dal, vlak onder de Continental Divide, werd onze eerste zoon, Scout, geboren.

Het was eind augustus, dertien maanden na ons trouwen. We hadden onze slaapzakken uitgespreid in een veld met lege zaaddozen van de akelei. Hoewel we wisten dat het elk moment kon gaan sneeuwen hadden we geen tent meegenomen, alleen onze slaapzakken, aan elkaar geritst. Ze roken vaag naar brandend hout, wildernis en slaap. Omdat we in een komvormig dal lagen, vormde de hemel een reusachtige koepel om ons heen, omlijst door de kale bergen van de Divide, met donkere, grillige rotsrichels en bomen van vijftien meter hoog, dicht bijeen, als nabestaanden bij een stille wake. Soms dachten we dat we een trein in het dal hoorden fluiten, maar het kon net zo goed de wind zijn geweest, die ergens bij Tabernash aanwakkerde en dan over de Divide loeide.

Ik herinner me nog hoe Shawns lichaam aanvoelde, slank en strak, met brede, sproetige schouders en het afgetrainde bovenlijf van een skiër. Die tijd aten we nauwelijks en droogden opzettelijk een beetje uit, omdat we dachten dat we zo ons hongergevoel konden onderdrukken. We hadden enkel honger naar elkaar en wilden geen extra lagen vlees tussen ons in. In het donker klemden we ons tegen elkaar aan, borst tegen borst, met stotende heupbeenderen in onze poging om tot één lichaam te versmelten.

We hadden het wel over kinderen gehad, zelfs onderweg al, op de Alcan, toen we naar huis reden vanuit Alaska. Shawn wilde kinderen omdat zijn eigen vader er zo'n puinhoop van had gemaakt. Hij was een gewelddadige alcoholist met een Vietnam-verleden, die Shawns moeder had laten zitten toen ze nog zwanger was van zijn kleine zusje. Shawn zocht naar een karmische vergelding – een gezin waarmee hij eropuit kon trekken, met kinderen aan wie hij Ed Abbey zou kunnen voorlezen terwijl ze kampeerden in de Escalante Desert. Samen naar de sterren kijken, vliegvissen, sneeuwhutten bouwen om echt in te slapen. En vooral hoopte hij nog een paar zomers in Alaska door te brengen, om zijn kinderen de waarde bij te brengen van hard werken, onafhankelijkheid en vriendschap.

Maar er was één belangrijk obstakel voor zijn droom om

vader te worden. Als ik kinderen kreeg, werd dat een ramp, dat wist ik zeker. Om allerlei redenen was ik ongeschikt als moeder: ik dronk bier achter het stuur, gebruikte wel eens drugs en kon wekenlang in een auto wonen. Bovendien was ik in mijn jeugd misbruikt. Volgens de statistieken liep ik daardoor vijf keer meer kans dan een gemiddelde moeder om mijn eigen kinderen dezelfde dingen aan te doen. Dankzij mijn vader was ik statistisch gedoemd mijn baby's niet alleen te knuffelen als ze huilden, maar hen ook te troosten door mijn hand in hun onderbroekje te steken.

Kinderen krijgen en verzorgen was iets voor liefdevolle, stabiele mensen, met een talent voor vleselijke intimiteit: borstvoeding, luiers verschonen en, in sommige gevallen, zelfs het verorberen van de placenta. Dat was allemaal niets voor mij.

Maar blijkbaar trok Scout zich daar niets van aan.

Die nacht, hoog boven de Continental Divide, scheerde hij langs de najaarshemel en kruiste de Pleiaden en andere sterrenbeelden, terwijl zijn eigen sterrengedaante al gedoofd of stervende was. Toen hij mij daar zag liggen, in dat veld van dorre akelei, leek ik hem het ideale eindpunt voor zijn baan, de plek om zich te nestelen. Gloeiendheet en vol energie dook hij mijn buik in, klaar om in een jongetje te veranderen.

Achtenhalve maand later, de dag na moederdag 2001, reden Shawn en ik naar Steamboat Springs, Colorado. Ik was achtendertig weken zwanger en voelde me boller dan een heliumballon. Ik stond op knappen, vol water, bloed en adrenaline en wist inmiddels dat ik een zoontje in mijn schoot had.

We reden langs de veeboerderijen van Kremmling en de zeearenden op de takken langs de Colorado River. Tank en mijn sledehond Merlin zaten achter in de wagen. We hadden die dag een voettocht willen maken, misschien wel uren lang, na een bezoekje aan onze gynaecoloog, van wie we al wisten dat hij een luchtige man van weinig woorden was. Dr. Schaller, een plattelandsarts met te veel tijd, scheen het weinig uit te maken dat ik zeventien kilo was aangekomen ondanks fanatieke conditietraining en een streng dieet.

In de kliniek stapte de verpleegster lachend de kamer binnen. 'Hoe voel je je?' vroeg ze.

'Goed, goed.'

'Hoe staat het met de weeën?'

'Ook wel goed, geloof ik. Ik weet niet of ik ze al heb.'

'Ben je zenuwachtig?'

Daar moest ik even over nadenken. Zenuwachtig was niet het juiste woord. Doodsbang, ja. Niet op mijn gemak, dat zeker. Een bierpul die zich door een zee van stroop bewoog, boeren en scheten latend, met dikke enkels, maagzuur en aambeien – absoluut. O, en zei ik al dat ik door mijn zwangerschap zwaar emotioneel was geworden? Heel fijn. 'Ja, we zijn wel een beetje zenuwachtig,' beaamde ik. 'Maar ja, wie niet?'

Shawn strengelde zijn vingers in de mijne en lachte bleek. We waren allebei doodsbenauwd, omdat we niet wisten wat er ging gebeuren, omdat we kwetsbaar, jong en onzeker waren en omdat we hadden besloten – al weken eerder, na de eerste zwangerschapscursus – dat we liever de natuur zijn gang lieten gaan dan avonden lang met een stel dikke, saaie, zwangere mensen te zitten opgescheept die bereid waren al het plezier in hun leven op te geven om maar een kind te mogen krijgen.

Zo zijn wij niet, stelden we vast. *Wij zijn sterk, vrij en onafhankelijk! Wij zijn zo verbonden met het ritme van de aarde dat wij helemaal geen zwangerschapscursus nodig hebben! We kunnen beter gaan skiën!* (Wat ik eigenlijk bedoelde, en Shawn was het met me eens, was dat al die aandacht van andere mensen voor mijn 'onderkant' mij zo tegenstond dat ik liever op goed geluk de bevalling onderging dan in de huiskamer van de plaatselijke sheriff te moeten zitten terwijl zijn vrouw woorden gebruikte als 'baarmoederhals', 'bekkenbodem' en 'vagina'.)

Mijn persoonlijke wetboek schrijft voor dat ik nooit, echt nooit, gesprekken voer over mijn menstruatie, ovulatie of anticonceptie. Het liefst zou ik iedereen die iets met mijn zwangerschap te maken had een exemplaar van dat wetboek hebben gegeven, zodat zij zich eraan konden houden.

Jaren geleden had ik al besloten om een deksel over mijn geslachtsorganen te solderen en de randen met een lasbrander af te dichten. Terwijl mijn vader met zijn heupen tegen me aan reed, monteerde ik met plutonium versterkte schilden over mijn borsten, mijn vagina en mijn baarmoeder. Psychisch voelde ik me daardoor net zo onverwoestbaar als een militaire bunker en gevaarlijk om aan te raken. Fysiek raakte ik daardoor afwisselend verdoofd en pijnlijk gevoelig.

Maar op die dag in mei deed dat er allemaal niet toe. Ik was achtendertig weken zwanger en een van de slechtst voorbereide jonge moeders uit de geschiedenis. Maar eerder dan me lief was zou ik toch een baby door een gebied moeten persen dat me net zo vreemd was als de maan. Terwijl ik daar bij de dokter zat wikkelde de verpleegster de manchet van een bloeddrukmeter om mijn dikke bovenarm, pompte hem op met het rubberen balletje en bepaalde met twee vingers mijn polsslag, terwijl mijn onderarm paars aanliep. Ik probeerde mijn hartslag omlaag te krijgen door mijn adem in te houden, te glimlachen en aan kersenijs te denken. Toen de rode naald van de display eindelijk stopte, maakte de zuster fronsend een notitie. Ze trok de manchet los, deed hem nog eens om en kneep weer in het balletje.

Deze keer liet ze haar vingers op de onderzoekstafel rusten en trommelde ermee op het gekreukelde witte papier: tik-tik-tik. Haar wenkbrauwen bewogen zich naar elkaar toe terwijl ze op de uitslag wachtte. Toen de naald stilhield, achtereenvolgens op de bovendruk en de onderdruk, noteerde ze weer iets op haar klembord. Nadat ze de hele procedure nog eens fronsend had herhaald, vroeg ik: 'Ben ik dood?'

'Nee…. Maar heb je wel je tas bij je?'

O nee. 'Wat?'

'Of je alles bij je hebt om te overnachten? Het is een hele rit terug naar Granby en ik denk dat je even moet blijven.'

Shawn en ik keken elkaar met grote verschrikte ogen aan. We hadden geen idee wat deze cryptische verpleegster bedoelde, maar we hadden allebei een gevoel alsof we moesten lachen, kotsen en huilen tegelijk. Over een paar uur zouden we niet langer alleen Shawn en Tracy zijn, maar Shawn, Tracy en de baby die we spottend Nummer Drie hadden genoemd totdat we hem voor het eerst op de echo zagen en kortsluiting kregen in ons hart. Vanaf dat moment heette hij Scout. De zuster legde het manchet naast me op de onderzoekstafel en zei: 'Ga even zitten, allebei. Voorlopig gaan jullie nergens heen.'

Twee uur later meldden we ons in het Yampa Valley Medical Center. Tank en Merlin zaten nog steeds achter in de wagen. Op een gegeven moment zou Merlin erin slagen uit het raampje te springen en ervandoor te gaan in de straten van Steamboat. Ze was een uitstekende spoorzoeker, en in onze afwezigheid had ze ongetwijfeld een verse hoop dampende paardenvijgen gevonden om eens lekker doorheen te rollen voordat ze door de hondenvanger van Steamboat werd opgepakt en meegenomen naar de hondengevangenis. Ondertussen was dr. Schaller naar het ziekenhuis gekomen om nog eens mijn bloeddruk op te meten, die op dat moment 140 over 88 bedroeg. Dat is prima als je zestig bent, honderdtwintig kilo weegt en regelmatig kaas, boter en rood vlees eet, maar voor een actieve vrouw van dertig betekende het een hoge bloeddruk, die schadelijk kon zijn voor Scout als er niets aan gedaan werd. Dus moesten we in Steamboat blijven totdat ik hem had uitgepoept.

Tegen de tijd dat Shawn de hondenvanger belde en hoorde dat Merlin was opgesloten, was mijn bloeddruk al voor de zoveelste keer gemeten. Ik had inmiddels een ziekenhuispyjama aangetrokken die van achteren niet dicht ging omdat mijn buik te dik was. Ik had mijn ouders gebeld, die niet voor de bevalling waren uitgenodigd, en Shawns moeder Linda, die onmiddellijk haar koffers pakte voor een tweedaags bezoek. En dr. Schaller vond het tijd worden om de bevalling in te leiden.

Hij vroeg me om op mijn rug te gaan liggen en mijn benen goed te spreiden, zodat hij tot aan mijn keel kon kijken. Hij priemde wat tegen mijn baarmoederhals, waardoor ik bijna moest kotsen, en zei dat mijn ontsluiting nog dagen, zo niet weken, op zich kon laten wachten. 'Je geeft nog niet eens mee,' zei hij. Geen wonder, dacht ik. *Natuurlijk geef ik niet mee. Dat zal ik ook nooit doen. Ik ben een loden koker vol angst.*

Gelukkig heb je daar medicijnen voor. Dr. Schaller smeerde een magische crème op mijn baarmoederhals om die soepeler te maken, bracht wat Pitosin in om de weeën op te wekken en vertrok. Eerst was ik opgelucht dat hij verdween, maar toen begon ik me ongerust te maken over de weeën die hij had beloofd. Ik zette de televisie aan en wachtte op een python die zich om mijn buik zou klemmen. Maar er gebeurde helemaal niets. De verpleegster volgde mijn rijzende en dalende bloeddruk, die opliep tot in de gevarenzone en dan zonder enige verklaring weer terugzakte.

Een paar uur later arriveerde Linda vanuit Denver. Ze plantte zich op een houten stoel tegenover mijn bed en ik zag haar glimlach boven mijn tenen uit. De volgende keer dat dr. Schaller binnenkwam (twaalf uur later, met nog meer Pitosin), had Linda uitzicht op mijn labia, alsof ze een gluurder was. Ze had het fatsoen om haar hoofd weg te draaien terwijl de zuster de soepelheid van mijn baarmoederhals testte. Uren vol slechte komedieseries verstreken. Linda glimlachte bemoedigend en vroeg of ik iets nodig had. Jazeker: een tijdelijke lobotomie. Ik begon vocht vast te houden als een kapseizende boot. Op foto's zie ik eruit als mijn broer, toen die ruim honderd kilo woog. Kort na middernacht viel ik in slaap op het gedempte ritme van Scout, die lag te hikken in mijn buik.

De volgende morgen bracht nog meer middelen, bemoedigende woorden, en hoop. 'Dit is de dag,' zei Linda. 'Dat wéét ik gewoon!' En dr. Schaller kwam terug met een lange plastic staaf met een haakje aan het eind. Met dat haakje zou hij mijn vliezen breken, legde hij uit, waardoor de weeën snel zouden komen. Hij moest flink prikken, maar hij hield vol. Met een scherpe pijn braken mijn vliezen en liep er een warme vloedgolf langs mijn dijen. Nu zouden de weeën wel komen, en daarmee – beloofde dr. Schaller – ook mijn zoon.

Hij had gelijk. Binnen enkele minuten na het geforceerde waterballet begonnen de weeën, heftig en zonder enige waarschuwing. Ik lag te krimpen van pijn. Omdat de bevalling was ingeleid, moest ik wel blijven liggen, verbonden met een serie monitors die mijn belangrijkste gegevens en die van Scout registreerden. Al die tijd had Scout zich voorbeeldig gehouden, rustig geslapen en zachtjes gezwommen. Soms voelde ik zijn schouder tegen mijn buik of zijn knie in mijn milt. Ik kon niet geloven dat ik hem over een paar uur werkelijk zou ontmoeten. Hopelijk zou hij net zoveel van mij houden als ik nu al van hem.

Toen, opeens, ontstonden er problemen. Scouts hartslag werd onregelmatig en verzwakte met elke wee. Dr. Schaller werd erbij geroepen, stak een elektrode in mijn baarmoeder, zocht naar Scouts hoofdje en plakte een witte pleister met rode draden op zijn slaap. De wurgslangweeën gingen door, maar heel vluchtig. Toen de verpleegster voor de zoveelste keer mijn baarmoederhals controleerde, zei ze fronsend: 'Je moet je ontspannen.' Dat wilde ik wel, maar ik begon te huilen. Twaalf uur nadat mijn vliezen waren gebroken had ik nog maar een centimeter ontsluiting. 'Wees maar niet ongerust,' zei de zuster, 'we krijgen die baby er wel uit, op welke manier dan ook.'

Maar ik was wel ongerust.

Ik was bang dat ik mijn schild te ondoordringbaar had gemaakt. Ik was bang dat ik zelfs nu nog, door iets wat mijn vader twintig jaar geleden had gedaan, te zwaar beschadigd was om deze vreugde te kunnen ervaren. Hoe kon ik de verpleegster en Linda en Shawn vertellen dat geen enkele baby zich langs de klem zou kunnen worstelen waarmee ik mezelf had afgesloten? Hoe kon ik hun zeggen dat het medisch onmogelijk was voor zo'n mooi en stralend wezentje om zich door zo'n bont en blauw traject te bewegen?

Uiteindelijk lukte het ook niet. Om het hun te vertellen, noch om Scout vaginaal ter wereld te brengen, hoewel het heel even de goede kant op leek te gaan. Om halfdrie in de nacht of ochtend van de 18de mei 2001 werd ik bevangen door een overweldigende aandrang om te persen. Eerst fluisterde ik het nog: 'Ik moet persen.'

'Ja!' riep Shawn, in zalige onwetendheid.

Maar iets vertelde me dat ik dr. Schallers toestemming nodig had. Dus stelde ik het uit tot de aandrang weer opkwam en schreeuwde toen: 'Wanneer kan ik persen? Wanneer mag het?'

Opeens leek het of er een alarm was afgegaan in mijn kamer. De verpleegster rende de gang op en kwam terug met dr. Schaller. 'Je baarmoederhals is zo hard als steen,' zei hij. Maar dat wist ik al. 'Als je nu perst, kun je de baarmoeder scheuren, met dodelijke gevolgen voor jezelf en je kind. Je moet wachten en die aandrang onderdrukken. Misschien komt er nog iets op gang. Maar misschien ook niet,' ging hij verder. 'Er is geen garantie dat de weeën niet nog een paar uur zullen aanhouden, zonder dat je voldoende ontsluiting hebt. Met de baby gaat het goed, we houden hem onder controle, maar jij bent nu al dagen bezig. Je bent doodmoe en je baarmoeder is uitgeput. Als je wilt, kunnen we hem met een keizersnee halen. Tenminste, als je er klaar voor...'

'Ja! Doe dat maar,' viel ik hem in de rede, terwijl ik om me heen keek om Shawn te zoeken. Hij stond vlak naast me en hield mijn arm vast. 'Is dat goed, als ik er klaar voor ben?'

Shawns ogen vulden zich met tranen. Hij gaf een kneepje in mijn hand en knikte.

Om drie uur in de ochtend staat de zon nog niet boven de horizon en is het nog donker genoeg om een miljoen sterren te kunnen tellen. Dat was het moment waarop ik dr. Schaller vroeg om Scout uit mijn lichaam te snijden. Shawn trok een operatieschort over zijn verfomfaaide kleren aan en liep met de brancard mee toen ze me naar de operatiekamer reden. Een gordijn zakte voor mijn gezicht, zodat ik niet kon zien hoe ze de incisie maakten – die de vorm bleek te hebben van een halve glimlach, een paar centimeter onder mijn navel.

Op de operatietafel voelde ik de artsen in mijn baarmoeder

graven, op zoek naar Scout. Hij lag diep verscholen in mijn bekken, met zijn schoudertjes gekromd, in een strakke, vastberaden houding. Ze moesten behoorlijk aan hem trekken, maar ten slotte tilden ze hem uit het bloed en de ingewanden omhoog en hielden hem in het licht. Hij was de meest volmaakte baby die je ooit hebt gezien, op één ding na. Toen ze hem voor me hielden, zag ik dat zijn hoofdje naar boven toe taps toeliep, in de vorm van een raket.

Hij had geprobeerd zich uit mijn lichaam te worstelen, de wijde wereld in.

Maar zijn pogingen waren geblokkeerd door schade die vroeger was aangericht.

Zeventien maanden later, op 18 oktober 2002, werd Scouts broer Hatcher geboren, met dezelfde complicaties. Shawn en ik gingen voor een VBAC, een vaginale geboorte na een keizersnede, naar een ziekenhuis in Denver. Hatcher was twee weken over tijd en het weerbericht voorspelde zware sneeuw in Winter Park. Als vrouwen moeten bevallen in ons voormalige wintersportplaatsje, worden hun kinderen vaak geboren in een ambulance die met loeiende motor de Berthoud Pass probeert te nemen. Ik belde mijn verloskundige en zei dat ik dacht dat mijn vliezen waren gebroken. Toen ze ons naar het ziekenhuis ontbood, wisten Shawn en ik dat we bij thuiskomst het vierde lid van ons gezin bij ons zouden hebben.

Op de middag van 16 oktober leidde een arts de bevalling in. En ook nu werkte dat niet. Na nog twee pogingen kwamen eindelijk de weeën, terwijl Shawn in slaap was gevallen op een ongemakkelijke, met plastic overtrokken leunstoel in de verloskamer. Ik dacht dat ik dapper genoeg zou zijn en voldoende ontsluiting zou hebben om Hatcher zonder probleem de wereld in te laten glijden. Zelfs mijn gynaecoloog was optimistisch. Nadat de weeën al een paar uur hadden geduurd, onderzocht hij mijn baarmoederhals en zei: 'Dat ziet er goed uit. Hou vol. Binnen een paar uurtjes moet de baby er wel zijn.' Shawn belde onze ouders met het goede nieuws. Maar toen klapte mijn baarmoeder dicht en moest Hatcher toch chirurgisch uit mijn schoot worden bevrijd.

Niet dat dit hele verhaal Scout en Hatcher ook maar iets kan schelen. Ze geloven allebei dat ze vallende sterren waren voordat ze als baby's in mijn buik begonnen te groeien. Die sterren konden zien; ze hadden ogen en ze konden denken. Ze wisten dat ze mij als moeder wilden en dat Shawn hun vader zou zijn. Of de jongens nu wel of geen sterren zijn geweest voor hun geboorte, ik geloof wel dat ze ons als ouders hebben gekozen omdat wij het meest geschikt leken. Niet te veel van wat dan ook. Een beetje wild, maar niet overdreven. Voldoende beschadigd door het leven om meegevoel te kunnen opbrengen. Jonger dan we hadden moeten zijn voor mensen die al zoveel hadden meegemaakt.

'Ik zal je vertellen hoe het gebeurde,' zei Scout.

We zaten aan de keukentafel, een paar dagen voor Kerstmis 2005. De jongens waren bezig hun geboorteverhalen te kleuren op grote vellen wit papier. Scout was toen vier, met roodblond haar, lapisblauwe ogen en sproeten op zijn gezonde rode wangen. Hatcher, een jaar jonger, was kleiner en tengerder, met kastanjebruin haar en een huid die aanvoelde als warme melk.

De jongens haalden uitgedroogde viltstiften en kleurpotloden uit een schoenendoos en smeerden glitterlijm over planeten die ze met inkt hadden getekend. Hatcher tekende Harry Potter, die hemzelf moest voorstellen, tussen een explosie van sterren. Toen hij jonger was tekende Hatcher altijd Harry Potter. En als we Harry Potter speelden was ik altijd Hermione.

Het was kort na de lunch en zonlicht stroomde de keuken binnen. Scout en Hatcher voelden zich blij en bijzonder omdat ik met hen mee tekende – zo'n zeldzame middag waarop ik niet al te zeer werd afgeleid door mijn plannen en mijn dromen, maar me helemaal door hun verhalen liet meeslepen. We hadden al geskied, zigzaggend over de hardbevroren sneeuw in de bossen rond ons huis. Jaren geleden, toen ik zwanger was van Scout, had Mayz me gezegd dat mijn jongens mijn beste vrienden zouden worden, de speelkameraadjes die ik me altijd had gewenst maar nooit gekregen had. Ik ben blij dat ik haar niet geloofde, want ze zijn zoveel meer dan dat.

Op een dag, als ze oud genoeg zullen zijn om dit eindelijk te lezen, wil ik mijn zoons laten weten dat zij mijn redding waren. Dat ik, hoe bang ik ook was voor hun rauwe, behoeftige lijfjes, meteen van hen hield, vanaf het eerste moment dat ik de zijdezachte haartjes op hun rijstpapieren huid aanraakte. Sinds hun geboorte hebben ze me vanuit de duisternis een grotere, blijere wereld in geduwd. Vóór hun komst was er alleen ik. En ik was eenzaam, zelfs samen met Shawn. Nu zij er zijn, zijn er ook puppy's en vriendelijke postbodes, en misschien God – plus vreemden met wie ik niet hoef te praten als ik dat niet wil. Met mijn zoons is er mysterie en verwondering gekomen in mijn leven, een universum van geuren en geluiden. En vooral hun gezichtjes, zo vol vertrouwen, als ze hun kolderieke, doldwaze geheimen in mijn oor fluisteren. Dan komen ze met hun wang zo dicht bij de mijne dat ik mijn lippen kan tuiten om hen te kussen. Soms doe ik dat. En het is altijd goed.

Voor het geval ik dat niet genoeg heb gezegd toen ze nog klein waren, wil ik Scout en Hatcher vertellen dat ik, ondanks de wolk die me soms overvalt, dankzij hen veel meer híér ben dan ik ooit ben geweest.

'Oké, laat maar horen,' zei ik tegen Scout, terwijl ik hem een viltstift gaf die naar watermeloen rook.

'Jij lag te slapen,' begon hij, 'en je had je mond open.'

'Ja, dat klopt.'

'En Hatch en ik zweefden door de lucht. Waren wij dezelfde ster?'

'Nee, jullie waren twee verschillende sterren.'

'Waren we sterren op hetzelfde moment?'

'Dat geloof ik wel. Maar waarschijnlijk hadden jullie elkaar nog nooit gezien, omdat de kosmos zo groot is en zo. En ik denk dat jullie allebei een andere baan volgden, omdat Hatcher in oktober is geboren en jij in mei.'

'Zweefden er ook andere baby's rond?'

'Dat weet ik niet zeker. Ik durf te wedden van wel, want volgens jouw theorie kiezen alle baby's zelf hun ouders en kunnen ze wel miljoenen jaren een ster zijn geweest voordat ze naar de aarde kwamen.'

Hatch keek op van zijn tekening en trok een scheve mond. Zijn ogen zijn niet groen of bruin, maar de kleur van humus in de lente, als de grond begint te ontdooien.

'Dus we zijn je mond binnengevlogen en toen in je buik terechtgekomen?' vroeg hij.

'Dat zegt Scout, ja. En ik ben er vrij zeker van dat het zo is gegaan.'

'Wist je het toen dat gebeurde? Voelde je het branden, of zo?'

'Nee, het brandde niet. Maar ik merkte het wel.'

Ik meen het, als ik hun vertel dat ik het me kan herinneren. De nacht dat ik Scout ontving, gebruikten Shawn en ik geen voorbehoedmiddel, hoewel we wisten dat het niet veilig was.

De grond was te koud, de lucht te zuiver. Vallende sterren schoten met verbazende regelmaat langs de inktzwarte hemel. We bedreven de liefde, heel letterlijk. En toen het moment kwam, vlak voor het moment, zei ik Shawn dat hij moest blijven waar hij was, in mij. Ik geloof zelfs dat ik mijn mond open had, zodat ik echt een ster kan hebben ingeslikt.

Al sinds hij drie was denkt Hatcher, beïnvloed door Scout, diep na over zijn toevallige aankomst op deze planeet. Eerst vertelde ik de jongens dat ze engelen waren geweest voordat ze onze kinderen werden. Maar engelen vinden ze net zo griezelig als skeletten: een symbool van de dood en de grote leegte die uiteindelijk onze prachtige tijd op aarde zal opslokken. Skeletten zijn iets minder eng dan engelen, omdat engelen geen vorm hebben en niet kunnen zwemmen, skiën of in hun ondergoed op bed op en neer kunnen springen. Een vallende ster daarentegen, komt Hatcher voor als een heel redelijke premenselijke incarnatie.

'Ik herinner me jou ook,' zei Hatcher, terwijl hij op zijn elleboog steunde en zijn gezicht vlak bij het mijne bracht. 'Ik zag dat je op me wachtte.'

'O ja?'

'Ja. Daar stond je. En voordat je het wist... vloog ik gewoon je mond in, naar je buik!' Hij praatte steeds sneller, aangespoord door de beelden in zijn fantasie.

'En toen?'

'Toen werd je dik en spuugde me uit.'

Ik kon het niet tegen Hatcher zeggen, want ik wilde hem niet laten schrikken, maar als het aan mij had gelegen zou ik ook liever door mijn mond bevallen zijn, al had ik al mijn tanden en kiezen moeten laten trekken om ruimte te maken voor zijn hoofdje, zijn schouders en zijn voeten. Snij mijn tong er maar uit, als je hem later weer vast kunt naaien. Knip mijn mondhoeken in – mijn versie van een episiotomie. Forceer de gewrichten in mijn kaak. Ik had het ervoor overgehad, als ik daarmee een normale bevalling had kunnen ontlopen. Alles liever dan het geduw en getrek van die tastende handen, al die onderzoeken en onbeschaamde blikken van artsen, verpleegsters, verloskundigen en medische studenten, die enkel op mijn pad leken gebracht (niet één, maar twee keer) om me te herinneren aan de zes jaar dat mijn vader me op mijn rug had gedwongen als een gemotoriseerde versie van een Raggedy Ann-opblaaspop.

Nu begrijp je misschien waarom mijn jongens niet de enigen zijn die de voorkeur geven aan een kraamverhaal over een uit-gebraakte ster.

22

PTSS

Op de bruiloft had mijn vader tegen Mayz gezegd dat er een wonder was gebeurd. Dat is ook zo. Uiteindelijk had ik toch die drie woorden tegen hem gezegd: 'Ik vergeef je.' Hij en mijn moeder waren onmiddellijk begonnen zich met elkaar te verzoenen. Ze liepen hand in hand, gingen samen kamperen en kochten later een splinternieuwe zilverkleurige Airstream, die ze contant betaalden. Mijn vader, die goede zaken had gedaan door aardgas te leveren aan projectontwikkelaars in Nevada, verraste mijn moeder met diamanten, verborgen in langstelige rozen en etentjes bij kaarslicht op Lake Las Vegas. Op een gegeven moment belde ze me zelfs om me te zeggen dat ze weer gevoelens voor elkaar koesterden die ze in jaren niet hadden gehad.

Zelf praatte ik ook met papa over de telefoon alsof we oude vrienden waren. We troffen elkaar op campings of in cafés, als we door werk of vrije tijd toevallig bij elkaar in de buurt waren, ergens in het westen. Twee keer kwamen mijn ouders naar

Alaska om te zien waarom het daar zo geweldig was. En toen Scout en Hatcher werden geboren, viel mijn vader als een blok voor hen.

Ik denk niet dat hij had verwacht zoveel van hen te houden. Aanvankelijk was hij daar ook bang voor. Maar algauw hadden mijn kinderen mij verdrongen als het stralende licht in zijn kleine wereldje. Tegen de tijd dat Scout begon te lopen, vroeg papa al wanneer hij en mijn moeder een weekje konden komen babysitten.

In het begin vond ik dat goed, omdat ik niet kon geloven dat mijn vader ooit een baby zou aanraken, zeker niet een kind van mij, na wat hij mij had aangedaan. Ik overtuigde mezelf ervan dat hij genoeg geleden had en dat het niet aan mij was om hem nog extra te straffen. Zijn leven was duidelijk een aaneenschakeling van teleurstellingen en trieste incidenten, en als zijn dochter voelde ik me verplicht hem op te vrolijken. Bovendien zou het heel pijnlijk zijn om oude wonden open te rijten. Iedereen leek eindelijk weer zo gelukkig. Ik wilde de goede sfeer niet verzieken.

Je zou mijn toegeeflijkheid wel hebben begrepen als je had gezien hoe hij mijn jongens vasthield, hen behandelde als een kostbare schat en hen nooit te lang op schoot nam. Ze klauterden over hem heen, zoals kleine kinderen doen, zich totaal niet bewust van waar ze hun handen en voeten zetten. Hij vond het best als ze hem tegen zijn neus sloegen of zijn favoriete Ralph Lauren-poloshirts met chocoladepudding besmeurden. Maar hij keek altijd naar mij, alsof hij mijn bevestiging zocht: *ja, je mag mijn kinderen vasthouden en lieve woordjes in hun oor fluisteren.*

Die behoefte aan voortdurende toestemming was een soort wisselgeld voor mij, dat ik tegen papa kon gebruiken als hij iets deed wat mij niet beviel, zoals kritiek op mij hebben omdat ik de afwas liet staan, of flirten met vrouwen in de casino's van Las Vegas. Ergens, diep in zijn hart, wist hij dat dit nooit lang kon duren en dat één verkeerd gebaar, één verkeerde aanraking van mijn zoontjes, het einde van onze relatie kon betekenen.

Toen, op een dag, veranderde er iets. Scout was twee jaar, Hatcher zeven maanden. We waren met hen teruggegaan naar Redfish Lake omdat ik het wel romantisch vond om hun mijn favoriete plekje te laten zien. Shawn werkte op een bouwproject en kon daarom niet mee op de elfhonderd kilometer lange rit van Boulder naar Redfish Lake. In het zachte licht van de zomer-avond verschoonde ik mijn zoontjes en liet hen pootjebaden tussen de kleine, glinsterende witvisjes die als zilveren paper-clips tussen hun mollige beentjes door schoten.

De eerste paar dagen van onze vakantie gingen we wandelen, bouwden zandkastelen en keken naar rangerdemonstraties in het openluchttheater bij Fishhook Creek. Terwijl mijn ouders een dutje deden in ons gehuurde huisje, installeerde ik Hatcher in mijn draagzak en pakte Scout bij de hand voor een wande-ling over een steiger boven de wetlands van mijn jeugd. Ik wist dat de jongens nog te klein waren om de magie te beseffen van de groenbemoste boomstammen op de bodem van de kreek, maar ik hoopte dat dit uitstapje toch zo'n belangrijke herinne-ring zou nalaten dat ze de rest van hun leven verslingerd zou-den blijven aan kamperen.

Aanvankelijk was de sfeer heel ontspannen en idyllisch. Maar na een tijdje begon mijn moeder rusteloos te worden. Ze wilde naar Sun Valley, zei ze, om te shoppen. Alleen met mij. Dan kon papa in het huisje blijven met de jongens en hen in de dubbele wandelwagen over het parkeerterrein rijden tot ze in slaap vielen. Geen probleem, zei mama, en een goede test voor mijn vader als oppas. Het beviel me niet echt, maar toch stemde ik toe. Met twee kinderen jonger dan drie was ik blij met alle hulp die ik kon krijgen, zeker van familie.

Mijn moeder en ik waren al vijfentwintig kilometer onderweg naar Sun Valley, toen er opeens een visioen bij me opkwam waardoor de lucht om me heen veranderde in ijs. Zonder nadere uitleg draaide ik mijn vaders wagen de berm in, beschreef een wilde U-bocht en racete terug naar het huisje.

Mama's ogen puilden uit achter haar brillenglazen. 'Wat doe je nou?' riep ze. Maar ik was zo in paniek dat ik geen antwoord kon geven. Met plankgas scheurde ik terug over de hoofdweg.

'Tracy,' vroeg mijn moeder nog eens, 'waar gaan we heen?'

'Terug naar het huisje.' Ik schreeuwde nu bijna.

'Waarom? Ben je wat vergeten? Wat is er aan de hand?'

Vechtend tegen de hete tranen achter mijn oogleden snauwde ik: 'Vraag niet zoveel! Ik moet gewoon terug. Ik maak me zorgen om de jongens.'

'De jongens?' herhaalde ze. 'Waarom zou je je zorgen maken? Dat gaat heus wel goed. Ze zijn bij…'

Ze zweeg zodra ze besefte wat ze zei. Ik keek opzij en zag de woede op haar gezicht. Haar mond viel open en ik wist dat ze mijn vader wilde verdedigen. Maar bij hoge uitzondering probeerde ze me mijn akelige voorgevoel niet uit het hoofd te praten. Ze klemde haar tasje in haar hand, knikte even en zei: 'Ik begrijp het. Laten we teruggaan.'

Het beeld bleef de hele weg door mijn hoofd spoken – mijn zoontjes, op een van de bedden, met hun luiers omlaag getrokken over hun benen. Huilend en spartelend om weg te kruipen. En tegenover hen zag ik een man staan die ook zijn broek op zijn knieën had: mijn vader, over Scout en Hatcher heen gebogen.

Ik draaide het grind van het parkeerterrein op en zette de auto stil. Zonder het portier af te sluiten sprintte ik naar het huisje en bonsde op de voordeur. 'Opendoen!' gilde ik. 'Ik ben het, Tracy. Laat me erin!' Papa opende de deur, verbaasd ons te zien.

'Hé, Trace,' zei hij nonchalant. 'Waarom zijn jullie alweer terug? Wat is er? Je portemonnee vergeten?'

In plaats van te antwoorden rende ik langs hem heen, zoekend naar Scout en Hatcher. Het was maar een kleine kamer, dus ik had hen meteen gevonden. Scout zat in zijn opklapbare kinderstoel, zuigend op een handvol Cheerio's. Toen hij me zag, begon hij te lachen en stak een groezelig vuistje op. Mijn blik schoot door de kamer en ik zag Hatcher op het bed liggen, in zijn luier, lurkend aan een flesje melk. Ook hij glimlachte toen hij me zag, waardoor de melk uit zijn mondhoek sijpelde.

Zonder mijn vader aan te kijken maakte ik Scout los en tilde hem uit zijn kinderstoel. Toen bukte ik me en pakte Hatcher met mijn andere arm. Ik wrong me langs mijn ouders heen en droeg mijn jongens uit het donkere huisje de felle zon van Idaho in. Geknield, omdat ik niet meer kon staan, overdekte ik mijn zoontjes met kussen. Pas toen ik er eindelijk van overtuigd was dat ze vrolijk en ongedeerd waren, draaide ik me om naar mijn vader.

Hij stond in de deuropening en schudde langzaam zijn hoofd. Hij wilde iets zeggen, maar ik stak een hand op om hem het zwijgen op te leggen. Ik wist dat hij me wilde zeggen dat er niets gebeurd was, maar ik was niet geïnteresseerd in zijn verhaal. Het laatste wat ik wilde horen was zijn stem, die probeerde mijn instinct te sussen.

Papa had de jongens niet aangeraakt, dat weet ik zeker. En de uitdrukking van angst en afschuw toen hij besefte waarom ik zo snel naar het huisje was teruggereden bezorgt me nog altijd een pijnlijk schuldgevoel. Maar op die dag beefde de aarde. Voor het eerst zag ik nu de risico's die ik bereid was te nemen om de ideale dochter van mijn ouders te zijn. Ik zag de compromissen die ik had gesloten om papa en mama tevreden te stellen, als het goed aangepaste, vergevingsgezinde meisje dat hun de illusie moest geven dat alles weer goed was.

Als ik helemaal eerlijk ben, moet ik toegeven dat ik nog steeds het slachtoffer was van mijn eigen zwakte. Het kost tijd om een wens weg te schuren die in de stenen van onze psyche staat gekerfd. Mijn hele leven had ik verlangd naar een gelukkig, normaal gezin. Daarom had ik mezelf ervan overtuigd dat mijn eigen herinneringen overdreven waren; dat de waarheid onmogelijk zo ernstig kon zijn als ik dacht. Op een gegeven moment verbond ik een cijfer aan het aantal keren dat mijn vader me had misbruikt: twaalf. Dat was toch niet zo veel, twaalf keer? Miljoenen kinderen hadden veel ergere dingen meegemaakt. Ik kon het maar beter uit mijn hoofd zetten. Dat kostte inspanning, maar ten slotte had ik het verleden diep in mezelf begraven, vooral in het gezelschap van mijn familie. Welk ander excuus kon er zijn voor die valse 'vergiffenis' die ik mijn vader op mijn bruiloft had geschonken? Hoe was het anders mogelijk dat ik meer dan tien minuten met mijn moeder kon doorbrengen zonder haar naar de keel te vliegen? Welke vorm van emotioneel geheugenverlies bracht me ertoe mijn ouders te laten oppassen op mijn kostbare kleine jongens?

Toen ik op dat parkeerterrein voor het huisje stond, voelde ik me als iemand die net door een kudde bizons onder de voet was gelopen.

Dat visioen zei me dat ik nu snel het punt naderde waarop ik zou breken. Als ik nog contact wilde houden met mijn vader, zou alles anders moeten worden. Ik wilde genoegdoening. Hij zou me moeten uitleggen wat hij met me had gedaan als meisje van acht, als meisje van veertien, als een kind dat hem had vertrouwd en zo ongelooflijk veel van hem had gehouden. Hij zou een bekentenis moeten afleggen – niet alleen tegenover mij, maar tegenover mijn hele familie.

Het duurde even voordat ik mezelf weer in de hand had na mijn uitbarsting. Maar de rest van de reis hield ik Scout en Hatcher vlak bij me. Mama vroeg me niet meer om naar Sun Valley te gaan en ik bood het ook niet aan. Zolang mijn vader in de buurt van mijn zoontjes was, wilde ik hen geen moment uit het oog verliezen.

23

Ingestort

Een paar jaar na Hatchers geboorte liet ik bijna het leven – niet fysiek, maar psychisch. Shawn en ik reden op onze mountainbikes een route in de buurt van mijn blokhut boven Boulder toen ik een bocht miste en tegen de grond ging. De zon scheen neer op velden van blauwe knopjes die nu gauw in bloei zouden staan tegen de heuvels. De jongens waren thuis met een oppas. En ik stortte in.

'Het lukt niet,' zei ik tegen Shawn. 'Ik kan het gewicht niet dragen.'

Shawn maakte mijn benen van de fiets los. 'Wat bedoel je?' vroeg hij. 'Je ging als een speer. Het zag er prima uit.'

De meeste dingen in mijn leven zagen er prima uit. Na de geboorte van Scout en Hatcher was ik doorgegaan met schrijven, eerst voor de krant van Winter Park, later voor het tijdschrift *Skiing*. Toen ik Scout nog de borst gaf, reisde ik terug naar Jackson Hole, waar ik verslag deed van een skikamp samen met een professionele skiër, A.J. Cargill. De winter daarna, toen Hatcher borstvoeding kreeg, haalde ik een opdracht binnen voor *Outside Traveller*, waarvoor Shawn en ik een diep ravijn van Mount Heyburn in de Sawtooths moesten beklimmen en op ski's weer afdalen. Ondertussen schreef ik een wekelijkse avonturencolumn voor *Winter Park Manifest*. Veel geld verdiende ik er niet mee, maar geleidelijk bouwde ik wel een reputatie op als journalist. In 2003 belde een redacteur van *Skiing* om te vragen of ik bij het blad wilde komen werken. Ik ging naar Boulder, solliciteerde als bureauredacteur en kreeg de baan. Shawn, de jongens en ik pakten onze spullen en kochten een huis in de bergen boven de stad. De volgende drie jaar bracht ik door met skiën, trekken en backpacken, overal in het land (en in Canada en Iran), terwijl ik mijn talent als journalist verder ontwikkelde. En daarmee verdiende ik heel aardig, zodat Shawn kon thuisblijven bij de jongens.

We woonden op een bebost terrein van één hectare, op 2400 meter hoogte, omgeven door het Arapaho National Forest. Niet ver bij ons vandaan slingerde de Continental Divide zich naar Wyoming en Montana. Zwarte beren, bergleeuwen en rode lynxen zwierven tussen de ratelpopulieren en ponderosadennen, die voor schaduw zorgden op ons land en plaats boden aan haviken en zangvogels. Scout en Hatcher speelden in hun vroegste jeugd in een seizoensbeek die buiten zijn oevers trad als de sneeuw in het hooggebergte smolt. 's Zomers keken we vanaf ons terras naar vallende sterren. 's Winters, als er sneeuw lag, luisterden we naar een stilte die zo intens was dat hij zijn eigen geluid voortbracht. Hoe goed het thuis, met mijn gezin en met mijn werk ook ging, toch was ik niet gelukkig.

Wanhoop en eenzaamheid achtervolgden me al sinds het moment van mijn ontwaken in Idaho en het werd nog erger toen ik me weer schikte in normale familiebetrekkingen met mijn ouders. Ik nodigde hen uit in Colorado – of ze kwamen uit zichzelf – en ik hield mijn hele agenda een weeklang voor hen vrij. De avond voor hun komst deden de jongens bijna geen oog dicht bij het vooruitzicht van speelgoed, lekkers en nieuwe pyjama's. De eerste paar minuten na hun aankomst was ik altijd geweldig opgelucht dat ze veilig vanuit Las Vegas hierheen waren gereden. Maar zodra Scout of Hatcher bij mijn vader op schoot klom, kreeg ik braakneigingen. Nooit trok ik mijn zoontjes bij hem weg of vroeg ik mijn ouders eerder te vertrekken, maar elke keer dat ze op bezoek kwamen telde ik de seconden tot ze weer weg waren. Ik weet dat heel wat volwassen kinderen zo op hun ouders of schoonouders reageren, maar dat zal toch zelden te maken hebben met misbruik in hun jeugd. Zodra ik mijn maag voelde samentrekken, wist ik dat ik mijn vader nooit in de buurt van Scout en Hatcher had mogen toelaten. Maar ik bleef het doen en vroeg mijn vader en moeder zelfs om op de kinderen te passen als Shawn en ik een paar dagen met vakantie gingen. Waarom? Omdat ik bang en egoïstisch was.

Steeds meer werd ik me ook bewust van het voortdurende, fundamentele verraad ten opzichte van mijn hele familie. Papa was begonnen met de leugen, maar mama en Chris hadden de situatie verder bij mij neergelegd. Geen van beiden had me ooit gevraagd wat er was gebeurd in al die jaren dat ik was misbruikt. In sommige opzichten was hun weigering om dat te vragen nog pijnlijker voor mij dan het misbruik zelf.

En het wreekte zich thuis, als ik met de jongens speelde of seks had met Shawn. Mijn depressies beroofden me van mijn energie, waardoor ik mijn gezin nooit mijn volle aandacht kon geven. Shawns normale behoefte aan seks bezorgde me een smerig gevoel van walging. Hoewel ik één meter drieënzestig was en nog geen zevenenvijftig kilo woog, slank en strak, vond ik mezelf veel te afstotelijk voor mijn echtgenoot. In de loop van de jaren werden we steeds minder, en minder vaak, intiem met elkaar. Ik probeerde hem uit te leggen waarom ik niet mijn ogen kon sluiten en me voldoende kon ontspannen om te genieten van zijn lichaam, maar zodra ik mijn mond opendeed, wist ik dat ik mijn gedachten niet onder woorden kon brengen. Ik kon het mezelf al nauwelijks toegeven dat ik, twintig jaar nadat er een einde was gekomen aan het misbruik, nog altijd bepaalde beelden van mijn vader zag als ik mijn ogen sloot.

In maart 2006 lag ik een week in bed. Shawn hing dikke wollen dekens voor de ramen en hield de jongens stil, zodat ik kon slapen. Dagenlang lag ik onder stapels beddengoed, luisterend naar mijn kinderen, die speelden in het bos. De muziek van hun stemmen had een kalmerende uitwerking, maar deed me ook denken aan mijn vader. Steeds weer die herinneringen: aan hem, aan het misbruik en aan de miljoenen kansen die ik hem had gegeven voor een bekentenis. En toen, op een middag, kreeg ik opnieuw een visioen dat mijn leven veranderde.

Voor mijn ogen doemden de oevers op van Redfish Lake, met een koffer, een gedeukte koffer, half begraven in de modder. Herfstlicht viel door de bomen en kleine vogels fladderden tussen de bladeren door. Hoewel de koffer dicht zat, kon ik dwars door de wanden kijken en wat ik zag waren een paar meisjesonderbroekjes, een mannenbroek en twee lichtgele, vuile beddenlakens.

Terwijl ik naar die koffer staarde, wist ik dat er maar één manier was om de geheimen te ontsluieren die me nog altijd achtervolgden. Als mijn vader me niet de waarheid wilde vertellen, zou ik die zelf wel zoeken. Die dag begon ik mijn terugkeer te plannen naar de plek waar het misbruik was begonnen,

op een koele herfstavond in 1979. In mijn eentje zou ik teruggaan naar Redfish Lake.

In oktober 2006 stond ik bij de toonbank van River One Out-
fitters in Stanley, Idaho, om te betalen voor een kaart. Buiten
gaf de thermometer vijf graden aan. Een man in een rood fla-
nellen hemd dook achter de kassa op en wierp me een blik toe.
'Waarom gaat een knappe meid als jij er in haar eentje op uit?'
vroeg hij.
    'Ik ben heel degelijk en ouderwets,' zei ik. Maar dat was stoere
praat. Hoewel ik de stap had genomen en naar de Sawtooths
was teruggegaan, was het geen tocht waar ik me op verheugde.
Het was al bijna dertig jaar geleden dat mijn vader zijn hand
in mijn broekje had gestoken bij Redfish Lake. In de tussentijd
was ik bij therapeuten geweest, bij astrologen en bij priesters.
Ik had zelfs een zieneres geraadpleegd, die me vertelde dat een
bergtocht met mijn aanrander het gevaarlijkste was wat ik ooit
kon doen. Dat is een van de redenen waarom ik de eerste keer
in mijn eentje ging. Ik wilde weten of ik ook antwoorden kon
vinden zonder mijn vader erbij te betrekken.
    Mijn plan was om te gaan backpacken – waar ik van hield –
en mezelf open te stellen voor de herinneringen die me hopelijk zouden overspoelen als ik terugkeerde naar de plaats delict.
Mensen hadden dat de laatste tijd ook gedaan door terug te
gaan naar de plek van de aanslagen op het World Trade Center.
Ze hadden bloemen gelegd op de plaats waar hun dierbaren
vermoedelijk waren neergekomen nadat ze uit de brandende
torens waren gesprongen. In zekere zin deed ik dat nu ook. Ik
wilde het kind vinden dat was getraumatiseerd bij die stromen
vol rottende zalm, om haar een passende begrafenis te kunnen
geven.

Het was laat in de middag toen ik eindelijk op weg ging naar Redfish Lake. Ik klom over een tapijt van gele populieren-bladeren en haarspeldbochten met steenslag. Bij een dode den nam ik een foto van mezelf en mijn rugzak, als een herinnering om mezelf te bewijzen dat ik het werkelijk had gedaan. Maar toen de zon onderging, begon ik toch over wolven na te den-ken. Ik wist dat ze halverwege de jaren negentig weer in Idaho waren uitgezet, maar ook dat wolven in het algemeen geen trekkers aanvallen. Maar iets in deze tocht en mijn eigen lood-zware hart maakte mij tot de ideale prooi voor elk roofdier, had ik het gevoel. Ten slotte vond ik een plek voor mijn bivak, bij een klein meertje, omgeven door messcherpe bergen. Haastig dook ik mijn tent in en kroop in mijn slaapzak, zonder avond-eten.

Ik bleef zo stil mogelijk liggen in mijn slaapzak, wachtend op een soort openbaring. De herinneringen kwamen wel – hoe ik in mijn bed in de camper had gelegen en later, toen ik in mijn Tweety nachthemd naar de brug was gerend – maar ze brach-ten me niet verder. Ik deed mijn best me alles voor de geest te halen wat aan het misbruik vooraf was gegaan, om te zien of ik toch een willige medeplichtige was geweest. Maar mijn lichaam vertoonde dezelfde reflex als altijd wanneer ik terug-dacht aan de momenten waarop ik was gekieteld en betast. Mijn nekharen kwamen overeind, ik kneep mijn ogen dicht en mijn lippen fluisterden verkrampt: 'Nee. Nee. Niet ik. Niet jij.' Maar een verklaring waaróm het was gebeurd? Nee. Slechts één persoon kon antwoord geven op die vraag.

Mijn adem in het waterdichte tentje vormde condens, die als druppels op mijn gezicht viel – kleine, ijzige naaldjes die me dwongen om na te denken.

Ik verweet mezelf dat dit een zinloze zoektocht was. Wat verbeeldde ik me eigenlijk wel, om Shawn, Scout en Hatcher achter te laten en in mijn eentje naar de Sawtooths te trekken? Bovendien was het dom en gevaarlijk, zoals twee maanden geleden nog was bewezen toen de zoon van een Congreslid op een solotocht vermist was geraakt. Er was een grote zoekactie op touw gezet met helikopters, vrijwilligers op de grond en rangers die het hele gebied van granietrotsen hadden uitgekamd. Tevergeefs. Totdat een speurhond het spoor te pakken kreeg – en weer kwijtraakte. Ik gedroeg me net zo zelfzuchtig als die vermiste jongen. Als mij iets overkwam, als ik onwel werd of een ongelukkige val maakte, zou ik mijn man en kinderen nooit terugzien. Erger nog, ik zou hen achterlaten zoals mijn eigen vader mij had achtergelaten, verbijsterd en in shock. Ik huiverde toen ik meende voetstappen te horen buiten mijn tent. Ik probeerde mezelf gerust te stellen, maar het enige wat ik wilde was zo snel mogelijk weer thuis te zijn, bij Shawn en de jongens.

Vlak voor het aanbreken van de dag hield ik het niet langer uit. Ik kroop uit mijn slaapzak en borg de nog bevroren tent in mijn rugzak. Toen wrong ik mijn voeten in mijn ijskoude laarzen en begon te rennen, zonder me nog iets aan te trekken van mijn eigen behoefte aan een antwoord. De mensen die ik op de route tegenkwam keken me aan alsof ik gek was en misschien was ik dat ook wel. Maar één ding stond vast. De volgende keer dat ik naar de Sawtooths zou teruggaan, was dat met mijn vader.

24

Terug naar Redfish Lake

Voor het eerst in jaren ben ik echt bang. Het is juli 2007 en mijn vader en ik zitten aan een picknicktafel aan de overkant van Redfish Lake. De boot die ons erheen heeft gebracht is vertrokken, samen met de bezorgde Texanen, die hoofdschuddend nog een laatste blik op mij en mijn vader wierpen. Bij de oever gekomen stak niemand een hand uit om ons aan land te helpen. Zelfs toen ze wegvoeren, meende ik hun stemmen nog te horen over het water: 'Waar willen die mensen naartoe?'

Vandaag zullen papa en ik de met duizendblad bezaaide hellingen beklimmen, langs een rivier vol glibberige stenen. Om de minuut zullen we moeten stoppen om mijn vader op adem te laten komen. Zodra we een plek bereiken waar het water over een natuurlijke helling van graniet stroomt, zullen we halt houden, zodat ik mijn bergschoenen kan uittrekken om een meter of vijftien door zo'n smaragdgroene poel te glijden. Papa zal blijven staan, foto's maken en een flinke slok frisdrank nemen. Als ik na het zwemmen uit het water kom, druipend en ijskoud, zal ik op een steen gaan zitten, een paar meter bij hem vandaan. Er zal een ongemakkelijke stilte vallen als papa aanbiedt – en dat aanbod meteen weer inslikt – me zijn T-shirt te lenen om mezelf mee droog te wrijven.

Inmiddels zijn we op weg naar een imposante, dreigende bergketen. Toen ik maanden geleden met mijn vader sprak, van elkaar gescheiden door een afstand van achthonderd kilometer en een satellietsignaal, leek deze tocht nog nobel, noodzakelijk en op een verknipte manier zelfs leuk. Het zal de eerste en laatste keer zijn dat we een paar dagen gaan backpacken, hij en ik samen, in het gebied waar we allebei het meest van houden.

Ik ben bang, want in het gezelschap van mijn vader word ik weer een meisje van acht. We zullen dagenlang door beboste valleien trekken. We zullen kamperen op plekken die zo mooi zijn dat de tranen in je ogen springen. In al die rimpelloze, heldere meertjes zullen vissen naar de oppervlakte komen. En mijn vader kan proberen mij weer te beklimmen als ik slaap.

'Ik heb mezelf een paar regels gesteld,' verklaart hij, en hij somt ze op: 'Ik zal je niets vragen. Ik zal niet voor mijn beurt praten. Ik zal geen vulgaire of plastische taal gebruiken. En ik zal niet kwaad op je worden.'

Ik staar hem aan. *Hij zal niet kwaad op míj worden?* denk ik. *Wat mankeert die man?*

Maar in plaats van hem op zijn nummer te zetten, bedenk ik dat mijn vader inmiddels vierenzestig is en tegelijkertijd pas zestien. Een week geleden, op een feestje in Utah, ging hij nog op een schommel aan een boomtak zitten. Toen hij met zijn schoen achter een wortel bleef haken, greep hij zich aan de schommel vast en werd over een paar stenen gesleurd, waarbij hij het vel van zijn knieën schaafde. Hij heeft nu dikke, donkerrode korsten op zijn benen, die openscheuren als hij loopt.

We lopen door tot aan het bord van Alpine Lake. Inmiddels hebben we acht kilometer afgelegd en achthonderd meter geklommen, maar onze volgende kampeerplek ligt nog anderhalve kilometer verder en driehonderd meter hoger. Papa lijkt moe, alsof hij zo op zijn rugzak zou kunnen neervallen om tot de ochtend te slapen. De route wordt steiler met elke stap. Bij de vijfde haarspeldbocht ligt hij al een kwartier op me achter. Ik overweeg op hem te wachten, maar loop dan verder in mijn eigen tempo. Ik weet dat hij ouder wordt en zo slecht in conditie is dat hij ergens achter me een hartaanval zou kunnen krijgen. Toch loop ik door, totdat ik bij Alpine Lake ben aangekomen.

Die avond slaan we ons kamp op, maken eten en drinken liters water. Ik sluip weg, tot achter een boom, om schone kleren aan te trekken. Mijn vader loopt naar het meer en gooit zijn hengel uit om op regenboogforel te vissen. Ik leg mijn slaapzak zo ver mogelijk van de zijne, helemaal in de hoek van de tent.

Ik weet dat het vreemd is dat we niet twee tenten hebben meegenomen; dat ik zelfs op deze tocht nog bereid ben te capituleren, tegen mijn eigen belangen en beschadigde instincten in. Misschien juist daarom – omdat mijn instincten, mijn grenzen, mijn gevoel van persoonlijke bescherming en mijn zelfrespect door het misbruik zijn beschadigd. Wetenschappers zeggen nu dat kinderen blijvende zenuwschade overhouden aan mishandeling of seksueel misbruik. Het heeft me ongelooflijk veel kracht gekost om zo ver te komen in mijn relatie met mijn vader, dus ga ik mezelf geen verwijten maken omdat ik erin heb toegestemd in dezelfde tent te slapen.

Evenmin zal ik vergeten, als ik hem aan een verhoor onderwerp, dat hij altijd mijn vader is geweest. Toen mijn moeder op het punt stond volledig in te storten, verscheen hij op het toneel en bracht vreugde in ons leven. Als kind heb ik veel te lang deze man aanbeden die mijn onschuld heeft gestolen en me aan de rand van de afgrond heeft gebracht. Maar ik kan er niets aan doen. De zwakke plekken in mijn hart zeggen me dat ook hij geleden heeft.

Ik zal nooit de neigingen doorgronden die hem ertoe aanzetten zich te vergrijpen aan een engelachtig kind. Maar ik heb wel gezien hoe hij daarvoor boette, elke dag van mijn volwassen leven. En ik weet nu ook dingen over hem die zijn gedrag tegenover mij op een of andere manier begrijpelijker maken, maar niet minder onvergeeflijk. Voordat we vertrokken heeft hij me verteld dat hij als kind is misbruikt. Een oudere neef verkrachtte hem bij een familiebijeenkomst, toen mijn vader vijf was. Dat ging nog jaren door, vertelde hij, maar hij gelooft niet dat hij erdoor is getekend. 'Ik heb alleen geleerd dat seks niets is om je voor te schamen,' zei hij. 'Het was de manier om je liefde te tonen.'

Verknipt of niet, hij ziet nu wel de schade die hij bij mij heeft aangericht. Het feit dat hij en mijn moeder bij elkaar zijn gebleven betekent dat hij ook de gevolgen ziet van die schade, elke dag weer, juist bij degene van wie hij zegt meer te houden dan van wie ook.

Ik weet dat ik hem zou moeten haten. Maar dat kan ik niet, hoe waardeloos, zwak, onvergeeflijk, walgelijk of verraderlijk dat ook van me is. Waar of niet, ik geloofde hem die ene keer dat hij moest huilen om zijn misdrijven tegenover mij. Dat was in de auto, na een bluegrassconcert toen ik twintig was. En daarvóór – voordat het allemaal begon – waren er de jaren bij

Redfish Lake. Die vroegste herinneringen koester ik met zorg, alsof het gedroogde wilde bloemen zijn. Als je er te ruw mee omspringt, zullen ze tot stof vergaan.

Maar de tent blijft een bijzonder ongemakkelijke omgeving. En als vanzelf wordt ook dit een misdrijf, want een van de grootste voordelen van backpacken is dat het vrienden of zelfs vreemden vanzelf in bedgenoten verandert. Wanneer lig je anders naast elkaar onder een sterrenhemel, slechts gescheiden door een dun stukje nylon en wat dons? In de tenten uit mijn verleden ben ik verliefd geworden en heb ik fluisterend mijn diepste verlangens en dromen prijsgegeven. Ik ben tegen vrienden en vriendinnen aan gekropen terwijl de bliksem vlak langs onze hoofden flitste. We hebben gehuild en gelachen tot we in onze broek piesten, in het besef dat we de volgende morgen een gezamenlijke geschiedenis zouden hebben op drieduizend meter hoogte. Dat is een van de werkelijke attracties van het backpacken, nog afgezien van de adembenemende vergezichten en de confrontaties met de natuur: het schept een intimiteit die een gewone vriendschap, en soms zelfs de beste huwelijken, te boven gaat.

Dit is de eerste keer dat mijn vader en ik schouder aan schouder zullen liggen sinds ik een tiener was in Twin Falls. Maar ik blijf tot mijn nek toe aangekleed en val nooit echt in slaap.

De volgende morgen pakken we alles in, ontbijten en gaan weer op weg langs de haarspeldbochten, die een aanslag plegen op onze knieën. Onder het lopen vult mijn vader de stiltes in die ik laat vallen. Hij vertelt over de vogeljacht met zijn vriend Gary Mitchell en visexpedities op forellen van acht pond die zich vroeger voedden met zoetwatergarnalen in het Richfield Canal.

Hij haalt zijn mooiste herinneringen op, tot we bij een omgevallen boomstam komen, langs het pad, waar we neerstrijken voor de lunch. 'Ik was zestien toen ik voor het eerst een hert doodde,' zegt hij opeens. Bob Murphy en Gary waren erbij toen er een bok, een vierender, 'die naar oosterse maatstaven een achtender zou zijn geweest', in de kruisdraden van zijn vizier verscheen. Toen papa de trekker overhaalde, raakte hij in zo'n staat van opwinding dat hij onbeheerst begon te beven. De koorts van de jacht had hem hevig te pakken.

'Je krijgt nauwelijks meer adem,' zegt hij met een ondeugende grijns. 'Het besef dat je een levend wezen kunt doden – dat is het toppunt van opwinding. Je voelt je knieën knikken.'

'Ik heb later geen hindes meer gedood,' gaat hij verder, 'toen ik er een had neergeschoten die een jong had.' Het gejammer van het jong weergalmde door de South Hills en mijn vader kon er niet tegen. Hij schoot het dier een kogel door zijn kop.

We praten, we eten worst en we laten onze zweetdoordrenkte shirts drogen in de wind. Terwijl ze aan een tak hangen te wapperen, trekken we onze schoenen uit en waden een helder meertje in. De stilte is terug, nog intenser dan in het begin van de week. Een reusachtig rotsblok steekt uit het water, met een steile wand, als een klif. De vissen komen naar de oppervlakte en mijn vader volgt de golfjes tot aan de begroeiing langs de oevers. Terwijl ik hem gadesla, repeteer ik verschillende manieren om hem te ondervragen als het moment is aangebroken.

Goed, papa. Wanneer was de eerste keer dat je...

... me hebt misbruikt? (Te klinisch. Dit is geen documentaire.)

... me hebt betast? (Te plastisch. Straks gaat hij weer over me fantaseren.)

... alle grond onder mijn voeten hebt weggeslagen? Ja, dat is het. Zo zal ik het gesprek beginnen als we bij The Temple zijn en hij te moe is om zich nog te verzetten. Ik loop achter hem aan, naar het water toe. 'Het is warm genoeg om in te zwemmen,' zegt hij.

Twee dagen later hebben mijn vader en ik eindelijk The Temple bereikt. We bevinden ons midden op het puinveld dat ons bijna de das omdeed. Papa zakt in elkaar zodra we bij het altaar zijn aangekomen. Zweet druipt van zijn bovenlijf en zijn gezicht lijkt mager en slap. Voordat we het pad verlieten, bleef hij nog staan om op te kijken naar de stenen minaretten om ons heen. 'Prachtig,' fluisterde hij. Ik hoorde zijn wervels kraken toen hij zijn nek naar achteren boog.

Nu hurk ik achter hem op het altaar en zoek in mijn rugzak. Dit is het moment waarop ik heb gewacht, het moment waarop de waarheid eindelijk aan het licht zal komen en de hemel zal openbreken onder het gewicht van wel duizend witte duiven. Ik pak mijn dictafoon, test de batterij en druk op de opnameknop. Het hele gesprek zal achttien minuten duren.

De waarheid in één akte

[De lichten gaan aan en richten zich op een rots in een groot puinveld. Don, een aantrekkelijke man van halverwege de zestig, zit schuin voor zijn dochter Tracy. Zij duwt hem een dictafoon onder zijn neus.]

Tracy: Goed… dit gaat moeilijk worden.
Don: Dat geeft niet.
Tracy: [Haar handen gespreid op de rots, om de warmte te voelen.] Ik heb maar vier vragen voor je. En ik wil geen de-

tails horen. Die ken ik wel; ik was er zelf bij. Waar het mij om gaat is jouw versie van de waarheid.

Don: [Knikt en staart naar de grond.]

Tracy: Oké. Wanneer is het begonnen?

Don: [Schraapt zijn keel.] Tijdens een kampeertochtje naar Redfish, hier. Ik had gedronken. Ik loog. Ik was bezig je in te stoppen. Mijn handen gingen naar een plekje. Ik was er zelf verbaasd over, maar ik hield ze daar. Maar of dat ernstig was… zo vaak kwam het niet voor, op die leeftijd. Zo nu en dan.

Tracy: Maar ik was acht. Besefte je niet wat dat met me deed? Dacht je niet: O, mijn god, wat heb ik gedaan? Dat was helemaal fout?

Don: [Kiest zijn woorden met zorg.] Iemand die doet wat ik deed… die houdt zichzelf voor de gek. Je denkt niet aan de ander. Je hebt gewoon die nabijheid nodig. Als ik ooit had geweten wat het voor jou betekende, zou ik waarschijnlijk heel iets anders hebben gedaan.

Tracy: Dus… die dag aan het water. Was ik niet van streek?

Don: Ik geloof het niet. Ik kan het me niet herinneren. Ik probeerde het te verdoezelen. Ik had gevoelens voor je. Ik zag je als mijn vismaatje. Ik kon niets anders doen dan liegen. Ik dacht niet aan jou.

Tracy: Voor de goede orde… ik zeg het je maar… Op dat moment vroeg ik me af wat er zou gebeuren als ik in de rivier was gesprongen en verdronken. [Begint te huilen.] Ik was acht. Dat is zo gestoord.

Don: [Teder.] Nee, niet waar.

Tracy: Jawel. Een meisje van acht is nog maar een klein kind. Was het fysiek?

Don: Toen niet, maar later raakte ik in een positie waarbij jij in de puberteit kwam. Dat waren je tienerjaren, je was een jaar of twaalf, dertien. Je moeder was niet langer intiem met mij. Daarom trok ik naar jou, voor genegenheid.

Tracy: Oké, oké. Dus mam wilde niet meer intiem zijn? Waarom begon je dan geen affaire?

Don: Dat had ik moeten doen, ja. Dat is zo.

[Een pauze. Tracy neemt een slok water en schudt haar hoofd. Ze staat op en gaat weer zitten. Don staart over de vallei. Een havik scheert laag over de bomen.]

Tracy: Oké. Hoeveel keer is het gebeurd? In verschillende gradaties, wat het ook was. Dat je mijn kamer binnenkwam, wat je ook deed. Totdat het ophield?

Don: Tussen de vijfentwintig en vijftig keer, denk ik. Ik heb het niet precies bijgehouden.

[Een lange stilte.]

Tracy: [Vechtend tegen haar tranen.] Je moet je toch wel waardeloos hebben gevoeld, of niet? Ik bedoel, ik wilde het niet. Ik was geen bereidwillige medeplichtige… of wel soms?

Don: Nee, je was geen willige medeplichtige. Dat verwachtte ik ook niet van je. Ik zat vreselijk met mezelf in de knoop. Waarom bracht ik mijn gezin op die manier in gevaar? Ik wil het niet als excuus aanvoeren, maar ik ben in mijn jeugd misbruikt.

Tracy: Dat weet ik, pap. Dat heb je me verteld. Heb je het ook met Chris gedaan?

Don: [Haastig.] Nee, nee. Nooit met jongens.

Tracy: Oké, pap, oké. [Weer een lange stilte. De wind wakkert aan, slingert zich om de stenen torens en stort zich in het dal. Tracy's haar wappert voor haar gezicht. Een havik vindt een thermieklaag en laat zich naar de wolken dragen. Het gesprek lijkt bijna ten einde.]

Tracy: Ik heb nog één vraag, papa... Ik moet het weten. Scout en Hatcher... hoe zit dat? Want mensen vragen het me. 'Hoe kun je hem met je kinderen alleen laten?' zeggen ze. En als ik heel eerlijk ben... dan... dan... weet ik niet wat ik daarop moet antwoorden. Als hun ooit iets overkwam, zou ik je moeten vermoorden. Ik zou het mezelf nooit vergeven. Dus waarom riskeer ik het dan toch? Waarom breng ik ze in die situatie terwijl ik weet waartoe jij in staat bent met kleine kinderen?

[Dons ogen worden vochtig en hij schudt zijn hoofd.]

Tracy: Ik vraag het je nog een keer, pap. Als je ooit dat soort gedachten over mijn kinderen hebt gehad, moet ik het weten, zodat je nooit meer in hun buurt mag komen. Want dat weten ze. Dat vóélen ze. Intuïtief. Ze weten wanneer er iets niet deugt.

Don: [Schudt nog steeds zijn hoofd en kijkt Tracy voor het eerst in het hele gesprek recht aan.] Trace... ik heb die gevoelens voor niemand meer gehad. Sindsdien.

Tracy: Sinds wanneer?

Don: Sinds jou. Het was voorbij toen jij vertrok, toen jij van huis wegliep.

[Ze huilen nu allebei. De wind wakkert aan.]

Tracy: Dus op een dag was het gewoon... over?

Don: Nee, het gaat nooit over. Je houdt die gevoelens. Maar het is net een cassettebandje. Het speelt steeds hetzelfde deuntje, maar je leert het stop te zetten. Dat leer je.

Achttien minuten nadat ik de opnameknop van mijn dictafoon had ingedrukt, in juli 2007, eindigde het gesprek tussen mijn vader en mij. Ik wist dat ik alles had gehoord wat ik kon verdragen. Mijn vader dronk water uit een doorschijnende blauwe fles. Ik bukte me en begon mijn rugzak in te pakken.

Zo bleven we zitten, luisterend naar de wind die over de bergkam loeide, recht achter ons. En na een tijdje wisten we allebei dat het tijd werd om op te stappen. Moeizaam kwam ik overeind, met een gevoel alsof iemand mijn borst had opengesneden en volgestouwd met stenen. Ook papa stond op, met krakende knieën, en bleef half gebogen staan. Eén moment dacht ik dat hij me wilde omhelzen. Ik schudde mijn hoofd en deinsde zo ver naar de rand van het altaar terug dat ik er bijna afviel. Vanaf dat moment, totdat we terug waren in Twin Falls, zorgde ik ervoor buiten het bereik van zijn armen te blijven.

We staken het puinveld onder The Temple over en volgden de route omlaag naar de plek van ons laatste bivak. Toen mijn vader vroeg hoelang ik nog wilde blijven, zei ik: 'Laten we maken dat we wegkomen.' We pakten onze spullen en liepen terug in de richting waaruit we gekomen waren. Ik wist dat ik desnoods de hele nacht door zou lopen om de dertig kilometer naar de aanlegplaats te overbruggen. En als we de laatste veerboot van die avond misten, zou ik doorgaan en om het meer heen lopen totdat ik eindelijk weer andere mensen had bereikt.

Onderweg wisselden we nauwelijks een woord. Ik wist niet of ik hem moest uitschelden of bedanken. Achtentwintig jaar waren verstreken sinds hij me voor het eerst had misbruikt en eindelijk wist ik nu de waarheid. Ik was blij dat ik zijn bekentenis had opgenomen en aan iedereen kon laten horen, als ik dat wilde. Maar hoe ik ook probeerde mezelf een gevoel van opluchting aan te praten, toch voelde mijn hart duizend keer zo zwaar als aan het begin van de tocht.

Ik wist dat mijn vader me een grote dienst had bewezen door eerlijk te zijn, maar niets had me kunnen voorbereiden op wat hij me vertelde. Mijn hele leven had ik mezelf ervan overtuigd dat ik het misbruik zwaar overdreef – dat ik inderdaad een egoïstisch, melodramatisch meisje was, zoals mijn ouders, mijn broer en mijn grootouders altijd hadden beweerd. Maar vijfentwintig tot vijftig nachten misbruikt? Toen ik de familiealbums doorbladerde uit de jaren van het misbruik, zag ik een meisje dat wel een beetje ongemakkelijk keek maar toch dikwijls glimlachte. Niet één keer zag ik de verkrampte lach of betraande wangen die ik had verwacht. Twee jaar later, toen ik mijn vader vroeg die ogenschijnlijke blijheid te verklaren, zei hij: 'Je hebt er misschien niet zo bewust onder geleden. Ik had je verdoofd met de slaappillen van je moeder.'

Ik deinsde vol afschuw voor hem terug.

'Wát?' riep ik met verstikte stem.

'Door die ervaring in de camper wist ik dat je niet goed kon omgaan met mijn behoefte. Ik gaf je die pillen 's avonds laat, als je zelf al slaperig was. Het spijt me, Tracy. Ik was ziek.'

Daar zat ik dan, met die veelgeroemde *'closure'* – de afronding van de hele affaire. Zijn laatste onthulling was als een molensteen, die ik nog steeds om mijn nek draag. De waarheid maakt niet altijd vrij, dat blijkt maar weer. Wilde ik het hele verhaal wel weten? Ja, absoluut. Want die bekentenis maakt mijn vader tot een dader met voorbedachten rade, niet 'zomaar' een gestoorde figuur die gedreven door zijn impulsen een kind misbruikte. Nu begrijp ik ook waarom ik zoveel jaren heb geslaapwandeld en waar die fantomen vandaan kwamen in de schaduwen om me heen.

Al die tijd had ik gedacht dat de biecht van mijn vader mijn uiteindelijke genoegdoening zou zijn, het moment in de film wanneer de kleuren vervagen en de mooie muziek aanzwelt. Maar papa's bekentenis bij The Temple was totaal niet wat ik ervan had verwacht en riep juist nog meer vragen op. Op sommige zal ik nooit een antwoord krijgen, dat weet ik, omdat ik niet dapper genoeg ben ze te stellen. Bijvoorbeeld hoe hij in staat was mijn narigheid aan te zien en toch voorrang te geven aan zijn eigen behoeften. Nu ik zelf moeder ben, gruwel ik nog meer van de gedachte dat hij het vertrouwen van een kind zo schandalig tot een soort emotionele binding kon manipuleren.

Toen de schemering viel, die laatste avond van onze tocht, daalden papa en ik de laatste haarspeldbochten af naar Redfish Lake. Golven kabbelden tegen de steiger en kraaien ruzieden in de bomen. Mijn vader trok zijn schoenen uit en stak zijn tenen in het water. Ik keek naar zijn blote enkels en moest bijna kotsen. Hij glimlachte tegen me en zei: 'Over een klein stukje hemel gesproken...' Het liefst had ik hem het water in gesmeten. Mijn handen jeukten om hem te slaan, te krabben, zijn oren af te rukken. Maar ik was te zielig, te pathetisch, dus bleef ik boven hem op de helling zitten en trok cirkels met mijn vingers in het zand.

Na een tijdje kwam de boot. We gingen aan boord en gooiden onze bagage achterin. Papa klom op het achterdek en zei: 'Man, een biertje zou er wel in gaan.' Ik was het in stilte met hem eens en voelde het koude gerstenat al over mijn tong spoelen. Maar ik kon me niet losmaken van het pijnlijke besef dat een veel groter mysterie nog steeds niet was opgelost.

Kon ik hem nog vergeven? Ik was de vergiffenis al voorbij. Daarvoor in de plaats was een vlijmscherp begrip gekomen, gekerfd in pijn. Ik had de uiterste grenzen van de liefde verkend, hoe verwrongen ook, en gezien dat liefde toch nog van waarde kan zijn, ook als ze de diepste wonden slaat. Er bestaat geen oplossing voor de ellende uit mijn jeugd, maar ik heb nu het beste leven dat ik me wensen kan. Mijn belangrijkste doel is mijn eigen kinderen te beschermen tegen dit soort aanslagen op lichaam en ziel. En de pijn uit het verleden mag de kans op vreugde in het heden niet bederven. Shawn, Scout, Hatcher en ik delen de liefde voor de schoonheid van het buitenleven – de avonturen die mij erdoorheen hebben geholpen. Mijn zoons zijn spiritueel, openhartig, en gewaarschuwd tegen de gevaren van pedofielen. Shawn is een lieve, meevoelende partner. En mijn baan? Iedereen is jaloers op me. Er staan nog meer reizen naar Alaska op het programma, om te schrijven over grizzlyberen en wolven.

Maar waar moest ik heen met deze nieuwe informatie, hoe moest ik ermee omgaan? Vóór de tocht had ik geprobeerd mijn ouders in het leven van mijn kinderen te integreren, door hen te laten oppassen en hen niet te chaperonneren in hun contacten met mijn zoontjes. Het woord 'slaappillen' maakte daar een eind aan. Nog maanden nadat ik dat had gehoord wilde ik geen enkel contact met hen.

Maar liefde snijdt als een kartelmes en sommige flarden van mijn gevoelens zijn nog altijd onverbrekelijk met mijn ouders verbonden. Ze worden ouder en zwakker. Ik zie hen nu weer, hoewel zelden, bij speciale gelegenheden. Op die 'feestdagen' zweeft de schade als statische elektriciteit tussen ons in, zoals het altijd al is geweest. Ik laat mijn ouders nu niet meer in hun eentje op mijn kinderen passen en probeer diplomatiek enige lichamelijke afstand te scheppen tussen mijn jongens en mijn vader. Als mijn ouders weer zijn vertrokken, kijk ik Shawn, Scout en Hatcher aan, in de wetenschap dat ik ondanks mijn compromissen een betere, meer beschermende moeder ben geworden. Dus misschien hebben we nu rust, hoe zwaarbevochten ook.

Dikwijls denk ik nog terug aan de laatste ochtend van mijn tocht met papa – hoe we onze spullen inpakten, bij een bakkerszaak stopten voor koffie en ten slotte naar Twin Falls vertrokken. Ik luisterde naar mijn favoriete album van Neko Case, *Fox Confessor Brings the Flood* – drie keer achter elkaar. Toen we naar het zuiden reden, zag ik de Sawtooths achter me verdwijnen. En het was prettig dat mijn vader voor het eerst in lange tijd niet vroeg of ik andere muziek wilde opzetten.

Twee uur later zette hij me af in Twin Falls. Toen hij wegreed, begon er een duurzamer betekenis van de tocht in mijn bewustzijn op te borrelen. Die drie julidagen had ik de laatste onschuldige expeditie van dat achtjarige meisje naar de Sawtooths nog eens overgedaan en was ik alle wegwijzers van mijn verleden weer tegengekomen – de warme bron van Russian John en de rangerpost aan Highway 75.

Deze keer was me nog een ander houten bordje opgevallen, nauwelijks zichtbaar vanaf het uitkijkpunt op de Galena Pass. Door een cameralens zou je het misschien niet ontdekken, zo klein is het, tegen de achtergrond van die hoge bergen. Maar als je weet waar je moet kijken, vind je het wel, boven een bron die wordt overwoekerd door hoog gras. Van daaruit kronkelt een smal zilveren stroompje langs de helling: het begin van de

River of No Return. Dit is de plek waar hij uit de grond opborrelt, inhoud en snelheid krijgt en honderdvijftig kilometer verderop zoveel kracht heeft ontwikkeld dat hij een ravijn van driehonderd meter diep in de aarde heeft uitgesleten.

Mensen zeggen dat de rivier zijn naam dankt aan het feit dat niemand in staat is stroomopwaarts te reizen, tegen de kracht van het water in. Toen ik nog een klein meisje was, stond ik aan de oevers en keek hoe de blauwrugzalmen zich probeerden terug te worstelen naar hun oude paaigronden in Redfish Lake. Vijftienhonderd kilometer vanaf hun vertrekpunt in de Stille Oceaan kwamen ze hier ten slotte aan, roder dan overrijpe tomaten, terwijl hun vlees al bijna openscheurde.

In het begin van de jaren zeventig keerden duizenden vissen hier terug om hun eitjes af te zetten en te sterven. Daarna bouwden we dammen langs de Columbia en de Snake River. Omstreeks 1975 waren er acht betonnen barrières verrezen tussen de Stille Oceaan en Redfish Lake, en tegen 1995 was de populatie blauwrugzalmen tot nul gereduceerd. Veel mensen zagen dat als een teken dat de wereld te corrupt was geworden voor zo'n zuivere, inheemse vis als de zalm. Misschien zou ik dat ook hebben gedacht, als niet in de zomer van 2007 vier blauwrugzalmen uit de Snake River toch weer thuis waren gekomen.

Die ironie was niet aan mij verspild. Immers, in datzelfde jaar had ook ik die terugreis volbracht en was mij gelukt wat de rivier voor onmogelijk had gehouden. Net als die zalmen had ik me een weg terug gevochten over mijn eigen onbegaanbare rivier. Nu werd het tijd om terug te keren naar mijn echte leven en te zien of ik een nieuw evenwicht gevonden had.

Niet lang na mijn tocht voer ik de Snake River af op een boot met Mayz Leonard en haar gezin. Het was een warme avond en blauwpaarse libellen schoten heen en weer boven het bleke, hoge gras. Grote houtingen kwamen naar de oppervlakte van het water om naar de wolken muggen en muskieten te happen. De modder van de oever geurde naar leven en naar miljoenen jaren van vulkanen en graniet. Aan weerskanten verhieven de rotsachtige wanden van de Snake River Canyon zich naar de hemel. En daartussen, als een zilveren draad, honderdvijftig meter boven het water, hing de Perrine Bridge.

BASE-jumpers komen nu naar de brug om de stalen spanten te beklimmen en naar het water te springen. Drieëntwintig jaar geleden zou ik zijn omgekomen als ik hetzelfde had gedaan. Met een beetje geluk zou mijn lichaam op de met lavablokken bezaaide oever zijn gespoeld, zodat iedereen zou hebben geweten dat ik niet was weggelopen maar de pijn van het leven niet langer had kunnen verdragen. Maar als BASE-jumpers springen, blijven ze eerst een paar seconden in vrije val, voordat ze aan het koord van een kleine parachute trekken. Met lijnen om hun richting te bepalen zweven ze nog even boven het water en landen dan in het grillige struikgewas op de oever. Wij voeren met onze boot recht onder hen. Ik vond het prachtig om met Mayz en haar familie naar die springers te kijken terwijl ze naar ons toe zweefden.

Het leek moeiteloos, zoals ze zich lieten drijven op de luchtstroom vanaf de rivier, maar ik wist dat ze de risico's beperkten. Dankzij hun parachute konden ze de sensatie van het vliegen ondergaan, maar met het vooruitzicht van een veilige landing. Terwijl ik naar hen keek werd me iets duidelijk over mijn eigen ervaring.

In gedachten plaatste ik mezelf in de positie van die BASE-jumpers die – zonder het te weten – hun sprong waagden vanaf het eerste grote keerpunt in mijn leven. En hoewel ik in de

Sawtooths iets had gedaan wat net zo levensgevaarlijk was, had ik mezelf beschermd. En misschien, na al die jaren waarin ik op zoek was geweest naar iemand om mij te beschermen, was ik eindelijk mijn eigen redding geworden.

Noot van de schrijfster

De gebeurtenissen in dit boek heb ik verteld vanuit mijn beleving; het zijn mijn herinneringen, het is mijn visie op de situatie. Anderen kunnen zich de gebeurtenissen op een andere manier herinneren, maar ik heb mijn best gedaan de feiten eerlijk, getrouw en zo nauwkeurig mogelijk weer te geven.

Woord van dank

Dit boek zou er nooit zijn gekomen als ik niet vanaf het aller-eerste begin had kunnen rekenen op de steun en aanmoedi-ging van twee uitstekende redacteuren: Jon Dorn, hoofdre-dacteur van het blad *Backpacker*, en Peter Flax, eindredacteur van *Bicycling*. Samen hebben ze een ongelooflijk risico ge-nomen door mij drie keer naar Idaho te sturen om voor hun bladen de eerste verslagen te schrijven die de basis vormden voor dit boek. Hun diepe meegevoel en redactionele vakman-schap zorgden ervoor dat dit verhaal de National Magazine Award won en dat ik in contact kwam met mijn beide agen-ten, Todd Shuster en Lane Zachary en mijn boekenredac-teuren Dominick Anfuso en Leah Miller. Ik heb geen woor-den voor mijn onuitputtelijke dank aan Lane en Todd, die zich meer voor me hebben ingespannen dan redelijkerwijs van hen verwacht kon worden, en steeds opnieuw mijn zelf-vertrouwen opvijzelden als ik dacht dat het me niet ging luk-ken. Dominick en Leah sleepten me door mijn moeilijkste momenten heen en gaven een eenvoudig levensverhaal een literaire dimensie.

Melanie Stephens, Mayz Leonard, Meredith Mahoney, Amy Burtaine, Julia Stephens en Linda Edmondson (allemaal zusters, plus één schoonmoeder) zetten zich onvermoeibaar voor me in, vol liefde en steun, en zaten me op mijn huid om door te gaan met schrijven. Ik mag me gelukkig prijzen met zulke dynamische, hartelijke vriendinnen. Max Regan hielp me mijn gedachten te ordenen en hield me geïnteresseerd in mijn eigen werk door me op metaforen, verbanden en betekenissen te wijzen waarvan ik niet eens wist dat ik ze in de tekst had gelegd. Michelle Theall, Angela Hart, Rachel Odell en Hannah Nordhaus lazen het manuscript in verschillende stadia en gaven inzichtelijk (en soms nietsontziend) commentaar.

Mijn bijzondere dank gaat naar de geweldige Claire Dederer en Mike Kessler, die me aan het eind van het hele proces enorm hebben geholpen. Claire sloot mijn boek spontaan in haar hart (wat me het laatste ruggensteuntje gaf), ook toen er nog van alles aan mankeerde. Mike, meester-verteller en strijder voor de waarheid, drong erop aan dat ik alles zou vertellen, vooral die laatste ontdekking dat ik slaappillen had gekregen. Ik mocht niets achterhouden voor mijn lezers.

Woorden schieten tekort om de liefde en dankbaarheid te beschrijven die ik voel voor mijn man Shawn en mijn zoons Scout en Hatcher, die mij met beide benen op de grond houden, het goede in het leven benadrukken en me laten lachen. Ik hou van jullie tot aan de maan en terug, dwars door de aarde, helemaal naar China.

En ten slotte, ik kan er niet omheen, dank ik mijn vader, die vanaf het moment dat ik met mijn zoektocht begon mij zijn volledige openheid en eerlijkheid beloofde. Zijn besluit daartoe heeft ingrijpende invloed gehad op zijn leven en dat zal waarschijnlijk zo blijven. Ik dank hem, mijn moeder en mijn broer dat ze het konden opbrengen mij dit verhaal te laten vertellen.